金华名人与家训

刘鑫 编著

河海大学出版社
HOHAI UNIVERSITY PRESS
南京·

图书在版编目（CIP）数据

金华名人与家训 / 刘鑫编著 . -- 南京：河海大学出版社，2020.1
ISBN 978-7-5630-6004-7

Ⅰ. ①金… Ⅱ. ①刘… Ⅲ. ①名人－生平事迹－金华 ②家庭道德－金华 Ⅳ. ① K820.855.3 ② B823.1

中国版本图书馆 CIP 数据核字（2019）第 123904 号

书　　　名 /	金华名人与家训
	JINHUA MINGREN YU JIAXUN
书　　　号 /	ISBN 978-7-5630-6004-7
责任编辑 /	毛积孝
特约校对 /	董　涛　董　瑞
特约编辑 /	李　路　孟祥静
装帧设计 /	周国良　刘昌凤
出版发行 /	河海大学出版社
地　　　址 /	南京市西康路 1 号（邮编：210098）
电　　　话 /	（025）83722833（营销部）
	（025）83737852（总编室）
经　　　销 /	全国新华书店
印　　　刷 /	三河市元兴印务有限公司
开　　　本 /	880 毫米 ×1230 毫米　1/32
印　　　张 /	11.5
字　　　数 /	268 千字
版　　　次 /	2020 年 1 月第 1 版
印　　　次 /	2020 年 1 月第 1 次印刷
定　　　价 /	69.80 元

《婺文化丛书 X》编委会

主　编：方宪文

副主编：周国良　叶志良

编　委：（按姓氏笔画排列）

王亦平　　王晓明　　方宪文　　叶志良　　叶顺清

许苗苗　　吴远龙　　陈文兵　　周国良　　钟世杰

目录

- 金华包氏名人与家训 001
- 金华鲍氏名人与家训 003
- 金华毕氏名人与家训 006
- 金华蔡氏名人与家训 009
- 金华陈氏名人与家训 011
- 金华戴氏名人与家训 019
- 金华邓氏名人与家训 023
- 金华丁氏名人与家训 032
- 金华杜氏名人与家训 036

目录

金华樊氏名人与家训 039

金华范氏名人与家训 041

金华方氏名人与家训 047

金华冯氏名人与家训 049

金华龚氏名人与家训 058

金华郭氏名人与家训 070

金华胡氏名人与家训 074

金华黄氏名人与家训 097

金华江氏名人与家训 100

金华蒋氏名人与家训 102

目录

金华金氏名人与家训 115

金华郎氏名人与家训 123

金华李氏名人与家训 124

金华厉氏名人与家训 130

金华凌氏名人与家训 133

金华刘氏名人与家训 136

金华柳氏名人与家训 141

金华卢氏名人与家训 145

金华陆氏名人与家训 151

金华罗氏名人与家训 162

目录

金华骆氏名人与家训 166

金华吕氏名人与家训 171

金华梅氏名人与家训 177

金华孟氏名人与家训 180

金华倪氏名人与家训 184

金华潘氏名人与家训 187

金华钱氏名人与家训 191

金华邱氏名人与家训 193

金华裘氏名人与家训 195

金华任氏名人与家训 200

目录

金华邵氏名人与家训 203

金华沈氏名人与家训 210

金华石氏名人与家训 212

金华舒氏名人与家训 213

金华宋氏名人与家训 216

金华汤氏名人与家训 218

金华唐氏名人与家训 223

金华滕氏名人与家训 231

金华童氏名人与家训 233

金华王氏名人与家训 244

目录

- 金华吴氏名人与家训 251
- 金华徐氏名人与家训 256
- 金华许氏名人与家训 265
- 金华严氏名人与家训 267
- 金华阎氏名人与家训 270
- 金华羊氏名人与家训 272
- 金华杨氏名人与家训 275
- 金华姚氏名人与家训 277
- 金华叶氏名人与家训 282
- 金华伊氏名人与家训 287

目录

金华干氏名人与家训 289

金华俞氏名人与家训 291

金华虞氏名人与家训 293

金华张氏名人与家训 295

金华章氏名人与家训 306

金华赵氏名人与家训 313

金华郑氏名人与家训 327

金华周氏名人与家训 337

金华朱氏名人与家训 340

金华诸葛氏名人与家训 342

金华祝氏名人与家训 353

金华包氏名人与家训

包克

包克,今兰溪市黄店镇上包村人,第授校书郎,任兴化县主簿。时年乡间常有老弱困顿者,因无力告官只能忍受乡绅恶霸的欺凌。包克得知后常常主动帮助乡民解决困难并为其书写诉状以求公道正义。为官兴化多年,因其廉洁奉公,主持正义而受到知县的赏识与百姓的爱戴。

包安

包安,今兰溪市黄店镇上包村人,任袁州教谕。包安主管袁州地区教育事务期间,兴办学堂书院,提倡启蒙教育,帮扶贫困,并在袁州亲自推行自己的教育理念,深得当地百姓信任,为振兴袁州教育作出了巨大贡献。

包敏

包敏，今兰溪市黄店镇上包村人，字子功。宋淳熙五年（1178）登姚颖榜科进士。官至遂安县令，勤政爱民，办学堂，兴农事，居三载，政通人和。在政绩卓越的同时，包敏不忘廉洁奉公的为官之道。身为县令常有送其金银财宝以求利益方便之人，包敏常常是严词拒绝，且对下属也是严格要求，虽然得罪了不少行贿之人，但是百姓却看在眼里，为之立祠、树碑，并貌于石，以记其事迹。

包德怀

包德怀为明代的秋官，爱民亲如子。今兰溪市黄店镇上包村人，讳珣，处士训礼公之次子也，于明永乐十五年领乡荐。宣德元年（1426）任云南道监察御史，时年41岁。宣德十年升河南按察使司按察使。正统六年（1441）钦升刑部左侍郎。秉性耿直，乐善好施，处事公正，体恤民情，作为掌管监察百官、巡视郡县、纠正刑狱、肃整朝仪等事务的官员，包德怀以秉公执法、不留情面著称，任职监察御史、按察使、刑部左侍郎期间，纠正冤假错案无数，"包公再世"的美名流于民间。

金华鲍氏名人与家训

鲍寿根（1931—1977），石渠乡石渠村人。母为朝鲜族。1949年，参加中国人民解放军，曾任班长、排长。1951年转入空军，历任飞行员、中队长、大队长等职。1972年调第十二航校任飞行训练处副处长。寿根刻苦学习，飞行技术高超，作战勇敢，先后荣获二等功4次、三等功3次。空靶训练成绩优异，全军比赛中获得第一，曾获"技术能手""技术标兵""空中神枪手"等称号。

1977年11月17日，寿根执行比斯飞机反螺旋式飞行任务，在低空急降情况下，原可采取措施安全着陆，但为获得完整飞行资料，不顾个人安危，不幸遇难牺牲，时年47岁。

鲍氏家规家训

德（家训）

明德知耻	达仁宽让
崇礼慎独	端方贤良
敦亲睦族	慈孝伦常
公忠体国	道义兴邦

行（家规）

一、个人
素心为人言而信，处处常怀感恩心。
得志不可不清醒，困境不可失斗志。
勿以善小而不为，勿以恶小而为之。
吾日勿忘省吾身，静坐观心现真妄。

二、家庭
父母教，须敬听，长幼次序须谨严。
亲憎我，孝方贤，敬老怀幼合家欢。
夫妇顺，亲父子，恩爱互敬讲平等。
学孟母，教以严，相夫教子守本分。
娶儿媳，择佳婿，品德至上慎攀富。
勿骄奢，勿淫逸，家富济亲不忘本。
勿畏难，勿轻略，勤俭持家必丰亨。
传家谱，修祠宇，缺祀废弛不复得。

三、社会
讷于言，敏于行，未见真相勿轻言。
守节操，履严明，修身韫德信交友。
于势力，于诱惑，神定气宁挡狂澜。
不起谋，不生嫉，谦让多与福报厚。

养正气，守正道，勿伤风化勿近邪。
德居前，利在后，因利害义要铲除。
积财物，济天下，骄慢自傲不可取。
远小人，亲君子，仁者流俗贵分晓。

四、国家

执法如山守公平，临财不可不廉介。
勤政仁爱不懈怠，为政以德众星共。
上好礼则使民敬，上好义则使民服。
其身正则不令行，衣冠正则人畏之。
利在一身勿谋也，利在天下必谋之。
利在一时固谋也，利在万世更谋之。
务本节用则国富，进贤使能则国强。
兴学育才则国盛，交邻有道则国安。

金华毕氏名人与家训

毕文彩（1609—1676），俗称毕矮，生活于明末清初乱世，以聪明过人、机智幽默而名传于世。《世界五千年智谋人物总集·中国卷》中有5则关于他的故事。2006年《毕矮故事》公布为兰溪市非物质文化遗产，2016年公布为省级非物质文化遗产。

族规（摘录于民国八年修之《璧峰毕氏宗谱》）

谨孝养

父母为我身所出，无论富贵贫贱都十月怀胎，三年乳哺。及稍长，则教我读书，为我婚娶，一生劳碌，不过为子孙作计。人非至不肖，未有无故挺撞父母，大抵偏听妻言，疑父母偏爱；兄弟争产，谓父母不公，轻则见于语言，重则开行调色。为人子者，当反躬自省自责，则今之不孝之人，即异日大孝之子。若复怙非不改，远且不提，近则汝子妇有不学样者乎？生时不能孝养，死后摆祭，何益于父母乎？

尚友让

人之五伦，惟兄弟父母以天合，其余君臣、朋友、夫妇皆人合。

故圣人之教，孝弟并称；尧舜之道，孝弟而已。而世间兄弟成仇者皆是，无非气之争产之争，稍存和让之心，岂有不解。

敦雍睦

天下之人，以亿万计，吾之生斯、长斯，不过此同族数百十人而已。此数百十人，非必人人与我旦夕周旋，同作息，而时有口角之嫌，或有事故交涉，要不过偶然之事，于此顷刻间忍之、让之，彼或反躬自愧消释。若复与彼一样，使气忿争，未有不小事变大事者也。故有云：吃亏人常在。虽在他姓，犹宜和睦逊让，况同姓乎？若有必不得已之事，切不可告状打官司。

司礼仪

礼者，理也！如父坐子站，兄先弟后，都有道理。若反之，父站子坐，弟颐使兄，人观如何不论，自己又能过意得去否？宗族之中，各有尊卑长幼，若无礼体，与乞丐人家何异？我今日之尊老敬长爱及人之幼，亦即他日之人尊我敬我爱及我之幼焉。

崇正学

士为四民之首（士、农、工、商），朝廷免其差役，有司接之以礼，无论发科发甲，即做一秀才，脚跟即已立定。家有读书人，便能知礼仪，敦耻让，维持风俗，撑持门户。天下之事，多不可料，况有志竟成，无分富贵，教子读书，便有起家之望。愿合族之人，尊师重傅，他处节省，师束脩供膳，不可计较也。

黜异端

天下之最不足信者，无如僧道师巫、请神问仙之类。假如今之僧道，刻意苦修，真心采炼，亦率无端而出于无用，为圣王之所不容，况今和尚吃好穿好无孽不作，真有地狱，也是他先不能免，岂能超拔他人！至于道士，更属混账可笑，披衣念词，鼓钹喧嚣。不可不知居丧之道，在乎哀戚，做道场能济何事？假若生前恶孽重大，岂是什么超度能消？有疾病，以医治为第一，切不可师巫烧请，不独徒然破钞，忙里加忙，将病人耽搁至不可施治施药，贻误大事也！戒之戒之。

金华蔡氏名人与家训

始祖蔡元定

始祖蔡元定（1135—1198），字季通，学者称西山先生，建宁府建阳县（今属福建）人，蔡发之子。南宋著名理学家、律吕学家、堪舆学家，朱熹理学的主要创建者之一，被誉为"朱门领袖""闽学干城"。幼从其父学，及长，师事朱熹，熹视为讲友，博涉群书，探究义理，一生不涉仕途，不干利禄，潜心著书立说。为学长于天文、地理、乐律、历数、兵阵之说，精识博闻。著有《律吕新书》《西山公集》等。

磐安县双溪乡梓誉村蔡氏家训

一、爱国爱家，报效祖国为己任，为官者（国家干部）更应清正廉明，不贪不赃，造福黎民。

二、尊老爱幼，社会之美德，孝顺父母，爱护少年儿童，责无旁贷。

三、兄弟姐妹、夫妻、妯娌、宗亲之间，互相关心，和睦团结，同舟共济，患难与共。

四、遵纪守法，崇尚精神文明。待人以礼，遇事晓之以理，不偏不倚，公平合理，一切浮靡斗狠恶习不可沾染。

五、勤俭创业，发奋读书，造福桑梓。

六、切不可流于娼盗之行列，自贱其身，玷污祖宗。

七、宗族之盛衰富贵，贫贱贤愚，世代皆有，扶弱济困人之美德，既同源流，不可欺凌；蔡氏子孙，须遵祖训，以理学道德规范量身，树立美好之形象，以为人之表率。

金华陈氏名人与家训

陈亮

陈亮（1143—1194），原名汝能，后改名亮，字同甫，号龙川，学者称龙川先生。婺州永康（今属浙江）人。南宋思想家、文学家。"为人才气超迈，喜谈兵议论风生，下笔数千言立就"。

孝宗乾道年间，被婺州以解头荐，因上《中兴五论》，奏入不报。淳熙五年（1178），诣阙上书论国事。后曾两次被诬入狱。宋光宗绍熙四年（1193）状元及第。授签书建康府判官公事，未行而逝，年五十二。端平初年，追谥"文毅"。

所作政论气势纵横，词作豪放，有《龙川文集》《龙川词》。

陈望道

陈望道（1891—1977），中国著名教育家、修辞学家、语言学家，曾任民盟中央副主席。原名参一，笔名陈佛突、陈雪帆、南山、张华、一介、焦风、晓风、龙贡公等。浙江省义乌人，早年就读于金华中学，曾赴日本早稻田大学留学学习文学、哲学、法律等，并阅读马克思主义书籍，回国后任复旦大学校长、上海大学等高校教授。他翻译了中国第一篇《共产党宣言》，担任过旷世巨著《辞海》总主编，撰写了《漫谈"马氏文通"》和《修辞学发凡》等专著。

现上海复旦大学里仍保留陈望道先生的旧居。

兰溪市黄店镇大坞陈村古代有陈天隐孝子，以"孝、友、睦、姻、任、恤、忠、和"八行名扬四方，当朝皇帝改望云乡为纯孝乡，并题匾"纯孝格天"。有《八行提要》流传于世，内容为："孝善父母，友善兄弟，睦善内亲，姻善外亲，任善朋友，恤善州里，忠知君臣之义，和达义理之分。"

檀溪陈氏家训

族下裔孙对朋友、兄长必须诚实、恭顺,保持忠义家风。见兄长来时,应站起相迎;在行走,就必须止步应对;对兄长、叔伯称呼时,不应道其名姓,要以兄弟叔侄称呼为准;对父辈姐妹其称呼也然,显得彬彬有礼。

族下裔孙不得迷惑邪教,创造不当恶说,塑造土木彩像,来助长妖气邪说。若有此等者,家长严加训斥,倘若不改,则以不孝论处:生不给同谱,死不得入祠门。

族下裔孙不得以"从事交际,促助社里"为名,而放纵恣意、毫无拘束地毁耗钱财,满足自己的不正当愿望,走入堕落腐化道路,而致倾家荡产,犯法入牢。切宜警戒。

生男生女本是一个样。世人剩女往往多致淹没、废弃,说是因为女子难嫁。这等做法要受重罚,绝不饶恕。

子孙读书必用心用脑,真心实意,要读好书,不读荒淫之书及符咒迷信之书,积极努力于会文讲学,做一个正正当当的书生。

子孙倘若出世、有为或者仕者,应当报国为民、爱民护民、为国立功、为民办好事实事,如有欺君害民,活着要削谱(逐出族谱),死去时也不准进入祠堂,此当处罚,绝不轻放饶恕。

我宗氏族人,应当和睦相处,平易待人,不可仗势欺人,一人有难旁人相助,以显团结和睦可亲。

在族人陈继建、陈杏望、陈丰根、陈雨海、陈家土等老师的努力下,檀溪十四个陈姓村成立了檀溪镇陈氏家训家风编委会,经过两个余月的辛苦工作，一部新时代的陈氏家训终于完成，现以各种方式予以公布，望檀溪陈氏子孙后代参考借鉴。

马落塘颍川陈氏五大规条家训八则

五大规条

上祖俊卿公有遗规训，后常曰：在国之道，惟致与泽；在家之道，惟耕与读。耕，当勤俭为本。读，非名利为先，要知忠孝、节烈、礼义、廉耻等事。耕田者能知则为良农，读书者能行则为善士使世之人，仰之、慕之、相与奖之，固其美也。倘有不然，遗行败族有家法焉。戒之、斥之，驱而逐之，词所宜然。后子孙能守此规无违公之遗命，则幸甚矣。

一、重孝

盖孝之道不一而足，有大孝焉，有仅称孝者焉。夫大孝固不易，亦不敢言也。若夫所称仅孝，是中人之所能行者也，诚能夫妻好合，兄弟和谐，家无争斗之声，衣食不亏于父母，庶几得平安过日，是中人之孝。

二、重悌

兄弟分形同气，彼此相依，幼时则传衣食共学业，相得如鱼水，及长而娶妻，衽席之情既密，尔我之见以成，而后枕言得乘而闲之，小事搬起大事，一语唆成。盖妇人终浅见，只求自己分居安逸，那管你家兄弟不和。为男子者，诚能不听妇言，兄友于弟，弟恭于兄，不忍伤手足至情，即出而见长者，虽亲疏代远而同宗所出，亦当逊恭逊，毋得触忤，此则尽悌弟之道也。

三、安分

为人须安分守法，治家勤俭，待人谦和。凡事依理而行，好人相近，恶人远避，日则各行其业 夜则闭户安息。有事相劝，无事相安，守望相助，疾病相扶持，斯称仁里厚族矣。

四、读书

一才人易得，节孝难求，古人之助士，先德行而后文艺，如子孙善积书者，不仅读古人之书，必书说古人之行。名实并著使慕之，苟不幸不为处士，亦无愧于圣贤。倘幸而登科及第，将生平之学问措于当时，上致君，下泽民，光荣其祖，垂欲于后，是诚无负乎。读书非惟同姓赞扬，既天下莫不瞻仰。生则荣华，死则不朽，此真颍川之子孙也。

五、节烈

女子行莫大于节，莫重于孝，莫不善于妒，此三者所关彝伦风化不浅也。夫死而即死曰烈，固难然其理易明也。至于夫死而不嫁者，能行妇道，习礼义甘贫苦，旁亲若年逾十五者，不使遽入闺壸，仆隶下人亦不使之相近，自壮至老如一，此则尽节孝之道也。诚能礼敬翁姑，周旋左右侍奉，此即孝妇之道也。二者祠当加赠。若夫不幸而有正妻无子，意欲买妾生子者，嫉恶之心顿生，争斗之声闻外，使人轻之贱之，伤伦败俗不顾后裔，此亦词所当议也。

家训八则

一、父子之训

父子者，天性之亲，父严母慈，自然之理也。圣人因严以教敬，因亲以教爱，爱敬备至而子职修矣。故为子者，不可不知所以事亲之道。族内子姓，有能执爱敬之道以事亲者，每逢会祭之期，祠内捐资特加优奖。其有不顺而忤逆者，小则诮让，大则责惩。

二、兄弟之训

兄弟者，同气之人，兄友弟恭，经常之道也。故为兄弟者，不可不知手足之义。族内子姓，有能尽友恭之谊者，于会祭之期，族长加礼奖之。如兄不能友而弟不失其恭之道者，则训谕其兄而优奖其弟。兄能友而弟失其恭之道者，则优奖其兄而训责其弟。兄弟皆失其道者，则两戒谕之。如再不悛，是用惩罚。

三、夫妇之训

夫妇者，人道之始。苟有不别，则失夫义妇顺之理，非所以齐家也。故《易》曰：男正位乎外，女正位乎内，言有别也。其有帷薄不修、中篝贻讥者，固非人类，有国法治之，不在训内。妇以三从四德为主，纵有贤智，惟令专主中馈，不得干预外事，以夺夫权而有牝鸡之诮，犯此者宜加戒饬。

四、朋友之训

朋友者，五伦之一，道德赖以成学口借以进，择之不可不慎也。苟泛焉而交其不致于善，日少而过，日积寡矣。凡我宗人，当宜慎之。

五、妯娌之训

妯娌者，异姓相聚，人各一心亦常情也，况妇人不谙大义者居多。倘不能加戒，必至争长竞短而分门割户矣。故为夫者必严枕席之训，毋匿私、毋偏听，以至离间手足，甚且阋墙生变。凡我宗人，各宜杜绝于是也。

六、安分之训

凡贵贱异体，尊卑殊分，各有其职，皆当自尽。故仕而受禄者，必须恪恭乃职，不得以贪污而辱及先人。居家而肄业者，亦当笃志攻苦，不得好事而荒其本业。凡士农工商俱宜各勤乃事，和邻睦族，毋得喜争好讼以败家风。

七、务本之训

古来绵世泽无如积善，振家业还是读书。欲光前裕后者，必须此二端也。传家之道，定以勤劳为本。秀者为士，朴者为农，古之道也。不然而为工为商，亦谋生之本计。但不可赌博嬉戏，败其家业。

亦不得苟为辱身贱行之事，如娼优隶卒之类，以坏吾宗风。如是者，斥革不恕。

八、勤俭之训

勤俭者，谋生之本计，亦人生立德之善道。惰则为失身之始，奢则为丧家之阶。自古勤以生财，俭以节财，既有以生之，又有以节之，而犹有啼饥号寒者谁乎？凡我宗人，不可不知此义。

金华戴氏名人与家训

戴梦奎，清雍正八年（1730）进士，历任泉州永春、闽县、建宁知县。《光绪兰溪县志》有传。

戴鹿芝，号商山，道光二十四年（1844）会试第三名，钦点二甲进士，分发贵州省即用知县。历任印江县、湄潭县、修文县。咸丰八年（1858）二月升安顺府知府，十一月兼摄开州事务。同治元年（1862）加按察使衔，二年（1863）阵亡于开州，诰赠太常寺卿。《光绪兰溪县志》有传。

戴鹿溪，号笔秋，道光五年（1825）正科第九名举人，候选直隶州判。咸丰十一年（1861）与太平军战，阵亡。加赠布政司都事衔。《光绪兰溪县志》有传。

戴鹿星，号吉如，太学生，加捐候选县丞。咸丰十一年（1861），与太平军战，阵亡，加赠銮仪卫经历衔。《光绪兰溪县志》有传。

宗范（家训，录自光绪二十一年编修之谱）

一、事长上

凡为子孙弟媳，事亲必怡颜悦色，事长必谦卑巽顺。侍侧不问不言，不命之坐勿坐；应对以名，有使令则奉行而无违，有戒训则俯听而勿辩；有非礼则亦受，而勿较其是非。遇父母有过，下气怡声微谏，不听，托诸父母所善转达。不可陷亲不义，亦不可激怒，自取悖逆。以至伯叔父母、姑、姐亦然。

二、训子弟

凡父见之于子弟，必自幼教之拜揖应对之仪，稍有违背，辄加呵禁。七八岁以上就学读书，使知礼义廉耻，一以信实为本。年未二十，不得令其沽酒。遇小过失，必反复开谕，使之自改，不可秽言愤激，俾无所容。如饬非不改，候祭宴之时自众量责。或有悖乱辱先过恶，即会众告于祠堂，鸣鼓责辱，不许与吉凶之会，三年能改方许入会。如顽不受责，告官治罪，永不许附于宗姓，仍于谱内除名，谱后述其事略，垂戒后人。遇有财产，切须宽恕剖平，或会众公断，庶全恩义。

三、恤孤寡

今世之人，于其亲房孤寡类多欺暴，有霸产侵夺，或纵仆妾凌侮，不仁不义，莫此为甚。今后吾宗，不幸遇有孤寡，如家业殷厚，则亲房区划；贫而无亲，则众力出助。如亲房以前不仁不义，则众共攻治，书其过恶，不已，则闻官治罪，绝之宗会。或有孤女，则伯叔收育，择其所归，切不可令其随母改嫁，有玷宗风。如未脱乳哺者，不限此例。

四、交姻戚

今人姻戚多厚于妻子之亲，其父母之亲已疏略之，至祖父母之亲，则渺然矣！吾宗之人，当不分新故，一体而行，期无不厚可也！

五、厚宗族

凡宗族有服无服，其初同一祖，遇有贫乏不能婚葬，或遭水火疾疫盗贼，族长倡义，率众随宗厚薄出助。疾疫止助医药，不得信尚淫祀醮赛。或被人诬害，必须协力排救。或自招耻辱，毋得偏信党恶，如其不然，是曰忘祖。

六、饬闺阁

家人不和，皆由妇人，或不孝舅姑、或不顺夫婿、或诬妯娌、或妒婢产、或溺爱儿女，离间骨肉；或较量升斗，争夺匙箸；或不严仆从；或游寺观而度僧道，信妖邪而洽巫祝，凡此不良之妇，为之夫者，不能专制，则门祚以衰、家业以坠。吾宗之人，不可不鉴。

七、和邻里

古者乡田同井，百姓亲睦。今人乡里之间，往往不能容忍，寻仇斗讼，不败不已。吾欲宗人务体古义，共相友助，有非道，逊而不较，或先几避之。必不得已，则官有常宪，不必私与交言角力，以取凶祸，非惟居乡之义，实亦保家之道也。

八、御婢仆

昔陶渊明遗仆于子，戒之曰："此亦人子也，可善遇之。"饥寒不失其养，役使不求其备。有不率教笞，亡后假以辞色，以释其怨，此皆善御之道也！或其狡戾不堪用，则宜早遣，无或因循，致生事端。又子弟妇女，无得擅自笞鞭仆妾，有过白于家长，为之行责可也。

九、理家业

吾乡旧家子弟多有自幼不能力学，又耻农商，嬉游度日，荡废家业。今吾宗子弟六岁以上，即宜就学，十五岁以上，察其资性，近上者俾终儒业，难成者即令力农，或工或贾，各执一艺。凡日用衣食及宾祭包馈遗之费，皆须节量。会计一岁所出，务使少于所入，存余以备不测，是谓勤俭生财之道。若乃勒买田地，不认税粮，多取债利，硬折祀产，或逼取荒年租佃，或盗卖孤寡产业，此皆大损阴德。

十、操门户

人之门户惟有二者：有田则有赋，有身则有役，自古不免。秋收之后，即当办纳。如或拖延，致累粮里，并自己亦多骚扰。使延过年岁，计其所费，已有纳粮之数。若又拖积年久难完，解官府督责，必致破家。遇有重差，自度不堪，即宜赴官分理，毋持顽坐视，因而逃避失业。或充当粮里，切勿倚官取财及挟私报复。若有差勘公事，不可殉情偏向，此者实损阴德。

金华邓氏名人与家训

邓小奶（1895—1960），女，兰溪市区唐陆云之妻。邓粗识文字，颇具胆识，教育子女严格，鼓励进步。抗战开始，长子唐向青担任兰溪战时政治工作队城区分队长，参加中共组织，邓不仅表示支持，每当党组织借唐家活动时，还积极放哨始终不怠。故中共金衢特委机关曾一度设于其家，并在此召开党员代表大会，众呼为"妈妈"。邓的思想觉悟亦因而不断提高，先后送次子唐炎、三子唐本去皖南参加新四军。又鼓励五子唐棣去上海与唐向青投奔苏北革命根据地，支持身边的四子唐钰参加地下工作，迎接解放。其间，又兼传递消息，筹措经费供地下党活动用。新中国成立后，积极参加妇女工作，1950年迁居杭州，鼓励子女参加中国人民志愿军赴朝作战，多次立功。筹办上城区荣属装订加工厂，卓有成效。邓先后被评选为杭州市一等模范军属、杭州市妇联常务委员、杭州市人民代表、浙江省政协委员。志愿军归国代表团和朝鲜人民访华代表团代表曾特地登门拜访，被称为"光荣妈妈"。1960年逝于北京。

邓氏家训
（邓氏族谱家训 八代孙文谟创）

治国之道，有法有戒，所以明典则昭惩创也。而治家亦无不然，先父治家最严，尝取朱子所亲书于学宫者，列为八则。八则之外又有六戒，予只承庭训，著为家规数条，俾后嗣有所率循，罔敢逾越。今谱已告成，故登之谱牒，凡我族人朝夕观览，或于心身有所补云。

八则

一、事亲以至孝，儒慕之爱非由人为。一本之恩，出自天性，人惟仕途之变迁愈多，故至情之纯笃愈少。更其甚者，漂泊他乡，枉念高堂白发，眷恋衾枕，惟惜秀阁红颜，朝饔夕餐，聊具一日之菽水，晏眠早起，谁念终夜之寒温，亲母固已如此，继庶由所难言，虽申生见谗于骊姬，千古饮恨，而闵子眷怀于继母，万世垂芳。为人子者，胡弗念焉。若夫立行修身，而显身扬名，慎终追远，而尽哀尽礼，尤为人所宜自致。

二、从兄以明弟，长幼之节，人所共知，友恭之谊昔所众著，慨自角弓载咏，而兄弟相远。棠棣哀告，而手足抱痛。溯所由来，匪由家资，以伤天伦，则听妇言而乖同气，遂有视其兄如路人，视兄嫂仇者矣。吾不知今之为人弟者，亦尝念田氏之风，而兴感于紫荆之摧萎，读花萼之句，而抱歉于大被之生寒否耶。

三、尽己之谓忠

圣门教人，惟忠与恕，曾子自省，戒谋不忠，故四教则文行贯以忠也，九思则出言必以忠也。人不忠诚于物，田有违于己，多不尽内而事亲，从兄非真孝。子悌弟外而事君交友，非真忠臣良士，盖此忠一亏，事为皆虚试，观武侯之尽瘁鞠躬，文山之成仁取义，考古者不以成败论，亦知其心之已尽耳，人欲景仰前徽，不愧寸衷，奈何弗忠。

四、以实之谓信

夫子曰：人而无信不知其可。孟子曰：君子不亮恶乎，执诚言信之不可无也。夫人之有信，如五行之土，春生夏长秋收冬藏，历寒暑而不爽。人能诚信无二，坚如金石，应若风雷，千里之外，无费应矣。昔朱子只要季路一言，巨卿不爽张邻之一约，季札之挂剑于墓，阎厂之完钱于孤，载之史册，千古不磨，信知于人何如哉。

五、礼所以别上下正名份

一家之中，若长若幼，若尊若卑，秩固天然莫可淆，序亦厘然莫可紊。世族之家，鲜克由礼，而末俗崇尚佛老，冠婚丧祭，多不孝礼，以致长幼尊卑，日用罔所率循，伏读三礼，及朱子家礼一书，条分缕晰，人能遵而行知，将见父父子子，夫夫妇妇，兄兄弟弟，家道成而百度得其理矣，否则相鼠贻讥，可不慎欤。

六、义所以决是非，定可否

凡人生出处去就，辞受取与，莫不有义，义者事之干也。人惟为义所诱，为事所屈，遂致贪昧隐忍，罔顾名义，诚能于出处去就，辞受取与之间，审其是非，决其可否，斟酌停妥，以定行止。断无有临事迟欤，遇事苟且者矣。试观伊尹之千驷弗顾，一介惟严；孟子之百镒不受，万钟莫留；关圣帝之曹归汉，爵禄不以撄心；颜常山之骂贼不屈，死生不以易节，其大义懔然如此。人当于此中吃些辛苦，方为守义之士。

七、分辨之谓廉

从来贪者无别，廉者有辨，行贪则污，行廉则洁。古今来，人无贤不孝，孰不恶贪而爱廉，而每避洁而行污者，无他。利欲关头打不破，故卑污苟贱所弗顾耳。前世如首阳高卧足以振起顽懦，后世如公仪悬鱼，子罕却玉，杨震辞金，管宁挥锄，生平节概于此，可见人能守此，在家不愧为廉士，在国不愧为廉吏，子孙相承，为清白之家，非传家之至宝哉，吾愿子孙，谨操守而持廉洁。

八、行己之有耻

人生事业学问，多成于有耻而败于无耻。无耻则卑污苟且，机械变诈无所不至；有耻则激励奋发，学问事功皆不可量。若伊尹耻其君不为尧舜之君，此其民不为尧舜之民。勾践耻其身之请为臣，妻之请为妾；他如乐羊弃学，因妻之耻，遂卒业而成名；齐御骄态，因妻之耻辄敛抑而为大夫，是皆耻之所成。若夫左右异态，或摇尾以乞怜，或舐痈以舐痔，身为丈夫，行同妾妇，无耻已极，纵或稍得寸利，何以型家。吾愿良家子弟，务宜知耻。

六戒

一、戒怠惰

先王驱游惰而归之，农崇本业也。人不务本，衣食何求？近见人家子弟，不士不农，不商不贾，游手好闲，日则三五成群，东奔西逐，夜则比闾交欢，道长说短，红日高上，尚卧内床，金鸡唱午，方醒睡眸，以致家业萧条，妻子无靠，所谓懒惰成饿莩，此之谓也。兴言及此，偷惰宜戒。

二、戒奢侈

古昔盛世，敦崇节俭，上自君公，下逮氓庶，无不务本节用。衣冠宫室，有定制也；仆从车马，有定饰也；婚姻丧葬，有定礼也；宴宾招客，有定数也。而且丰年则如其礼，凶年则杀其礼，以致人心古朴风俗淳厚。今也尚文贱质，好奢恶俭，豪华之家，恣为侈肆，贫窭之族，喜为效颦，皂隶与夫，亦且尘视金玉，口鱼肉而身绸帛，风俗如此。尚何有余，一余三之庆乎。古论云：从俭入奢易，由奢入俭难。吾愿子弟以奢侈为戒。

三、戒赌博

在昔成周取士，孝弟力田，以故耕田凿井，牵车服贾，春诵夏弦，各事本业，比户可风。近见豪华子弟，以看赌为生涯，以博弈为正事，牧奴共戏，浪子相邀，或瓦注，或钩注，或金注，遂成孤注之危，或投犊、或投雉、或投卢，难救投钱之败。百万轻于一掷。十千不值半文，大则荡产破家，旋登饿鬼之乡；小由欠债经官，辙作囹圄之客，伏读律令，造买者发远方，窝藏予流杖，无益之事，莫此为甚，吾愿聪明子弟早早回头。

四、戒淫从

饮食男女，人生大欲所成，内外嫌疑，人伦至教所著，故夫妇有别，王化起于《关雎》，礼教不修，风俗败于《鹑奔》，以至闺阁贻羞，廉耻道丧。富豪之子因色亡身，俊秀之儿贪花丧命。《西厢曲》《红梅记》，皆导淫之书。《感应篇》《戒淫说》，乃垂训之旨。人能洗涤邪志，不遂风月烟花，庶几遵行正道，不欺暗室屋漏。语云：百行孝为先，十恶淫为首。有志励行者，尚同一鉴。

五、戒酗酒

酒以合欢介寿，必称兜觥。醉而丧德，沉湎由于贪杯。故《周礼》有酒正之官，宾宴有监酒之史。近见酗酒狂呼，罔故性命，未赋青莲之百篇，辄致淳于之一后。催花擂鼓，昏昏祗在醉乡；架马猜拳，沉沉惟期长夜。不知杯中月，终是伐性斧，山中味，乃是腐腹菜。兼以醉后贪花，虚劳力竭，席前论事，摩手擦拳，总之无益于身命，切勿贪乎香醪。

六、戒横暴

让畔让路，古之遗风，不乱不争，圣有明训。近见今日子弟，一言不合，怒气相加，三戒不循，捐生不顾，或恃族强，或倚人众，或挟势以凌人，或负性以傲物，或借力以夺人之有，或逞忿以济己之穷，讵知骂人，虽或不怒，杀人必致抵偿，既蔑礼法，定罹王章，君子自反为仁礼，尔何甘心为禽兽。吾愿负血气者，切勿蹈此。

家谱条例

一、谱所以联亲疏，合远近也。自迁蜀以来，或仍旧居，或移别乡，支派虽分，其原则一，从原至委，不可丝毫紊乱。

二、坟茔山水，自某祖某妣，至某祖某妣，或坐东朝西，或坐南朝北，山势何形，历管几代，悉载祖妣名下，以传后代。

三、在祠神主，历代先祖居中，所有入川开创耕读，以及建祠修谱有功者，上岑榜组，下岑居中，虽分农儒，原有酌议，后人不得私行移动，以干神怒。

四、家中尊卑老幼，礼法森严。内外男女，规矩谨肃，固不可以大欺小，强凌弱；更不可以小加大，少凌长。至于子不孝父，卑不敬尊，以媳妒姑，以妻嫌夫，逾法所不赦者也。

五、家中老成之士，以及为父母翁姑者，各宜教训子弟，不可爱而无劳。倘有乱纲玩法，玷辱祖宗者，户首须同合族处治，男从法，女改嫁，若稍护短，禀官清究。

六、读书成名，光宗耀祖，理宜奖赏。入学者，帮公银数两不等；中举者，数十两不等；但看本生之贫富，计公银之多寡，不必拘于一定。至于家贫不能成就功名者，亦将公银补费，文武虽殊，大略分别，幸而功名愈大，虽酌量以为公奖。

七、同宗过继，宜固一脉，溯所自来，不忘本也。但先从立长，后从立爱，由亲及疏，长子么男不过继，至若外甥入继，随母承嗣。一切异姓乱宗，律有明条，非但不入嗣谱，田产亦不给分毫。如本族互相隐匿及受贿冒登，罚银十两，逐不归宗。

八、妇人从一而终，其节最苦，延至百年后，子孙繁多者，芳声不泯。万一身殁子殁，果有孤忠亮节，及为采访，扬休家乘。

九、祠堂每年顾人看守香灯，捡盖屋宇，补修墙垣，户首每月巡查。值年时常清视，前后竹木，切要禁蓄，不许私取私用。

十、祠堂公银、祭田、租谷屡年放积，轮流管守。值年者着意办理，总簿者勤心登明，私事不可藉端，公事亦当俭用。祭事随时度量，不得滋口滥费。

以上八则、六戒、十条，言虽浅近，理则中正，尊而行之，则为良善，背而驰焉，即为不肖。吾族世代忠善，世代忠厚，耕读传家，颇少浇漓之风，而习俗滋染，不无偏陂之习。为父兄者，固有养正之功；为子弟者，当守过庭之训。倘有违条犯戒者，家法甚迅，不得徇私偏护。

金华丁氏名人与家训

丁氏家规十二戒

一、戒忤逆不孝

五行之属三千,而罪莫大于不孝。忤逆者,又不孝之甚者也,非独惰四肢、好货财、私妻子、好勇斗狠以危父母而已,甚且詈骂反稽、侧目横视、大仗不走、小仗不受及亲亡不哀、停丧不葬,种种罪孽,殊难发指。族若有此,其会同公处治也何疑。

二、戒居丧嫁娶

嫁娶吉礼也,居丧凶事也。人子居丧,方将哀苦之不暇,何忍寓吉于凶乎。彼乘丧嫁娶者,不过图占便宜,因之反凶为吉。吁!亲骸未冷,而敢议及婚姻,是诚天地间之忍人,古今来之罪人也。吾族决不可出此。

三、戒无故出妻

律有七出,犹有三不出之条。况妇人一出不犯而顾可出之乎。乃世有为家贫而出者,不思糟糠之妻不下堂之谓何也。有嫌貌陋而出者，不思娶妻在德不在色之谓何也。更有夫恋私交，而欲出此以就彼者，不思谋人田地水推沙、谋人妻子不成家之谓何也。吾族务端刑于之好，勿生轻弃之心。

四、戒婚姻转房

转房一说，渎伦甚矣。明明兄嫂而弟或妻之，明明弟妇而兄或妻之，耻孰甚焉，名不正则言不顺，言不顺则事不成。即不幸有既娶，而夫死者无子女牵连，再醮与否，听妇立誓，不得强逼，亦不得阻挡。有聘定而子夭故者，其女任伊父母另选名家，无生觊觎，永绝转房之羞，深为吾族之戒。

五、戒聘定悔盟

婚姻誓同山海，问名之后，千金不移。今之联姻者，每于男女甫一周两载，便凭媒说合，传庚聘定，追桃夭及时，或憎翁家穷苦，或嫌郎婿痴愚，捏端翻悔，构讼连年，此非爱儿女，实以戕儿女也。纵欲择配，须当慎之于始，至若悔之于后，徒属滋事耳。吾族以为何益。

六、戒有子娶妾

人生一夫一妇，同偕到老，何等爽快。至于妾，不得已也，为无子也。乃亦必年至四十而始娶。今有少年浮荡之子，逞其富豪，一娶不已而再娶三娶，只图取乐于目前，不顾滋累于日后。

讵知嫉妒之心，妇女为甚。夫存则妻妾争宠，夫亡则嫡庶争权，任你丰裕家质，弄得残败方休。况为妾者，每多少艾娇姿，而防闲不密，以致中媾贻羞者比比然也。吾族其各慎之。

七、戒牝鸡司晨

妲己用而商亡，骊姬宠而晋乱，无他，牝鸡司晨故也。从古夫为妻纲，乃巍然一丈。夫岂可假权于妻，而俯仰是随乎。总由平时不御以礼，而狎亵过甚始也，挟恩恃爱，继则作势拿班，主不由夫，而为所欲为，从之不可，远之不能，家道于是颠倒错乱，而有不为家之索者几希。吾族切勿使妇女擅权专制门户。

八、戒同姓为婚

礼同姓百世不通婚，厚别也。是以昭公娶吴，贻议千古，楚南陋习，尝有蹈此者。畏人议乃解之曰，同姓不同宗。夫宗者姓之所自始也，姓既同矣焉，有宗不同之理乎。吾族原无二姓，务宜谨守同姓不婚之礼。

九、戒嗜酒好色

酒以合欢，色以传后，非可以纵欲败度也。今人迷溺于中，日饮狂乐以移其性，日即温柔以荡其情，惹事招非，而不顾家破身亡，而不悔清夜以思，何为也者。孔子曰，不为酒困，又曰戒之在色。而嗜之好之，其违圣训也多矣。如之何不戒。

十、戒开场赌博

呼掷一笑千金，人故迷而不悟，不知娱想他人财物，却虚自己囊中，一人于此，始则荒时废事，终必败产荡家。吾族若有此辈，父兄先治以家法，再蹈前辙，送诸公庭究惩。

十一、戒健讼干求

立身行己，务宜正直端方，奈何今人以告状为手段，以希宠为身荣。对人说出几多虚情味语，当官作出几多巧计机关，今日见官、明日求府，不知作出几多卑躬屈节、行出几多附势趋炎，试问关甚紧要，胡乃甘心于灭天理丧名节以至此也，如之何不戒。

十二、戒贪嗜洋烟

洋烟造自西洋，流毒中国，为害最深。世有贪食之辈，唆耸朋友，谓烟可以治气疾而提精神，可以却风寒而疗暑湿，可以款亲朋而交官宦，始以烟劝，继以烟就，终以烟迷，引诱子弟偏多，无瘾遂成有瘾。呜呼，一食烟而为官为干者，则荒其政事、废其诗书矣。为农工商贾者，则惰其操作、绝其生路矣。渐至抛家失业，而烟不除，妻鬻子卖，而烟不除，甚而流落不堪，或为娼盗，玷辱祖先，以致人人痛憾，悔之晚矣。我族后人毋入迷途，永行正业，是则吾人之所厚望也夫。

金华杜氏名人与家训

杜旟,字伯高,号桥斋,金华(今属浙江)人,生卒年均不详,约宋光宗绍熙初前后在世。吕祖谦门人。淳熙开禧间(1174—1207)两以制科荐。与弟仲高、叔高、幼高、季高并有词名,时称"金华五高"。陆游、叶适、陈亮、陈傅良皆赞其文,且与之交。有《桥斋集》不传。

杜旃,生卒年均不详,字仲高,金华人,杜旟之弟。约宋光宗绍熙中前后在世。著有《癖斋小集》《宋百家诗存》及《杜诗发挥》,与兄伯高,弟叔高、季高、幼高齐名,人称"金华五高"。旃工词,陈亮评:"仲高丽句,晏叔原不得擅美。"

杜旞,字季高,金华人,杜旃之弟。生卒年均不详,约宋宁宗庆元初前后在世。工词,与兄伯高、仲高、叔高,弟幼高齐名,人称"金华五高"。

杜旝,字叔高,金华人,杜旃之弟。生卒年均不详,约宋光宗绍熙末前后在世。与兄伯高、仲高,弟季高、幼高并称"金华五高"。

尝问道于朱熹，与辛弃疾诸人游。端平初，以布衣应诏，入馆阁校雠。年已八十余。陈亮评其诗："如干戈森立，有吞虎食牛之气，而左右发春妍以辉映于其间。"

杜旃，字幼高，金华人。

杜氏宗谱中有十二条家规族训，讲仁爱、重民本、守诚信、崇正义、尚和合、求大同，分为"孝父母""敬长上""谨闺门""养贤才""议贤能""恤寡孤""正名分"等内容。像"孝父母"这一点，"父母之恩，与天地并。凡为人子，温清定省，服劳奉养，惟恐不至，一有不顺，即为天地间之罪人，名议所不容也。""敬长上"也有规矩："凡为弟子，出见长上，宜加恭敬，行则必后，坐则必起，问则拱对。父兄会燕，子弟敛容，不敢畅饮，此常礼也。"

此外，还有"祭祀""岁旦会拜""恤寡孤""议承继""领谱存议"等篇目，体现了扶危济困、助孤帮残的善意爱行。"夫茕独可哀，节义至重。如有寡妇孤儿，最宜存恤，使幼有所长，而节得以全。或贫弱不能自立者，亲族量行资给，祠中虽空，亦当补助，亦一门之光也。"

"议承继"这一项中，对没有子女或有女无儿的家庭的继承等也做了交代。"窃闻妻财子禄，皆由命也。不但无妻无嗣屡见，有力之家，频娶数房，连产是女，竟不生男，岂非是命！圣人有云：不孝有三，无后为大。恐有乏嗣，继后接支，必遵律例，由亲而及堂从，尊卑相当，方许立继。倘或不合，方可服外，族内相量而立。

如果不合，方许姓外承继。或有应继而不继，亦有溺爱而入继，或有不合继而继者，禀祠日，以违律乱宗事论。正理逐继，或有受业忘恩而弃继者，作悖逆责罚。凡逢祭期伏望，各相传说，不致紊乱，宗族之患。"

还有一条比较有意思——"戒斗狠"："凡族中有争，必先告于族长、房长处，剖而不平，方控有司，以分曲直。毋得倚强凌弱，动辄聚众相殴。如亲戚有争哄者，当为劝解，切勿聚集相帮，违者重罚。"可见家族对团结与文明的看重。

金华樊氏名人与家训

樊勋,字则峣,号竹溪。其先山阴人,父贾于兰溪,遂占籍。勋少嗜学,长服贾,犹手不释卷。务施与就义若渴,凡利于人者无不为。邑育婴堂资用缺,勋带头捐钱300缗,又每年出百缗以相济,堂得中振。曾说:"任事不可有计较心,人不患不才智,患不能愚耳!"闻者以为名言,尤笃信圣贤主敬慎独之旨。

樊氏家训

中华樊氏,同宗同源,四海一家,血脉相连。
颛顼后裔,昆吾为樊,世代袭姓,四千余年。
始祖樊须,儒学典范,武侯樊哙,助帮兴汉。
樊仁樊建,樊宏樊娴,人才辈出,群星灿烂。
元末明初,灾荒战乱,群雄并起,逐鹿中原。
饥荒瘟疫,人祸天灾,十室九空,人稀路断。
洪洞先祖,泪别大槐,四散迁徙,不畏艰难。
南阳上党,江左江右,天南海北,枝茂叶繁。
忠孝二公,吾族先贤,乾隆初年,襄城迁来。

杨彭招婿，孝结良缘，世代农耕，近三百年。
山岭环抱，溪水甘甜，翠竹繁茂，秀美家园。
忠孝为本，诚信礼先，勤劳节俭，淳朴和谦。
睦邻乡里，子孝妇贤，诗书传家，积德行善。
遵纪守法，不偷不骗，爱国爱家，创业奉献。
走遍天涯，莫忘祖先，谆谆家训，代代相传。

金华范氏名人与家训

范浚

范浚（1102—1150），字茂名（一作茂明），婺州兰溪（金华兰溪）香溪镇人，世称"香溪先生"。绍兴中，举贤良方正。以秦桧当政，辞不赴。闭门讲学，笃志研求，学者称香溪先生。浚著有《香溪集》二十二卷，《四库总目》传于世。

范浚出自宦门而不喜荣利，刻苦读书，诸子百家无所不通。祖父范锷，皇祐五年（1053）进士，历官开封府尹，特进光禄大夫，上柱国，太府少卿，封长社郡公。父范筠，元祐三年（1088）进士，历官浙江提举，累升金紫光禄大夫，上柱国，开府仪同三司，少保，资政殿大学士，封长社郡开国男，进封荣国公，谥文涛。筠生十子，范浚排行第八，除二兄范深为举人外，其余八位兄弟均为进士，九人全部做官，故有"一门双柱国，十子九登科"之佳话。

范浚天资高迈，自幼嗜学，不喜荣利，笃志求道，独隐居不仕，于保惠寺讲学授徒，屋室简陋而怡然自乐。南宋绍兴间，以贤良方正数存于朝，因秦桧当权，坚辞不出。但以《进策》二十五篇，详论富国强兵御善之道与经国要务，供朝廷采择施行。

范浚精于理学，讲究存心养性，主要理学思想，一是阐发仁性之学。宣传"天人一道""天理即人事，人事即天理""忠信""俭德""仁为天理""万殊一物""万理一致""人地人神，事物万殊，一皆产于皇极""当用大中之道""尽心知性知天""天下一性"。提出"万类莫不共由谓之道""善利之念，间不容发，一发之差，递余舜跖"，提倡"君子存诚，克念克敬"，提倡德性是尊的"上知之学"，认为"耻为入道之端"，认为"惟过而悔，由悔而议"。二是提倡修身，养气，笃学，致用。主张"养正为贵""先正其心""戒自欺，倡慎独""理之所存，师之所存；天地万物，无非吾师"，提倡"治气养心""卑人自牧"，提出六箴，竭尽规儆；"学者觉也，觉由乎心；心且不存，何觉之有""进学之义，不止不能不进"；认为"学者之患，莫大乎自足而止"；勉励"以弘毅自期，任重而力行，居困而心亨"。

范浚治学，有其独到的精深造诣。他说："末学本无传承，所自喜者，徒以师心谋道，尚见古人自得之意，不切切为世俗趋慕耳。"他又说："古人之学，不越乎穷理。理之所存，师之所存也。"还说："学者必先存心，心存则本正，本正而后可以言学。""学者，觉也。觉由乎心。心且不存，何觉之有？"曾作《心箴》，全文如下："茫茫堪舆，俯仰无垠。人于其间，渺然有身。是身之微，太仓稊米。参为三才，曰惟心耳。往古来今，孰无此心。心为形役，乃兽乃禽。惟口耳目，手足动静。投间抵隙，为厥心病。一心之微，众欲攻之。其与存者，呜呼几希。君子存诚，克念克敬。天君泰然，百体从令。"

忧国爱民是范浚毕生追求和实践的重要思想，其中的"用世"成为他的理学思想的有机组成部分。范浚的忧国爱民思想主要表现在关心民瘼，忧叹国是；以史为鉴，宏济时艰。

范钟

范钟（1171—1248），字仲和。里范村人。南宋嘉定二年（1209）进士。历官武学博士，知徽州。召赴朝廷，迁尚书右郎官兼崇正殿说书。一次进对，理宗说："仁宗时甚多事。"钟对道："仁宗时虽多事，乃以忧勤致治。徽宗时虽无事，余患至于今日。"理宗悦。不久迁吏部郎中兼说书，又迁秘书少监、国子司业兼国史编修，拜起居郎兼祭酒，迁兵部侍郎兼给事中，权兵部尚书兼侍读。嘉熙三年（1239）拜端明殿学士，签书枢密院事。次年授参知政事。淳祐四年（1244）知枢密院事，翌年特拜左丞相兼枢密使，封东阳郡公。时朝纲不振，危机四伏。钟呈《时政十疏》，提出"正君心，定国本，别人才，谨王言，节邦用，计军实，敦士习，清仕途，结人心，应天命"十条兴国大计，深得理宗嘉纳。多次乞归以保晚节。淳祐六年（1246）辞官。钟为官多年，位居一品，因病回归，竟无钱于故里置地造宅，只得住金华驿馆。故史称："无地起楼台丞相。"淳祐八年（1248）卒于驿馆，赠少师，谥文肃，葬白露山南麓。今墓犹存。《宋史》评："钟为相，直清守法，重惜名器，虽无赫赫可称而清德雅量。"著有《礼记解》等。

《竹西龙门范氏宗谱》之《家规》

一、孝父母

夫父母乃生身之本，如天如地。古云：匪父曷生？匪母曷育？乌可以不孝。幸而具庆一堂，必当服劳奉养，承颜顺志，昏定晨省，告反面，一无所失，尤不可远游，以贻父母忧。至于慎终，衣衾棺椁，务从其厚。或限于贫窘，亦必称家之有无，不可过薄。始终求尽人，子之心可谓孝矣。

二、友兄弟

夫兄弟者，父母一体而分者也，如手足然。诗云：凡今之人，莫如兄弟。书云：友于兄弟。皆言兄弟之重也。必当念同气之谊，笃友恭之爱，羽翼相比，出入相随。兄勿以长凌幼，弟勿以卑犯尊，尚何有阋墙生变之虞乎！

三、别夫妇

夫夫妇乃人伦之本，风化之原，家之盛衰由之而致。易云：男正乎外，女正乎内。

夫曰：正即有别之谓，必当相敬如宾，相爱如友，则倡随之道得矣。

四、信朋友

夫朋友为五伦之一，自古所重，以友辅仁，固期相舆有成也。必择直谅多闻、品行端方者，与之交焉。既订同心，当如手足，心口如一，弗二弗三。我既无欺乎，友则友，必信于我矣。

五、教子孙

夫子孙乃承先启后之人，所关非小。易曰：蒙以养正，必教之诫之，以成其名，有造有德，以期上达。若不正之于始，则为习俗所染，而德行日秽矣。如秉质愚鲁不能上达，则必择业于农工商贾之中，以为营生之计，必不可任其游嬉怠惰以为废人。

六、和邻里

夫邻里者，桐乡共井，比闾而居，情义最相维系，非吴越比也。当必有无相通，出入相友，守望相助，疾病相扶，持俗斯美焉。倘以富贵骄人，武断乡曲，以强凌弱，以众暴寡，风斯下矣。可不谨哉！

七、戒赌博

夫赌博乃盗贼之原，一掷千金，甘贫不悔。家产荡尽，必致偷窃，偶有取胜，亦属夺人之财，心同劫盗，岂能久享。至朝败露，官刑随之，不独倾家亡身，而且辱及双亲，愿我族中互劝诫，毋堕匪人之流则幸矣。

八、勤生理

生理乃养生之本，所关匪细，四民除士之外，皆可优为然，必以勤为要，农勤则凶荒有备，工勤则器用相资，商勤则有无相济，倘图逸乐，流为游民，不顾数口所需，将必肆志为非，亡身及亲，而辱及先人，可不勖哉！

金华方氏名人与家训

方太古（1471—1547），字符素，自号寒溪子、一壶生，兰溪女埠人。幼时警敏，爱好吟咏。早年曾从章懋学习经学，通《诗经》《周易》《春秋》。18岁入太学，补为博士弟子员。后弃科举之业，不应征召，致力读书写诗。30岁出游三吴，与姑苏杨循吉、徐桢卿、沈周、文征明等唱和。继又南游入闽，与名士林堽成莫逆之交。出闽后，又遍历匡庐、九华、秣陵等名胜，仍侨居于吴中。嘉靖初年，隐居于兰溪解石山（今马涧穆澄源境）中，"迹不出山，影不入俗"。晚年返居女埠故里，建寒溪书屋。潘昊与郡邑官吏以及乡绅士人皆来登门求教。王阳明寓兰溪时，与其交往甚契。子孙三代俱工诗。方太古读书好古，其诗颇似唐代孟郊、贾岛。大抵以感时愤俗之意为多。著有《易经发明》《理学提纲》《寒溪子集》。

溪源村《云源方氏宗谱》中立有《祖训》

家训云：凡为子者，必孝其亲；为妻者，必敬其夫；为兄者，必爱其弟；为弟者，必恭其兄。毋徇私以妨大义，毋怠惰以荒厥事，毋纵奢必以干天刑，毋用妇言以间和气，毋为横非在扰门庭，毋耽曲蘖以乱厥性。有一于此既殒尔德复隳尔胤嗣。兹祖训实系废兴言之再三,尔宜深戒。

男训云:人家盛衰,皆系于积善与积恶而已。何谓积善?居家则孝弟,处事则仁恕,凡所以济人者皆是也。何谓积恶?恃己之势以自强,克人之财以自富,凡所以欺心者皆是也。是故爱子孙者遗之以善,不爱子孙者遗之以恶。传曰:积善之家必有余庆,积不善之家必有余殃。天理昭然,各宜自省。

女训云:家之和与不和皆系妇人之贤否?何谓贤?事舅姑以孝顺,奉丈夫以恭敬,待妯娌以温和,接子孙以慈爱,如此之类是已。何谓不贤?谣狎妒忌,恃强凌弱,谣鼓是非,纵意徇私,如此之类是已。天道甚近,福善祸淫,为妇人者不可不畏。

金华冯氏名人与家训

冯雪峰

冯雪峰（1903—1976），原名福春，笔名雪峰、画室、洛阳等，浙江义乌人。现代著名诗人、文艺理论家。

1921年考入浙江省立第一师范，1925年到北京大学旁听日语，1926年开始翻译日本、苏联的文学作品及文艺理论专著。1927年加入中国共产党。1928年结识了鲁迅，编辑出版《萌芽》月刊，并与鲁迅共同编辑《科学的艺术论丛书》。1929年参加筹备中国左翼作家联盟，后任"左联"党团书记、中共上海文化工作委员会书记。

1933年底到瑞金任中共中央党校副校长。1934年参加长征。1936年春到上海,任中共上海办事处副主任。1937年回家乡,创作反映长征的长篇小说《卢代之死》。1941年被捕,1942年11月下旬被营救出狱。1943年到重庆,在中华文艺界抗敌协会工作。

1950年任上海市文联副主席,鲁迅著作编刊社社长兼总编。后调北京,先后任人民文学出版社社长兼总编、《文艺报》主编、中国作协副主席、党组书记。1976年患肺癌去世。

冯氏家训

一、孝父母

儿生父母视如珍,酷暑严寒倍苦辛;
一刻那忘心滴血,千方惟冀子成人;
孩童嬉笑犹如慕,长大经营不认真;
白发枯躯来日蹙,劬劳罔极报双亲。

二、笃友恭

兄弟相亲孰等伦,经营多变气运通;
身边手足联筋络,树上枝桠共本丛;
急难维持方有济,阋墙御侮岂无戎;
友生纵是恩情洽,那比同胞性至融。

三、守国法

人生需守事凡多，处事持躬总贵和；

法律顺行行不紊，乡村至乐乐如何；

常将种植勤操作，惯把诗书细揣摩；

忍气奉公无懈怠，获刑胡畏政求苛。

四、睦宗族

九族原来一本分，好昭雍睦气如熏；

尊卑长幼无相越，富贵贫穷也共服；

服内至亲当切念，宗同虽远应殷勤；

陈东张艺堪矜持，史册流传百代芬。

五、和乡党

乡党姻邻谊匪轻，好将淑气喜逢迎；

老成硕彦须亲敬，流俗睚眦莫与争；

遇事温恭频晋接，需知机巧久相倾；

得偿行笃言忠味，漫道蛮邦不可行。

六、训读书

凡人乐得父兄贤，课读诗书习礼仪；

上达总由求学至，中材定要用心坚；

功多积累名多就，玉不磨磷美不全；

曾计韦长常教子，遗经一卷当千田。

七、勤耕织

国家自古重农桑，衣食无虞不怠荒；

男力耕耘女纺绩，幼欣饱暖老安康；

饥餐玉粒来风雨，寒暑丝棉出筐筐；

一室丰盈观聚会，嬉游鼓腹乐陶唐。

八、重冠昏

冠为古礼戒成人，当世儒家少讲论；

养女及笄宜择配，育男长大应求婚；

厚奁莫计祈媛淑，重聘何需选婿惇；

我族保无同姓娶，后来嗣续自昌荣。

九、谨丧祭

谨慎人生一大纲，须知与祭与居丧；

亲没故宜哀致尽，祀先只贵敬维常；

浮屠风水皆迷信，春露秋霜应肃将；

惟在竭诚勤拜跪，子孙百世定蕃昌。

十、肃家范

男有室来女有家，夫纲不正愿必斜；

闺门肃若朝廷美，妇孺严无惰慢嘉；

易载象词毋失节，书云守约谨奢华；

范围莫越师敦厚，裕后先前永足夸。

十一、慎交友

结交须慎择良朋，善则从之过则惩；
直谅多闻为己益，辟柔便佞损吾贞；
陈雷契好如胶漆，尔我相仇若炭冰；
久敬圣钦齐晏子，淡成甘坏寸衷凭。

十二、端品行

大凡子弟好轻狂，终日流连荒与忘；
掷骰只贪孤注位，探花无厌尽倾囊；
自鸣快意欢娱极，人嫉卑污品行亡；
我劝族中诸后辈，四箴常懔贵端庄。

十三、息争讼

与人好讼必多凶，兄弟鸣官更不容；
毋论输赢皆手足，须知玷辱共亲宗；
鼠牙雀角终无益，狴狱狼刑也任从；
子怨妻埋尤荡产，荒芜正业悔锥胸。

十四、尚忍让

一言不忍惹人嫌，万事无争是我谦；
唾面自干诚足式，怀刑安分更堪瞻；
许多构讼因些小，每见凶殴起细纤；
学到娄师公艺德，迩遐应接若甘甜。

十五、遵俭约
守约从来获永嘉，尤知尚俭欠荣华；
三浣惜裘唐晋主，御寒充腹相侯家；
石宗侑酒无穷侈，何子餐钱太极奢；
富贵贱贫男妇辈，克遵二字乐靡涯。

十六、绝骄矜
贵多忿戾富多骄，学到谦恭受益饶；
重己轻人人共嫉，虚怀下气气相调；
姬公才美犹然逊，石子雄豪立见消；
不解青年浇薄辈，胡为逞势首翘翘。

十七、别男女
操持家政是奇男，内务皆由妇独担；
出入混淆当切戒，公私物议实难堪；
聚麀同室干天怒，叔嫂完房惹自惭；
暗地亏心神目电，别人妻女不容贪。

十八、儆懒惰
懒惰焉能福长久，不谋正业任抛荒；
耕耘竭力饔餐继，诵读惟勤姓字扬；
饕餮因循衣食窘，嬉游罔厌性情戕；
寸阴古圣无虚度，我等尤宜爱惜光。

十九、禁洋烟

纸烟宜禁盛洋烟，多少英雄入此迷；
初吃时方寻乐地，谁知日久害靡天；
荒芜职业阴阳变，虚度韶华昼夜眠；
火炮枪锤都不畏，家倾之后受煎熬。

二十、戒赌博

喝雉呼卢是福胎，千金一刻化成灰；
俨然富贵浮华客，顷作贫寒下等才；
祖父百年勤积累，儿孙孤注不徘徊；
衣衫褴褛终无靠，失限妻孥泪满怀。

二十一、警盗窃

荒怠原为窃盗媒，也因赌博结群来；
治生本有谋生事，处困须求济困才；
种地耕田都获利，佣工贩卖亦招财；
自甘匪类多遗臭，孝子慈孙赎不回。

二十二、惩堕溺

堕胎溺女恶刁风，天地神明暗必憎；
饮食所需惟乳哺，衣衾不过避寒羞；
鳝怜腹子甘汤死，鸟恋雏巢受戈薨；
国设育婴犹恻忍，为人父母更宜惩。

二十三、严奢侈

极情奢侈过时光，只恐浮华享不长；
饮食但求饥渴免，衣裳何用锦纨装；
锱铢积累成家子，万贯消融落魄郎；
直待阮囊羞涩候，始知豪兴悔倾筐。

二十四、远酒色

从来酒色最迷人，远此方能福寿臻；
桀纣昏庸倾国祚，女男浪荡倾家贫；
青年壮士宜严戒，白发衰翁应惜身；
莫好香醪淫与欲，出门谁不见如宾。

二十五、奖善行

名成行善匪凡民，国赏簪缨族奖银；
优待英贤作矜式，劝惩顽梗化心身；
若夫节妇当旌表，更要承宗择孝仁；
厉俗端风谁不重，况同一本最相亲。

二十六、循祠规十韵

家约宜守训宜遵，惟有祠规应更循；
祭物务祈精洁美，衣冠无论朴华新；
春秋祀祖昭诚敬，肃静迎神贵清晨；
老少馂余依次坐，宗堂整饰戒铺陈；

严惩盗卖贪金嗣，禁伐公山坟境薪；
欺幼慢尊加警触，求昏选婿莫嫌贫；
岁租谷硕清明缶，算账盈亏逐日申；
经营择贤殷食辈，照名领谱爱如珍；
三年盖戳均须计，生没咸登墨册真；
我族修谱经费浩，仍从源远别疏亲。

金华龚氏名人与家训

龚永吉（1399—1471），字天民，号澹斋，浙江义乌龚大塘村人。龚泰子。官至大理寺卿。为官40余年，两讨麓川、五征川夷，南征北战，戎马生涯20年；平冤狱、决疑案，公正廉明，人称"龚青天"。

寒窗苦读承遗志

龚永吉生于明建文元年（1399）六月初三。其父龚泰秉节尽忠，于南京金川门投城殉难，时龚永吉年仅4岁，正嗷嗷待哺。龚泰殉节后，母亲傅氏带着他和两个姐姐扶柩回乡，依靠叔父龚寿为生。

龚永吉自幼聪明伶俐，喜好读书。长辈见其秀异无比，都暗自欢喜，谓龚氏后继有人，平日对他十分钟爱。7岁时，入学攻读《四书》《五经》，过目不忘。他谙晓大义，发誓继承先父遗志。龚寿之子龚征士亦经常勉励他说："我家世代书香门第。且父辈均有报效国家之良臣，我们应努力学习，以继承先人遗志。"因受家庭的熏陶，龚永吉少年老成，言行举止，宛若成人。人们都称赞他气度不凡，日后必成大器。

年稍长，龚永吉即被选入县学为生员。其从兄龚征士则经常来往于县城和家庭间，送菜送衣，问寒问暖。龚永吉出仕后，龚征士又挑起全家生活之重担，步其父龚寿的后尘，龚永吉与龚征士，仍效续着父辈的人生相携楷模。二人虽为堂兄弟，但情义胜过同胞。

龚永吉入县学后，学习更为勤奋，诸子百家之书，无不涉猎。行文务求真实，从不用浮浪之语去牵强附会。每次考试，总是名列前茅。县学掌教胡同春称赞说："此子深得圣人文章之要领，日后前程不可估量，不能等闲视之。"龚永吉除发奋读书外，还颇工书法，他尤善楷书，深悟王、钟笔法之精要。

永乐十八年（1420），龚永吉中浙闱乡荐。次年，赴京会试，未中，入太学。在太学中，以才华著称，名动六馆。宣德元年（1426）四月，被授予兵部职方主事。龚永吉出仕后，清正勤谨，卓有政声，终于引起了兵部尚书王骥的关注。日后，他成了王骥的得力助手。

南征北讨立丰功

朱棣率"靖难师"夺皇位时，其次子朱高煦立下了汗马功劳。朱棣封他为汉王，坐镇云南，他不肯去。改封坐镇青州，他又不肯行。赖在北平（今北京）不走，并以李世民自居。朱高煦自恃功大，日益骄横，连朱棣也不放在眼里。他蓄养亡命之徒，私造兵器。朱棣为防不测，便将他贬谪到山东乐安州。永乐二十二年（1424），朱棣驾崩，由长子朱高炽即位，即历史上的仁宗皇帝。谁知朱高炽只做了一年零十一天的皇帝便一命呜呼了。于是由儿子朱瞻基即位，即历史上的宣宗。

朱高煦被贬谪后，心中忿忿不平。他利用皇帝频繁交替之际，竟然效仿其父起兵"靖难"。宣宗听从大学士杨荣之言，御驾亲征乐安州。时龚永吉刚授职不久，因为被王骥看重，被授命于同年八月护驾征讨乐安州。朱高煦的军队是乌合之众，不堪一击。王师旗开得胜，很快便凯旋班师了。

龚永吉因护驾有功，被宣宗器重。宣德二年（1427），被举荐为会试掌卷官。宣德三年（1428）六月，被授命管辖朝内外的武官。宣德五年（1430），三年期满考绩上乘，升阶承事郎。

宣德十年（1435）二月，朱瞻基驾崩，由年仅9岁的儿子朱祁镇即位，亦即历史上的英宗。正统元年（1436）二月，龚永吉升武选清吏司郎中。

时宦官王振乃朱祁镇年幼时即朝夕侍侧的太监。故朱祁镇对他格外宠任，言听计从，并称他为王先生，命他掌司礼监。王振因此狐假虎威，凌驾于大臣之上，开始了明朝的宦官专权局面。他大肆加害廷臣以显示其势力。适值王骥奉旨筹边，迟延未复。王振乘机诬陷王骥图谋不轨，代英宗下旨将王骥下狱。龚永吉因是王骥的得力助手，在劫难逃，被贬谪至陕西平凉。平凉地处边境，生活十分艰苦，人皆为之不平。但龚永吉毫不介意，忍辱负重奉命赴任。

正统二年（1437），北国犯边，军情危急。在太皇太后的直接干预下，王骥被释出狱，官复原职。英宗要他负责抵抗外来侵略的军事行动。王骥又极力保举龚永吉辅佐副总兵都督赵安、兵部侍郎柴车出征。英宗准奏，即命快马至平凉宣读诏书。龚永吉奉命在平凉与赵安、柴车合兵一处，过海子赤林、渡流沙河，直抵铁门关。在与北国交兵中，他献计献策甚多，并身先士卒，奋勇杀敌，屡立战功。同年六月，因功著而官复原职。

龚永吉被贬谪平凉时，同年八月初，母傅氏去世。但因属被贬官员，行动不能自由，无法回家奔丧。现今官复原职，母亡已逾三年。他向英宗提出了归里祭扫先母的请求，但恰逢南方战事又起，龚永吉的祭扫先母之愿又成泡影。

云南孟养府苗民首领思任发久存反叛之心。他看北国犯边，乘机起兵谋反。占缅甸，犯麓川，气焰十分嚣张。正统九年（1444），英宗命王骥亲自挂帅领兵征讨，龚永吉随军辅佐。

王骥率兵15万，分三路杀往云南。他多次采纳龚永吉的计策，火攻木笼山连破七寨，矢射铳击大象阵，大败蛮军。思任发的叛乱终于被平息了。一波未平，一波又起。南方战争刚刚结束，西北边战祸又起。因此，王骥所统的大军不能班师回朝，而是奉命开赴西北的延绥、宁夏、甘肃等地去征讨犯边的北国。龚永吉通过详细的侦察，对远近各处的险关易隘均了如指掌，为王骥破敌提供了可靠的决策依据。王师凯旋，龚永吉功不可没。朝廷中的文武大臣均以王骥能知人善用而称道，谓龚永吉"其德真足以致君而泽民，其才真足以折冲而御侮"。

正统十年（1445）秋，战争结束。龚永吉两次提出归里祭扫先母之请求，终于获准回乡。时距母丧已长达十年之久。服孝期满，回京复职。

思任发在正统九年（1444）被王骥打败后逃窜至缅甸。但王师北迁后，他死灰复燃，卷土重来，又再度入侵云南麓川、孟养等地。正统十四年（1449）五月，王骥二次挂帅出征，统兵50万。龚永吉亦再度随军出征。

龚永吉治军严明，他号令三军不许骚扰百姓，不许乱杀俘虏。对犯错误的将官、士兵亦区别情况分别对待，做到赏罚分明。时有押粮官十余人，因行动迟缓耽误了到达日期。按军令当处斩刑。但龚永吉认为云南地处山区，崇山峻岭连绵，耽误时间在所难免。于是他挺身而出为他们辩护说："我们出兵的目的是保卫黎民百姓，而现在竟要将保卫他们的将领问斩处死，那这黎民百姓还叫谁来保护呢？我想这亦绝非朝廷之意。"因他说得在理。终于保住这十余人的性命，在军伍中反映十分强烈。

王师大军压境，为免百姓生灵涂炭，王骥发令：只要叛军交出首犯思任发，王师即可罢战。但叛军阳奉阴违，只是口头罢战，总是迟迟不肯交出思任发。在忍无可忍的情况下，王骥说："缅甸党贼，不得不讨。"遂兵分二路，麾众渡江，焚敌舟数百艘，大战一昼夜，杀敌几尽。乘胜率兵直捣思任发巢穴麓川，彻底摧毁了叛军的营垒。继而穷追至孟那海，渡金沙江。并在金沙江畔立下界石，把叛军拒之于国门之外，终于平定了南乱。龚永吉的20年战争生涯也告结束。

班师后，论功行赏。大家均推龚永吉之功为最，于同年十月，提升为大理寺少卿。同年秋，西北也先作乱。英宗听从王振之言，御驾亲征。结果在土木堡被也先掳去，朝廷一片混乱。幸有于谦力挽狂澜，对也先做了坚决的还击。为粉碎也先利用挟持英宗为人质，妄图割据北方领土的阴谋，在于谦等人的建议下，朝廷暂立朱祁钰为帝，这便是代宗。次年改元景泰。景泰二年（1451）四月，赐龚永吉为中顺大夫。

公元1457年，英宗复位，改元为天顺。三月，龚永吉升为兵部右侍郎。因奸臣诬陷，于谦蒙冤被杀。龚永吉也于六月被降阶改迁南京礼部侍郎，八月，再改迁南京大理寺卿。从龚永吉官阶的下贬，不难看出他当时确实是拥护于谦的主战派。

秉公执法平冤狱

龚永吉官阶被贬后，仍然刚正不阿，敢于直言，坚持为含冤受屈的官员申辩，上书20余道，迫使英宗采纳了部分意见。在他的极力斡旋下，有百余人幸免蒙难。就连在朱棣称帝时被无辜囚禁达50余年的建文帝之子朱文奎也得以释放出狱。

龚永吉从北京的兵部侍郎迁为南京的大理寺卿，地位显然降低了。但他不计较这些，而是尽忠职守，秉公执法。有一刑部侍郎，在得了一在押富翁的贿赂后欲为其开脱罪责，用重金去贿赂龚永吉。龚永吉不图钱财、不畏权势，严厉地对那个侍郎说："若将这有罪者开脱，那死者的冤枉又到何处去申呢？国家的王法又有何用？"

龚永吉对呈报上来的案件必亲自详细审查，因而平反了不少冤狱。徽州府休宁县平民项仕和被杀一案已滞积了十余年，始终不明不白。土豪孙志静因羡慕项仕和妻子长得漂亮，遂起了谋财夺妻的恶念。他伙同亲戚俞益合谋杀死了项仕和并霸占了项仕和的妻子及家产。事发后，孙志静用重金贿赂了地方官为其开脱罪名。因有贪官的庇护，凶手一直逍遥法外。一日，具监察职权的都察院移文大理寺，欲将这悬案了结。龚永吉看了案卷后，觉得事关重大，必须得弄个水落石出，没有同意都察院的建议，不予以批复。据传，时值傍晚，他离衙回府，在路过太平堤时忽有一只白鹅阻道。任凭手下驱赶，总是不肯离去。只是对着龚永吉一味地哀鸣。龚永吉忽然想起，鹅与和谐音，莫非项仕和真有冤情未雪？遂对鹅说："你若有冤枉，可随我到家。"鹅果然跟他而来。及至到门口，鹅忽然不见。第二天，龚永吉复阅案卷，果然发现了许多疑点。于是他就驳回都察院重新勘查。都御史萧维祯看了回文后，连连点头称是。当即就差御史毕亨亲往休宁勘查取证。结果查出了孙志静与俞益谋杀项仕和的证据。孙、俞二犯亦供认不讳而伏法。至此，一桩拖了十余年的沉冤终于昭雪了。虽然，这个传说带有神话色彩，但龚永吉办案细心和执法必严的态度可略见一斑。

时有扬子江盗贼刘姓者，聚众抢劫。他们以贩卖食盐为名，凡遇到有钱财者即杀之以掠其财。一时扰得民心惶惶，百姓无法安居乐业。因他踪迹不定，官府也无可奈何。一日，有一手下被官府捕获。在审问时，他竟诬指平日与他意见不合，在南市经商者20余人为同伙。官府将这批商人捉拿归案，不分青红皂白就动之以大刑。因受刑不过，这20余人只得屈认为盗寇。该案报送大理寺裁决，龚永吉仔细阅卷分析，疑窦顿生：既是经商之人，怎会来去无踪？他遂传令将这20余人移送大理寺审问。经过详细审察，终使这20余人的冤狱得以平反。在释放这一天，这20余人竟三步一拜口呼"龚青天"，向龚永吉叩头谢恩，被京城人一直传为美谈。由于龚永吉的秉公执法，雪冤存活者逾百人。

行善积德泽乡民

天顺四年（1460），龚永吉年过六十，有归老之意，但数次奏请告老还乡均未获准。

成化元年（1465），龚永吉再次上疏恳求还乡，终于获准。还乡之日，文武百官俱来送行。见龚永吉行李简肃，无不啧啧称善。

龚永吉还乡后，在城南崇德里置马塘（今义乌市江东镇龚大塘村附近）造屋数间，以耕读为业，过起了隐居生活。他虽已古稀之年，仍关心乡里，诲人不倦，谦恭待人，对公益事业总是慷慨解囊。

离他家五十步地名南井处，有一溪流。洪武年间，龚永吉叔父龚寿捐资建桥一座，因被洪水所毁，行人倍感不便。龚永吉回家后即捐资予以重建。

距家三里许的义乌江畔下埠头处，原有浮桥一座。经年失修，残缺不全。一到春季，洪水泛滥，过往者时有被溺；一到冬季，水结成冰，行人根本无法涉水。龚永吉又带头捐资修造舟楫，致使浮桥恢复如新。

龚永吉回乡后，从不以自己曾做过高官而自居，待人接物一视同仁。虽属贫穷潦倒者，乃至农夫、牧童均以诚相待。在他当官时，闻知故乡发生灾荒，即命家人开仓赈济，救活乡民无数。

成化七年（1471）七月二十五日，龚永吉因病殁于家，享年73岁。朝廷闻讯，派员为之以三品式营葬，并制"秋水图"一幅以诗赐之，诗曰：万顷烟波渺渺，数行旅雁飞飞。沙咀黄芦归棹，渡头红叶斜晖。

龚全安（1397—1449），字希宁，功塘人。永乐二十一年（1423）乡荐，二十二年（1424）进士。授工科给事中，历升左通政使。正统十四年（1449）扈跸北征，师溃土木，殁于阵。景泰元年（1450）赠嘉议大夫。通政使遣守臣致祭于家。祀乡贤。

在《赤溪龚氏宗谱》中就立有《赤溪龚氏家规》：

一、敬祖

祖宗是我一本源流，四时祭祀无非报本。祭品随家贫富而却用，尽一点敬心。品物务要精洁，行礼务要端庄，不可草率虚应故事。坟墓上不时去看管，不可令猪畜贱蹈，若或不敬，是为忘本，忘本者祖宗必不可荫庇之。

二、孝亲

人无父母焉有此身。多少勤劳多少爱惜，才养得汝身长成，使不孝顺天理岂容之哉。故不孝之人天必生不孝之子以报之，自古及今皆然也。凡人只思自家。养子何如？子不孝我何如？便知父母之当孝。纵有幼弟或庶弟过爱他些，当思我曾受父母之爱在先，不可遂生怼怨，曲体其心亦为爱恤，方是养志孝子。

三、敬长

宗族中有年高于我者，必吾父兄辈，纵其分卑亦生在吾前，拜揖言语皆当谦恭，不可以老耄无知而慢之。亦不以其或无子孙而忽之，盖彼今为我之长，我后来亦当为人之长，我若不敬他，后来人亦不敬我矣。至有疑难事尤当与之商量，盖老人家见事多，总强似后辈也。人有自恃其能，以不逊为勇者戒之。

四、教子

子是承先待后者也。若不孝顺，不做家，不守礼法，老来反受他累，自幼当教他孝悌。长上在前坐，当令之起；行，当令彼在后；饮食，当待尊长尝过而后食。又必教之勤俭。不可令蚤眠晏起，纵家富有余钱，不可令之妄用，日逐示以官法使之畏戒；少有骄顽便当重责；纵使家贫亦当请师教之，读书识字虽不得做官，亦做一好人。若惟姑息，幼时不知教训，必忘身败家，不若无子之为乐也。

五、友弟

兄弟同出于父母之一身，除却自己再无他人嫡亲如他。幼时俱不知世务，老来俱不管世事，纵相处极多不过四五十年，何以有限光阴伤至亲和气。纵有心性凶狠贪暴无礼，亦当念父母身上生下，若分分寸寸与之计较，必至伤情矣。父母在，见兄弟不和，虽三牲五鼎奉事他，亦不快活，死亦不瞑目于地下。兄弟若和气，不但和气致祥，家道兴隆，外人自不敢欺他，若不和气，有等奸恶者，或利其败亡，或图其酒食，彼此造言，唆调不肖兄弟，各视为心腹好友，殊不知乃落其套中也。人能不听妻子奴仆之言与奸人之语，方能克友于兄弟。

六、和睦乡里

乡里与吾同生长于斯土，祖宗子孙世世与他相处的，切要待之和气，不可把势凌他，把财压他，有通借处不可尅取利息，如有相争，务要劝解和释，切不可教唆，使人告状。大抵教唆诵讼的，以为是，陷人破家荡产绝灭天理，故多致子孙绝灭，真乡里中蛇蝎也。不可不戒。

七、学勤俭

凡人，上父母下妻子全靠一身，使懒惰不事家业，荡费不为节省，虽万金之家可以立见倾败，只今做官人家不如富家长久者，正为富家之辛苦得来的，能知勤俭，做官家子孙，不知此耳。凡做家长者，当督率子弟蚤起晏眠，各供其业，不可使之游手好闲，致家事败落。人家有钱无钱难瞒众眼，尤不要好妆虚文门面；见人穿好衣办盛酒卖田生债浪费钱，盖我能勤俭，一家父母妻子可以温饱。官粮不欠，私债不生，人亦笑我不得。若不勤俭，一家冻馁，官粮私债坐并满门，昔曾饮我酒者，未必不笑我也。

八、慎婚姻

男女婚姻皆当为后久远之计，不可只算眼前。娶一媳妇能知勤俭孝敬，家道必昌；聪明伶俐生孙必会读书，此后来无限富贵，资妆焉能及此。故为子孙求姻，惟当择有礼法之家与其父兄聪明者，不必希慕资妆，贪求豪富。于嫁女亦然，尤在择婿，在于十二三岁与十四岁时候，盖此时气象规模俱看得几分，均不可指腹割襟。若得人富贵自有，若慕眼前富贵，而婿为骄奢淫荡之子，贫贱立见，其女终身受累，怨悔无及。此二事固有天缘，人谋亦当尽也。

九、戒赌博

开赌场者定是无籍骗贼，见汝有钱而贪，诱汝到场，假输几局与你，你见赢得钱来，便为自己本事，与他大赌，被他骗去了。你见先赢后输，心上不忿，尽出所有，与之再赌，以此磬空家财。不知此辈有一班结煽的光棍，纵汝会赢，此处彼入，不待汝将物拿回，世有因之陷死妻子败覆家业者，可不鉴哉。

十、戒好讼

凡人家非有极不得已之事，不宜告状。纵百战百胜也不免终日在县前，以致家业荒废。虽官府极清，里长干证人等亦不免要饮酒使费。做官者见其常常告状，便晓得是健讼的名头，一出访察就来，此时亡身败家悔无及矣。

十一、谨言行

凡人言行，极要至诚，说一句便是一句。人虽负我，我决不负人。如此，则人人相信。倘有患难，皆扶持之，为上之人亦信其为善，而人诬枉不得。若平素不诚实，纵是老实说话，人亦不信，总是着受枉人生疑，欲他人扶持，上人相亮，难矣。使自己受不诚实之害非小，戒之戒之。

金华郭氏名人与家训

郭时芳（1274—？），名桂。兰溪药院巷（今星宫巷）人。世承家业，精岐黄。高祖母汪夫人以善医女科显于时。南宋建炎初，元祐太后有病召医。汪夫人应召，依祖传女科牡丹十三方施治，取效神速。因赐封爵，世袭掌内府药院事，荣褒3代，汪氏封安国太夫人。其传至时芳，于医道尤明，任兰溪州医学学录，回生起死，百不失一。乡邦人士倚之为司命。子存仁，授兰溪州学录，精于医理，活人甚众。孙公义，深明医理，克世其传。自南宋至今传承22世，代有名医。

郭仲南（1406—1462），名晃，号复初，以字行，上郭村人。正统四年（1439）进士。仕至南京刑部员外郎。出使安南（今越南），恪己事国，不辱命却馈金。著有《复初子稿》《省齐集》若干卷。

郭仲曦（1408—？），名晔，以字行，紫岩乡上郭村人。明正统元年（1436）举贤良方正。授南京都察院照磨。正统初改北京刑部照磨。十年满，升广东道监察御史。值有北警，奉勅巡视蓟州。景泰元年（1450）奉命守备易州，举贤任能，凡军民利病，城池可否，知无不言。前后30余奏，多所裨益。著有《东郊草堂集》。

郭仲初（1426—1470），名晃，号复斋，以字行。上郭村人。景泰元年（1450）乡荐，会试不第，困居京邑者5年。天顺五年（1461），授南京贵州道御史，补云南道御史。托疾乞归。精楷书，善诗文，为时所称。

郭钥，字启中，城内人。嘉靖二十六年（1547）进士。授行人，擢刑科给事中，转镇江府知府。刚方有守，不为诡随，居常疾恶颇严。遇有民情隐苦，必为之转告于有司。乡人往往深受其惠，深感其德。

郭时斗（1573—？），字文起。时斗生而颖异，9岁工属文。万历年间以贡任龙游县训导。万历三十五年（1607）由选贡授清远知县，廉洁有为，除苛税，苏积困，百姓如出汤火。兼理新会县事，邑有防海兵粮，民顽，赋多拖欠。斗至，不论银钱、粟帛、牲畜、器皿平价收之，给粮日，随兵所欲，亦平价与之，兵民称便。擢浔州府推官，多所平反。粤西素多盗，武弁贪功，缚良民24人诬为盗，当枭其二，毙狱者四，余18人，发浔枭示。斗知其枉，数陈述于上，监司监诸囚，待推官至即就戮矣。斗终不往，监司大怒。斗谒谢道："心知其枉而不为陈述，何异杀人！媚人不敢为，亦不忍为也。"由是得尽释。境内武靖司改土归流，女土司秦氏抗命，斗以奇计致之，而秦氏纳印归命。迁知高唐州，值岁旱，躬诣穷乡计口而户赈之。寻以病乞归。百姓遮留不得，追送数百里不绝。广西祀入名宦。祀乡贤。

郭居易（1574—1659），字维恒，洪大塘村人。时芳之裔，业医甚著名。为人平易，存心济人，深山穷谷，童子村妪遇病，都说请郭先生来则生。贫家延之诊视，不受其谢，更赠以药。子德昌，字日生，入邑庠，克承先业，人多称之。

郭氏家训

天有道，行的是，风调雨顺。　地有道，产的是，五谷丰登。
君有道，出的是，忠臣良将。　家有德，生的是，孝子贤孙。
君爱民，施持政，普天同庆。　君治国，民敬君，忠心耿耿。
守纪律，尊国法，立身安份。　耕与读，习文武，永振家声。
国兴亡，夫有责，奋勇直前。　保国家，为民族，雄心是胆。
处情世，谦与蔼，忠厚为本。　敌与友，别的非，爱恨分明。
交友朋，待亲怜，礼貌谦虚。　勤俭朴，创家业，辛勤发奋。
行交易，对老幼，买卖公平。　尊敬老，爱幼童，人之根本。
爱左邻，和睦右，方便为己。　敬父母，爱兄弟，全家和乐。
敬天地，拜明主，祈得安心。　架桥梁，修道路，积德子孙。
伤心语，莫乱谋，似箭穿心。　盗与淫，欺与诈，报应非轻。
功与祸，要分明，理道为先。　治家言，心谨记，儿孙遵训。

郭氏家规"尊祖，敬宗，事亲，睦族"

郭氏祖训

一、训孝顺父母

二、训敬老尊贤

三、训和睦亲族

四、训勤读诗书

五、训诚实正业

郭氏族诫

一、诫不孝不友

二、诫挖卖祖坟

三、诫为匪乱伦

四、诫承充隶卒

五、诫欺祖霸尝

六、诫酗酒打架

郭氏家训八则

孝父母，友兄弟，亲宗族，训子孙，慎婚姻，严承嗣，勤职业，敦节俭。

忠为先，德为志，恩为根，勤为本，和为贵，一代人为三代人做好事。

金华胡氏名人与家训

胡则

　　胡则（963—1039），字子正。北宋永康人。少果敢有才气。宋端拱二年（989）考取进士，为婺州有史以来第一个取得进士功名的文人。他一生做了四十年官，继任太宗、真宗、仁宗三朝，先后知浔州、睦州、温州、福州、杭州、陈州，任尚书户部员外郎、礼部郎中、工部侍郎、兵部侍郎等官职。力仁政，宽刑狱，减赋税，除弊端。明道元年（1032）江淮大旱，饿死者众，胡则上疏求免江南各地身丁钱，诏许永免衢、婺两州身丁钱。两州之民感其德，多立祠祀之。今永康方岩有胡公祠。义乌当地著名的德胜岩（德胜岩古称稠岩，义乌古称稠州即得名于此）、兰溪梅江五社转轮岩（方增先题字"小方岩"），亦有胡公祠。

胡超：据《金华县志》与《汤溪县志》记载："胡超，今洋埠东田人，明成化四年考取举人，成化八年（1472）考取进士。授工部都水司主事，改虞衡司主事，转营缮员外郎，奉使华阳（在四川）"，有人送金不受，强给，勉取其一，出投之江，至今人以"投金"名其地。处理通州河道，不惧当地恶霸霸占，上报朝廷，夺回还给当地民众。当地善事，省吃俭用，把自己收入一半捐出，朝廷获知嘉奖晋升官职一级。好学善诗文。当时以诗出名，国家乡试其文，著《耻庵集》十卷。当时山东宁静县为教科书。在汤溪县南为进士胡超立：开封首荐坊、冬宫坊、世科坊。成化十九年汤溪县赠给胡超方氏安人敕一篇。

胡应麟（1551—1602），字符瑞，一字明瑞，号少室山人，别号石羊生，兰溪城北隅人。父僖，历官刑部主事，湖广参议，云南按察副使。应麟5岁读书成诵，9岁从师习经，稍长，能撰各体诗篇。16岁入庠，万历四年（1576）举人。应麟爱古文辞。少时随父南下北上，沿途吟咏，见者激赏。工部尚书朱衡过兰江，欲见应麟，泊舟3日以待。应麟感而拜见，赋《昆仑行》680言以谢。朱持以见学使滕公，曰："天下奇才也！"时王世贞执诗坛牛耳，尤推重应麟。世贞殁，应麟主诗坛，大江以南皆翕然宗之，世称"末五子"。其诗承明七子余风，主张复古模拟，后由重格调而转向神韵。《四库提要》说："应麟记诵淹通，实在隆万诸家上。"应麟性孤介，薄荣利，自负甚高，晚年益肆于学。于城内思亲桥畔筑室，号"二酉山房"，藏书4万余卷，其中1/3为极其珍贵的手抄本，时为婺州著名藏书楼之一。应麟一生著作等身，堪称明后期一代文豪。著有《少室山房类稿》《诗薮》《少室山房笔丛》等数十种800多卷。其中《少室山房笔丛》在文献学上尤为后人激赏。《四部正讹》开中国辨伪学之先声。《明史》有传。

胡次威（1900—1988），又名长清，四川万县人。毕业于北京朝阳大学法律系，后去日本明治大学深造。在兰溪实验县期间，经常微服出访，了解城乡民情习俗，足迹遍及全县各地，从不坐轿，或步行或以驴代步。探听地方人士的反映，做出兴利除弊的改革措施。如严禁吸鸦片，严禁青帮头子抽头聚赌和盗劫，并瓦解其组织，惩办恶霸分子，查禁花舫，清理全县地籍，搞乡村调查，开办县立医院，兴办平民习艺所等，政绩颇佳，百姓有嘉。

中华人民共和国成立后，胡次威参加过新疆建设，从事俄文翻译工作。1956年加入中国国民党革命委员会，任民革上海市委祖国统一委员会副主任。1960年被任命为上海市人民政府参事。1988年7月21日卒于上海，享年89岁。著有《法学》《地方行政与自治》等书籍40余本。

胡济邦（1911—1995）记者、外交家。浙江永康人。

胡济邦1935年毕业于国立中央大学（1949年更名为南京大学）。1931年南京"珍珠桥惨案"中，为"护校委员会"十三名委员之一。

先后掌握了英、法、俄、日、匈、拉丁等语言。第二次世界大战期间前往苏联，被赞为"中国前往苏联的首位杰出女性"，也是当时仅有的欧战中国战地记者；参加了战时及战后在莫斯科举行的各种重要国际会议；采访过斯大林、罗斯福、杜鲁门、张伯伦、丘吉尔、戴高乐、铁托、卡达尔等一大批世界政坛风云人物。

胡济邦

胡济邦和中央大学同学毕季龙一起被外交界赞誉为"最美好的一对"。新中国成立后，她参加了外交部的筹建工作，为将军大使的夫人做外交礼仪培训。1956年调《人民日报》任记者，曾任全国记协国际联络部部长。1979年至1985年丈夫毕季龙出任联合国副秘书长时，胡济邦也到美国纽约，担任中国常驻联合国代表团参赞。

1995年2月7日，胡济邦在上海逝世。

永康市古山镇胡库下村胡氏家训

家道盛衰，皆系于积善与积恶而已。恃己之势以自强，人之财以自富；刻薄成家，理无久享。居家则孝悌，处事则仁恕；积善人家喜庆有余。

万恶淫为首，百善孝为先，子孙敢有忤逆父母，气凌尊长者，亲房不得徇情。为父母尊长者，当集老于宗祠，命子孙鸣鼓以讨其罪，仗责以儆其余。为人者需知屋檐滴水从上落，点点滴滴不差移，孝敬长辈，增己福寿。为人妇者，需修妇德，事舅姑以孝顺，奉丈夫以恭敬，待姊姑子孙以慈爱，举案齐眉，夫妻恩爱。

娶妇必择其德，嫁女必择其婿。不可苟慕富贵而失大义。昔虞翔，会稽人也，为汉侍御史。与弟书曰：子长当为求妇，还求小姓。克生昌嗣，天福其人。不在贵族，芝草无根，醴泉无源。世人为婚以门第相夸，致有倾家，徒慕一身之荣，而竭子孙之膏。虞翔此言，实为昌后格语，当永著为宪。

祖宗祠宇倾圮，为子孙者应以修葺。祖宗坟茔，岁节及清明、寒食须亲瞻省，祖宗虽远，祭祀不可不诚。其年远平塌浅露者，当择净土培益之，更立石，刻名氏，勿致湮灭难考，近茔竹树，不许剪伐。

族中子弟当各勤生业，士者攻其学。农者力于耕，工者专于艺。商者蓄其贷。毋学赌博以废事业，毋酒色以乱德性，毋摇唇鼓舌以生是非，毋游手好闲以荒岁月，毋玩法而犯刑，毋浪费而破产。一粥一饭，当思来之不易；半丝半缕，恒念物力维艰。宜未雨绸缪，毋临渴掘井，居家务其质朴，莫贪意外之财，莫饮过量之酒。

为人者至乐莫如读书，至要莫如教子。子孙虽愚，经书不可不读，即使冥顽，纵有开悟之时。古人惜寸阴而求学问，天下无难事，只要肯登攀。读书志在圣贤，为官心存君国。穷则独善其身，如是黄金，纵有发光之时，达则兼济天下，为民造福。

凡事当留余地，得意不宜再往，人有喜庆不可生妒忌心，人有祸患，不可生侥幸心。善欲人见，不是真善；恶恐人知，便是大恶。

静以修身，俭以养德，从俭入奢易，从奢入俭难。正人君子，淡泊明志。近墨者黑，近朱者赤，远离酒肉朋友。

为人应以忠孝仁义为上，诚信为本；文明礼貌，努力上进。古人云：匈奴未灭，何以家为？当以家国为重，放眼天下，胸怀世界。培养人才为国所用，先忧后乐，鞠躬尽瘁。不得假公济私，不得营私舞弊。干干净净做人，清清白白干事，当为至要。

以上家训，宜时读时学，以增修养，以益人生。

青阳胡氏二十四条家规

凡事父母必须极其爱敬；凡奉祖先必须竭其孝诚；待兄弟必如待妻子；敬长上当如敬大宾；子孙不可不教，教必以正；交游不可不择，择必端人；别内外要严而且审；处宗党要和而且忍；娶妇必德，门不在富贵；嫁女必择，婿不可因仍；疾恙必迎医，不可从事禳禬；丧祭必依礼，不可信惑僧道；耕读不可不勤，勤则必成；用度不可不俭，俭则不费；临财不可苟取，见利不可苟趋；故旧不可忽慢，势要不可趋附；公税不可后期，公干不可虚应；勿好讼以欺人，勿纵酒以乱性；出仕不可捷径以幸进，临难不可诡计以偷生。

永康厚吴胡氏家训

胡氏家训：为人者至乐莫如读书，至要莫如教子。子孙虽愚，经书不可不读，即使冥顽，纵有开悟之时。古人惜寸阴而求学问，天下无难事，只要肯登攀。读书志在圣贤，为官心存君国。穷则独善其身，如是黄金，纵有发光之时，达则兼济天下，为民造福。

据《硕范胡氏族训》选：

1. 父母生子命名，自德、谦以上多犯祖先名讳，但积习既深，难以改正。今自瑞行之下，取讳必须双字，今预定十六字以为取名上字，阖族通同之例，凡生子者只须取下一字以合之。其十六字曰"美、玉、光、昭、精、金、质、润、久、嗣、昌、龄、膺、休、永、振。"如年庚生在瑞字行者，取讳即曰"美某"云云，在翼字行者，取讳即曰"玉某"云云是也。

2. 凡生子命名切须敬避庙讳、御讳，以及先代帝王圣贤之讳与本身祖宗之讳，如有不知而误犯者，速宜改之。

培育人材造就小子，端由家塾。然贫家有可教之子，而窘于财，必至于废弃，宜俟祠宇告成之日。拨起祠田岁收祀穀以为束脩之费，便可请师开馆，著为程序，则胡氏之子孙，富者不禁其另请师傅，贫者不拒其诣学从师，将见秉耒而耕耘，亦可执经而问难，农桑礼乐并举无遗矣。

3. 父母养育之恩犹如昊天罔极，人子生事葬祭，岂容偶怠？本族如有自私口体不顾父母之养，甚至忤逆家常，得罪天亲者，初犯拘至宗祠前责治。至于执迷不改，再行革出宗祠，终身不许与族事。倘或儿媳不孝公姑，皆由其夫治家无道，自宜罪归于夫主。《孝经》云："五刑之属三千，而罪莫大于不孝。"本族如有蹈是辙者，祠首秉公议责，不得轻宥。

4. 民无职业必至交游匪类，日趋下流，其行藏出入必多不正，或奸淫窃盗，或拐骗诈伪，上干国宪，下玷家风，不祥孰甚。本族若有犯此，即行革出宗祠，终身不齿。

5. 人家惯习健讼，崇尚刁徒，必至无中生事，富可使贫，甚至骨肉相残，天性刻薄，良由族长好设讼事，后生闻风趋附，由是恩义乖无情多讼。本族长老宜讲习勤俭家风，隐遏奸刁诈习，庶俾淳风朴茂，世泽延长，克称仁里矣。

6. 每岁冬期，族中绅士理当执事与祭，其游庠出身绅士，冬前一日入祠，至冬日之夜出祠。生员颁胙二斤，廪生四斤，岁贡六斤，举人八斤，进士十六斤，以上又各颁羊肉二斤。族有荐举宾筵者，颁胙与生员同，不颁羊肉，或生员荐宾筵而称介宾者，颁胙与岁贡同。其白衣捐纳之绅士，惟冬日留燕而已。监生捐钱三千二百文，颁胙与生员同。贡生捐钱拾千文，颁胙与岁贡同。其余杂职，视捐钱之多寡为颁胙之升降，总以监生之捐钱升算。以上概不颁羊肉，其余少壮之子孙颁馒一双，外甥亦同。

7. 宗庙之礼祭毕而燕，自古有然。今族中耆老于冬祭之日，自六十以上者享堂留燕，七十以上另给胙一斤，八十以上另给胙二斤，九十以上另给胙四斤，百岁之人另设燕一席，绅士培燕，给胙十斤。盖达尊有三齿，莫重于乡党。今于祭毕之时行养老之文明，敬长之义，尊高年所以示后嗣也。

8. 族有孝子慈孙，其祖父未有祭祀，必有不忍忘者，则卖祭之例尤不可以不定也。祭分大小，凡买小祭者出钱三千二百文，登行于祝读而祭之，给胙一斤。其买大祭者出钱十六千文，每岁冬祭，其子孙自备案几、帷褥，祠内备办四两红烛、一对荤品、四色素品、四色迎主于享堂，登行于祝亦读祭之，其祭品给与其子孙收领，颁胙五斤。

9. 祠内租息细微，遇凶年饥岁，祠长必当量入为出，颁给祭胙须斟酌减除。唯绅士耆老之燕、胙，无论年之凶丰照定例而行。盖绅耆人在有胙，人亡则无，是颁给之有尽者，其余捐胙祭胙，与祠同休戚，是颁给之无尽者也。

10. 凡生童应试，国有科费，邑有学租，乡有书田，皆所以优待斯文，使人知诗书之宜读也。族祠租息虽微，而颁给试费亦有定例，凡童生院试，给费三百文，生员岁试给费三百文，乡试给费一千文，举人会试,给费十千文。虽给费不多,仅称小补,而亦见重士之一道也。

11. 族中祠长永远不得传世,须另择族中子弟之贤者而立之,以祠长之子孙恐其未必贤也,即有可继者亦必俟三年阕服之后,公请入祠,不得专权私请。至祠长有愿谢事退身者,亦不得私请一人以代己职,盖祠长须公议公请,必得其人而后可以无废事也。

12. 宗庙所以安祖先奉祭祀,须以洁净为美,凡灰柴器用等物,毋许堆积祠内,以秽先灵,即外人观之亦觉不雅,且堆藏物件,积久则蚁生,必至毁灭祠宇,蚕食主龛,罪莫大焉。为子孙者当念创造艰难,守成不易,各宜禀遵,毋犯祠禁,庶登斯堂,焕然常新矣。

又据《硕范胡氏家训》选:

1. 长幼、尊卑、秩叙明,而凌竞之风不作。士农工贾职业务,而奸宄之计不生。奉父母以甘旨,课子弟以辛勤,序党族以昭穆,辨内外以嫌微,养子毋为禽犊之爱,当教之以义方,治家勿尚戏谑之风,贵齐之以严肃,孝悌忠信必咨嗟而乐道之,则人知劝善焉。放僻邪侈宜戒惩而阻抑之,则人知避咎焉。人情履丰厚而盈溢,处卑约而怨尤,孰知富贵可遇而不可求,贫贱可安而不可却,尽人事以俟天时,勿营情以伤性命,从善如登当式仁里,为恶如崩宜鉴互乡。否则彝伦攸斁,犹太阿之倒持,礼义踰闲如沐猴之冠带,皆由父兄之教不先,因而子弟之率不谨,是用未事之箴,永作坚冰之戒。

2. 人家要鼎新气象，端自振纲常、明秩序，如孝、悌、忠、信、礼、义、廉、耻等类，乃人道之大经，立身之根本。若废弛不讲，则风俗萎靡不振。然欲维持风化，实赖老成持重之人讲明定宣导，庶使卑幼有所遵循，风化不至萎靡矣。

3. 父兄要大家声光门闾，所望在后生英俊，使蒙养未端，骄纵成习，欲期学业有成，不亦难乎？必自孩提时，子能饮食教以右手，知言语谕以唯诺，如《礼记》《幼仪》诸条，日使口诵如常话，将习与性成，幼能言之壮，能行之作忠作孝，实自童子始。故家富而子弟俊秀者，宜请严师训导，理所固然。即不幸而贫，生子清秀，父兄虽有志而教养无资，邻里亦宜捐资扶助，冀其有成。自今视之，其分虽有亲疏，而以胡氏之祖宗言之，谊属一本，非若秦越之不相关也。

4. 人家须要重高年、尊有德、崇节俭、黜浮靡。自父兄而外，凡接见党族，如侍坐随行之类，必以幼仪自闲。凡长者商议公事，虽有过言，卑幼欲为救正，宜俟其闲暇从容引喻，隐而不显，方是几谏之道。若乘长者方言不论是非长短、偏执己见，佹言喧闹，非特犯上凌尊，抑且有伤族体。后生小子如有蹈是辙者，切宜戒之。至于吉凶、嘉会之礼，人所不免。过奢则财用匮乏，过俭则朴鲁无文。惟量入为出，称家有无，庶令凶荒有备，室家安堵矣。

5. 教子弟不可不教他读小学。盖小学中无非爱亲敬长的道理，洒扫应对的礼节。每日读教他听，行教他看，小儿家听看熟了，自然心化，到得长成，便是君子好人。养女儿，为母的须要自己端庄温雅，克遵妇道，再谕以婉娩听从之训，女儿家看好样子嫁出去，会侍奉舅姑，口稳贞洁，为父母的多有好光彩。不会教训的母，其女决多败德，父母便要受气，这都是自家失教，干别人什么事？

6. 为子该孝，为父该慈，理之常也。然人之侍子未有不慈，而事父未必皆孝者。盖人止知子为自己之遗体，而几忘己身为父母之遗体。知子今日有须己之养育，而不知己身昔日先有赖于父母之养育，狃目前之恩爱，忘罔极之劬劳，此之谓循末而忘本矣。顾前人之足迹即后人之安步，为子者不可不察，断不可效尤而忘养育深恩也。

7. 今之事父母者不必责他如何是孝，但使夫妻好合，兄弟和谐，家无争斗之声，父母得平安过日，此便是中人之孝。

8. 兄弟分形同气，彼此相依，幼时则传衣食、共学业，相得如鱼水，及长而娶妻，衽席之情似密于兄弟，尔我之见既成，而后枕边言语得乘，而离间之小事搬起大事，一语唆成千百语。盖妇人原无远见，只求自己分居安逸，衣服饮食不至彼此分减，以致骄纵儿女，其愿已足，那管你家兄弟之长短。为男子者心无主见，过听妇人言语，遂至手足乖离者，盖亦弗思而已。

9. 为人须要安分守法，治家勤俭，待人谦恭，凡事依理而行，无为非义，又要恤寡怜贫，不趋势利。如此积善，天必佑之以福，则庆在身以及其子孙。若妄为不义，贪暴恣睢，以富欺贫，以贵凌贱，以圈套害人，冤枉广甚，天必降之以祸，总逭天诛于一时，必贻灾患于子孙，自古及今无有不报仔细，看来安分的好。

10. 人家教子读书不就，或令务农，或为商为贾，各有定业，若旷日嬉闲，彼将肆其非僻之心，二三成群斗纸牌学赌博，由此渐起，始则尝之，继则恋之，终且安之，父母即加箠楚拘禁关锁，至死依旧不改，始悔教之不先，亦已晚矣。有子弟者切宜戒于未萌，无待绳于既悞。

11. 人家嫁娶必择门楣当对方可结婚，如娶妇必访其父母家训严明、性行端洁者。嫁女必择其舅姑淳朴崇俭谨守礼法者。假使趋财附势，苟且相就，贪一时之小利，忘日之至忧，妇必傲其舅姑，女必非其配偶，求荣反辱患，悉由此先君子文定公有言"嫁女必须胜吾家，娶妇必须不若吾家"。嫁女胜吾家者，则女之事夫必执妇道；娶妇不若吾家者，则妇之事舅姑必敬必戒。斯言诚可为家法。

厚伦胡氏家训

一、敦孝悌

凡人子，务知孝道。实心奉养，出入必告所欲。则敬进、察其寒，预有所使，令则顺适其意。稍有疾病，须谨医，当药勿离左右。即父母有所偏爱，亦须更修了道，以娱亲心。诗云：昊天罔极，况父母天年有限，虽时加诚敬能有几哉，我能孝顺父母，则他日儿孙亦知以子道奉我。非谓富者能孝，而贫者不及。若贫者能竭力奉养尽礼，斯可为孝矣。然孝者，乃有得于亲心，若徒以口腹供奉，岂称为孝乎？至处兄弟之间，当知一体相关，时敦亲爱。为兄者，当知所以爱弟；为弟者，当知所以敬兄，勿分彼我，同心竭力。古有分黎，推爱枯荆分黎之美。兄弟之身，本乎父母之身也，终身和气，无有间言。上可以安父母之心，下可以立儿孙之则。诗不云乎：兄弟既翕，和乐且耽。故唐张公艺九世同居，惟以百忍为上。明郑氏义门千丁合，不听妇人言，为主兄弟亲亲之义，岂可忽乎。二者乃人伦之所最重者也。

二、崇礼义

礼为人道之大端，义实修身之最重事。上御下，持己接人，一举一动，无非礼义之所在。人无礼义，较之禽兽，又何异焉。人而知礼，则知有天地君亲师矣，有尊卑长幼矣。故孔化之书曰不学礼，无以立人而好义，则能有惠博施于人而所持者，正凡爱憎取舍，皆当天理而合人情。

三、习诗书

诗书者，上可以致君，下可以修身，古圣先贤无不以诗书是习。学问充足则可以显亲扬名、齐家治国，其次亦可以明志立身。上达者皆诗书之用，故孔子有学而时习之训。凡有子弟必择名师良友以训遵之，严戒其为非，时习其所学，不入匪类，自成儒士。明乎此则孝悌、忠信、礼义、廉耻，皆不外是。庶能继我文昭公遗风而不愧文定公之后裔矣。

四、诚祭祀

祭祀者，乃人子追远报本之重事，至如四时，或祖伯、叔父、父母五服，生死忌辰遇日应祭，不可怠忽。数日前必齐沐以致诚心，届期列俎豆于堂上或家庙，须洁净，勿太丰，家率众排班行拜献礼，勿喧哗嬉笑怠玩不恭，必敬必诚。如在其上，但祝某日某事祭，毋用繁文并邀福之语凉祖宗。必要儿孙好的，其纸锭乃俗例耳则化之，勿计多寡。然须家长亲为主祭，勿令子弟代之。故孔子曰：吾不兴祭。如不祭总须处诚为主，祠祭尤为大礼，不及细主另详于祠规。

五、慎丧葬

丧葬者，盖人之慎终之深意，乃称家之有无也。居丧读礼，首重衣裳，棺椁须择坚厚老木，勿尚高大，但可容身。须殚其心力，送终祭奠，总须致哀而尽礼。近俗尚浮屠，以佛经为祭度，夫佛岂能超度亡魂耶？更有以演戏作乐，托言缓丧，岂以亲死为乐事耶？此深为识者所当戒。至如丧礼每为堪舆家所煽惑，必云择好地、选良辰，希以不可知之富贵。至柩或经数十年停厝。更可虑者，或子孙一旦式微，甚至不能举殡，此真罪莫大焉。葬有定月，古礼所载，但取其土地干燥窝藏，以御风水，使他年勿为城郭道路，亲骸得以安适，即可以葬。语云：阴地不如心地好，若贪己身之利，久淹亲柩，岂为人子者所宜出哉。贫者动辄火化，此尤残忍之至，孝子仁人断不为也。其或贫不能葬者，可减以他事，世有白云葬者，从权用之，亦可卖身葬父，千古美名，诚堪模楷云。

六、严继立

继立者，实宗支之大本。必有继，毋可紊乱吾族。动辄以外甥、内侄及后妇之子并异姓之人乱继，此非承宗祧，乃乱世系也。书云："不孝有三，无后为大。"不幸无子，若长房继以次房长子，若次房则继以长房次子，若无兄弟者，则以五服之内最亲继之。本生父母降服，此自然之理也。从权之法，或立爱继，此亦所以安九原之心，但不可旁及与本支之外耳。

七、完国课

国课乃朝廷之大典，为有产之急务。自应早为措置。先办官粮，自然门无追呼。身有余闲，若一不纳则有官差之扰。登门虎吓，赔酒赔浆，一差未已又复一差，鬼以盘缠，差鬼以盘缠差费，做尽小人，终人要徒多耗费。故凡有产者，须以国课上紧输纳，急公后私，则可以安身乐业，自然官不差而吏不扰矣。国课岂可不早完哉。

八、葺宗祠

宗祠者乃一姓奉始祖暨历代祖考之祀也，必选本宗言行端方公诚任事。祠制春秋祭祀，必尽其诚。期届朔望，率众处拜椿楦，或有坍损者，众共捐资修整。或祠内租息，必登记明析。事有未就者，须齐心措置，勿有初鲜。终立祠规，以崇正典兴祠学，以课后人。族中有事，请质于祠。如有不肖者革出，不许入祠任事者。不得徇情苟且，自然祠体正而风俗淳，则后世子孙常得奉行矣。

九、择嫁娶

嫁娶者乃儿女之大事也，须择门户相当、名家旧族、子弟聪俊、女儿温柔者，庶几终身无悔。先训有云：嫁女须胜吾家，则女之相夫必敬必戒；娶妇须不若吾家，则妇之事舅姑必执妇道。世族结姻，专向屠华，只图势利，大可叹也。是故以礼义结姻事，从简朴所为。合古相爱最深，岂可作为越礼，希冀一时之盛而不顾后之遗议哉？

十、主忠信

忠信者乃立身之根本。上以事君，下以接人，在朝廷而不忠信，则为奸臣；在邦家而无忠信，则为小人。故忠臣信士立志不移。食君之禄，奋身图报社稷，是倚许人。一诺终世不更，妻挚可托人，无忠信大本已失，何以立身。故孔子云：言必有忠信，行必笃敬，为人岂可不主忠信乎哉？

十一、敬长上

长上者，我族之伯叔及我祖父等辈，或父党、母党之尊者，及年高者俱当尊敬。有长上在前，勿擅坐、勿妄言、勿傲慢、勿先行。有事必恭候之、敬之、逊之、让之，勿得呼名直指，论是言非，自称亡能讥议前辈，面毁长者，以为直言。故凡为子弟者，俱宜训以尊上之礼。若能知礼，则见长上必不敢逞刚强之气矣。此皆礼之所在，无论富贵，总以尊长上为正云。

十二、规妇女

妇女者，须规之三从四德之教，及七出之条。习于贞静、励其节操、勤于纺绩、亲于井臼。戒其擅出户庭及烧香等事。居于户内不言外事。男女不妄交言，不相授受以避嫌疑也。上事公姑，务尽其道，敬夫无违，御下有方，处妯娌之间尤当和睦。古称鸡鸣戒旦之风在所宜效者，家庭清肃，允称妇职女道无亏矣。

十三、积德泽

德泽者，非所以请僧斋道诵经礼，惟及塑佛造庙与夫烧香念佛等事，我一日之间一时之内行立坐卧，皆可积也。当知爱老怜贫、怜孤恤寡、敬惜字纸、尊重五谷、路不拾遗，非礼勿取。舍棺施药、砌路修桥，此为德泽之大矣。不用大秤小斗，毋使损人利己，莫为奸盗邪淫，广行方便，隐人之恶，扬人之善。文昌训云：剪碍路之荆榛，除当途之瓦砾，总归好善之心而无纤毫差错。如斯则德泽广积以贻子孙，子孙自得无穷之福矣。

十四、睦乡里

乡里者，朝夕往来，与吾共处之人也。自宜相亲相敬，交接以礼，勿听谗间之言而构非。莫因儿童之事以酿觉，毋因遗鬼不均而饮恨，勿为鸡犬细故而口角。故必以和为贵。不可面是背非，指张道李，以及傲慢、或有恃富凌贫，或有困贫无赖，种种非礼，不可胜言。凡睦邻之道，礼厚为先，况灯火相照，声气相应，婚丧疾故俱可持焉，可不睦乡里也哉？

十五、行节俭

节俭乃治家之要务，当然即富者亦当如是也。每见世人或仗祖父之遗荫，不知家业之艰难，挥金如土、衣轻食肥、攀高亲、结侠友，家业鲜有不破者。至贫寒之子，更宜着心积守，安命乐业，自然日积月亦盈，渐可至富足。然使锱铢必较一文必吝，此乃刻薄之徒，亦所不宜学也。

十六、辨贤愚

辨贤愚者，谓朋友相接之道，不可不深知也。夫平日所亲近之人，当察其诚实，视其所为。言必道义，行必忠信，自宜亲近而有益于我，则我所为不合于礼，必能教我以正道矣。若乃谄媚之辈口是心非，见人荣耀愈加嘲讽，遇人贫困反肆讥诮，此辈宜远避之。勿令稍近，以致损我。孔子云：毋友不如己者，盖谓此也。

十七、动耕鎡

耕鎡者务本之道，必宜及时播种，自然秋成有望而无饥寒之虑。故孟子云：不违农时，谷不可胜食也。有等怠惰之人，见他人种毕，方耕田，而又赖拎开垦灌溉几何，不与宋人同讥哉？稼穑虽待天时，然须人事预为效力耳。田亩之人，终岁所望于此，断不可懈怠也。

十八、儆争斗

争斗者，乃一时不能忍耐，遂至成仇，甚至控官，破家荡产者，往往有之。即有户婚田土不得不涉讼者，亦须反心细忖，庶无后悔。不可妄听讼师及匪人唆狂之语，可谓明也已矣。世又有叔侄兄弟因小忿而争斗者，或以强凌弱、以长欺幼、以富侮贫种种非礼。有伤天伦，兴禽兽之行，又何异焉。盖不能忍着，皆好胜之心也，能绝好胜之心可免争斗矣。

十九、戒赌博

赌博原非正道，而人不知戒者何哉？盖贪心欲念胜耳，赌若心赢则生之道无他策矣。凡人一落赌局而不悟，甚至典衣荡产，不顾父母妻子之饥寒者，皆由赌博之所至也。无期无夜，万贯俱空，及后无聊，成群结党，皆为鼠窃。故凡为人者，当知赌博之非。莫动贪图之念，若恋情于此，后悔无及可不戒哉？

二十、禁酗酒

酗酒必至于醉，既醉必然放荡。既放荡矣，而犹知礼法也乎。故酒可以养性，亦可以乱性，当知节制为要耳。古来因酒而败国亡家者有之，因酒而丧身构祸者有之。大禹当日疏仪狄绝旨酒良有以也。故凡饮酒不可尽量，故作酒态狂言，即旁观者亦觉可憎耳。谚云：酒不醉人人自醉，亦在饮者自主张耳。书云：狂药腐肠，可不深儆哉？

厚伦胡氏祠规

　　一祠祭。吾族一岁，以清明冬至二节，致祭须数日前点执事书单粘于厅壁。三日前各斋沐，以致诚心。届期前一日齐集至厅习仪，至日黎明，各衣冠听赞礼喝班行礼，勿喧哗嬉笑，取亵慢之罪。

　　一祭。须立一年尊有德夫妇完聚者为主祭，出银三两。置酒以宴，祠任为有荣，加胙三斤为例。

　　一祭。择声音洪亮及有衣巾者二员，为赞礼，再定读祝一员，引祭二员，各加胙二斤。

　　一祭。大牲用猪羊，小牲用鹅鸡鱼，果用枣栗菱，蔬用葱菜韭，饮用陈酒细茶，食用馒首菜羹饭。

　　一祭。听赞礼高喝排班，然而依尊卑序立。主祭居中，陪祭虽分尊，不得居中。喝四拜礼，迎神行初献礼，引祭主祭至神主前跪拜爵，读完毕回位，再行四拜礼，然而二献爵、三献爵行。

拜礼送神总揖

　　一祭。用鼓乐四人，各给胙一斤，永为例。

　　一祭。有在家不到者，不得分胙。

　　一寝庙中供：南园孝六公为正，昭穆宜附二世祖，中山义七公，宿海义九公，昆山义十公，乐川义十二公配祀。

　　一有为士大夫及为臣死忠为子尽孝，德行道义彰于国家者，应以寝庙之在，另设神主配祀，永世加胙三斤。若非显仕名贤不得滥附，两庑小宗依次而列。

一有捐己资百金入祠者,或尊父、或身后列神主于寝庙之右附祀,永世加胙十斤;捐五十金者列名祠右,永世加胙五斤;捐三十金以下者,附名祠右,永世加胙三斤;捐资二十金以下者,胙依金数减之。凡在产及国学者,终世加胙三斤,科甲者倍之。

一年有七十者给胙二斤,八十者倍之,九十者又倍之。

一效力祠事者给胙一斤。

一吾族胙例,悉遵先式照户均锡。

一凡妇人青年守志无子者,岁给银五钱,有子守志者二钱。若府且旌奖祠给银二两助之,加胙二斤。四十以上者不在例内。

一祭宜制俎豆,每桌各十二器,长桌五张,小桌一张,官桌不拘。爵盆每神主前三爵,猪羊架三副,香炉烛台二十副,祝板一方,椅凳不拘。

一凡祠任者,乃所以任祠之事,事无巨细,当悉咨之。我族七房共推祠任七,以无偏也。任事者须秉公无私,勿图酒食。犹之己事出入,细登册簿。公务早为措置,勿徇情面。勿假公济私,勿作为苟且,勿移东掩西,勿生敝窦召者,征其速偿善为生息。用有准绳,使祠有益庶,堪为任此。盖为祖宗合族之重事,须依例。若借出银无偿,责任在祠任,共赔。若有侵渔之事,察出公罚,不得复为祠任。

一所存祠银,祠任各金押封锁,寄藏殷实之家,尚不经众私开者,即以窃取论罚,租谷亦然。

一祠银生放,总须以吾族诚实之人作保,议定起息或作几季收完。至期违误,保人赔罚,祠任一同索取。若不偿,保人代偿。凡在本族概不借，祠任之人亦不得作保。

一凡有志上进读书者，岁给以灯火银三钱；县试取者，给以府考供给银二钱；府试又取者，再给与院试途费银三钱。在庠者，岁给灯火银五钱；科试取者，给与乡试盘费银二两；会试者四两。尚不读书而游食附读书之名不给。

一年有六十岁及任祠事者为祠效力，及在产庠国学出仕者，以冬至祭后设席，在祠叙饮，彰斯文者。

一凡通族生子者，即馈银一钱，上祠祠任即登主生辰，俟新正付与排行。在外者，早为邮寄，不致参差遗失。其后每年元旦在本族者，贵钱廿五文，入祠当即登列草谱，付与排行。

一祠宜延宿学老儒或吾族之品行端方有学问者，众共延为塾师，祠出修缮，为吾族子弟家贫难以读书者就学。

一续修家乘共计一十二部，编为十二字下，注某字某人领。

日后凭字稽查，每岁六月初六日。各房执谱齐集，曝于种德堂中，以防霉蠹。曝毕，仍依字号收藏，慎毋轻易。尚有遗失，则据字受罚，罪有攸归矣。

因兵燹后广善公赎谱有功，援赠新谱一部，日后领谱仍计捐资二两。

金华黄氏名人与家训

黄宾虹

黄宾虹（1865年1月27日—1955年3月25日），原籍安徽省徽州歙县，生于浙江金华，成长于老家歙县潭渡村，初名懋质，后改名质，字朴存，号宾虹，别署予向。

近现代画家，擅画山水，为山水画一代宗师。六岁时，临摹家藏的沈庭瑞（樗崖）山水册，曾从郑珊、陈崇光等学花鸟。精研传统与关注写生齐头并进，早年受"新安画派"影响，以干笔淡墨、疏淡清逸为特色，为"白宾虹"；八十岁后以黑密厚重、黑里透亮为特色，为"黑宾虹"。他的技法，得力于李流芳、程邃，所作重视章法上的虚实、繁简、疏密的统一；用笔如作篆籀，洗练凝重，遒劲有力，在行笔谨严处，有纵横奇峭之趣。所谓"黑、密、厚、重"的画风，正是他显著的特色。

黄庭坚戒子《家训》录

庭坚丫角读书，及有知识，迄今四十年。时态历观，曾见润屋封君，巨姓豪右，衣冠世族，金珠满堂。不数年间复过之，特见废田不耕，空囷不给。又数年复见之，有缧系于公庭者，有荷担而倦于行路者。问之曰：君家昔时蕃衍盛大，何贫贱如是之速也！有应于予者曰：嗟呼！吾高祖起自忧勤，唯嚊类数口，叔兄慈惠，弟侄恭顺！为人子者告其母曰：无以小财为争，无以小事为仇，使我兄叔之和也。为人夫者告其妻曰：无以猜忌为心，无以有无为怀，使我弟侄之和也。于是共邑而食，共堂而燕，共库而泉，共禀而粟。寒而衣，其被同也，出而游，其车同也。下奉以义，上奉以仁。众母如一母，众儿如一儿。无你我之辨，无多寡之嫌，无思贪之欲，无横费之财。仓箱共目而敛之，金帛共力而收之，故官私皆治，富贵两崇。迨其子孙蕃息，妯娌众多，内言多忌，人我意殊，礼义消衰，诗书罕闻，人面狼心，星分瓜剖。处私室则包羞自食，遇识者则强曰同宗。父无争子而陷于不义，夫无贤妇而陷于不仁。所志者小而所失者大。庭坚闻而泣之曰：家之不齐遂至如是之甚也，可志此而为吾族之鉴。因之常语以劝焉。吾子其听否？

昔先贤以子弟喻芝兰玉树生于庭者，欲其质之美也。又谓之龙驹鸿鹄者，欲其才之俊也。质既美矣，光耀我族。才既俟矣，荣显我家。岂有偷生安而忘家族之庇乎？汉有兄弟焉，将别也，庭木为之枯。将合也，庭木为之荣。则人心之所合也，神灵之所佑也。晋有叔侄焉，无间者为南阮之富，好忌者为北阮之贫。则人意之所和者，阴阳之所赞也。大唐之间，义族尤盛，张氏九世同居，至天子访焉，赐帛以为庆。高氏七世不分，朝廷嘉之，以族闾为表。虽然皆古人之陈迹而已，吾子不可谓今世无其人。鄂之咸宁有陈子高者，有肥田五千亩，其兄田止一千，子高爱其兄之贤，愿合户而同之。人曰以五千膏腴就贫兄不亦卑乎？子高曰：吾一房尔，何用五千？人生饱暖之外，骨肉交欢而已。其后，兄子登第，仕至太中大夫，举家受荫，人始曰子高心地洁。而预知兄弟之荣也。然此亦为人之所易为者。吾子欲知其难为者，愿悉以告：昔邓攸遭危厄之时，负其子侄而逃之，度不两全，则托子于人而抱其侄也。李充贫困之际，昆季无资，其妻求异，遂弃其妻，曰：无伤我同胞之恩。人遭贫遇害尚能如此，况处富盛乎？然此予闻见之远矣。又当以告耳目之尤近者：吾族居双井四世矣，未闻公家之追负，私用之不给。帛栗盈储，金朱继荣，大抵礼义之所积，无分异之费也。而其后妇言是听，人心不坚，无胜己之交，信小人之党，骨肉不顾，酒孽是从，乃至苟营自私，偷取目前之安逸，资纵口体，而忘远大之计。居湖坊者不二世而绝，居东阳者不二世而贫。吾子力道问学，执书策以见古人之遗训，观时利害，无待老夫之言矣，夫古人之气概风范，岂止仿佛耶？愿以吾言敷而告之，吾族敦睦当自吾子起。若夫子孙荣昌，世继无穷，吾言岂小补哉！因志之曰：《家训》。

金华江氏名人与家训

江和义（1876—1963），兰溪游埠镇大街里人。13岁入郭品玉高腔班，31岁至兰溪包品玉班献艺，工小生、丑角，尤擅正生。唱腔朴实苍劲，表演细腻真切，富有生活情趣，对西吴（金华）高腔和西安（衢州）高腔亦甚精通。民国27年（1938），到樟坞村金集庆三合班终生驻班教戏。1950年，入衢州实验婺剧团，后转浙江婺剧实验剧团、浙江婺剧团。耄耋之年，精神振奋，悉心传艺，不遗余力，口"吐"《槐荫记》等多种高腔剧目，于婺剧艺术的发掘、发展贡献颇丰。1954年8月，省首届戏曲会演获奖，和刘甦同以《槐荫记》获剧目奖。9月，华东戏曲观摩演出大会又获奖，和刘甦同以《槐荫分别》获剧本二等奖。曾任浙江省戏剧家协会副主席，中国戏剧家协会会员。1963年卒。和义拿手好戏有《槐荫记》《古城会》《青梅会》《洛阳桥》《双狮图》《翡翠园》《白鹤图》《珍珠衫》等。1962年秋，周恩来总理在日理万机中多次观看婺剧演出，曾说："把老艺人养在团里的办法做得很好，可以随时请教。江和义先生把高腔本子都记下来了，真了不起。我再到浙江去时定去拜访他。"

江氏养斋家训

（清）江浩然 撰

先王至德要道之昭垂，不外敦伦饬纪之无忝。自夫人，家法不肃，天性日漓。父兄失修齐之准，子弟蔑孝友之风。有为闺房煽惑而寡隙潜开，有为财物营私而争端互见。不特形参商于骨肉，抑且视秦越于乡邻。间尝阅今情，思古道，用是详告诫，示法程焉。

昔有伯禽之见挞元公也，观桥梓而通微意；伯鱼之趋对宣圣也，学诗礼而得渊源。孟母以三迁成教，张公以百忍同居。此最著者，世皆知之。

至若传家有训，宜遵朱夫子之格言；立命有功，宜效袁先生之善事。问心则不欺暗室，省身则如对明神。慎枢机则尤悔可寡，善结纳则声气可孚。合天地君亲师而感其恩，恩当图报；通仁义礼智信而修其德，德必务滋。毋怠业中恒以荒落为戒，毋贪分外岂与饕餮为邻。勿视贫疏而富亲，勿言己长而人短。改过于既觉，即是立功之缘；虑祸于未萌，无非求福之渐。不崇节俭，盈反成虚；能致休和，否乃占泰。或迁或守，随地须念本源；为屈为伸，何时可忘胞与。仓庾实由于作苦，将相断出乎自强。彼赏善刑淫之柄，报在崇朝；此光前裕后之谋，垂诸奕世。余固不敏，词岂为经。窃取往训以相摩，爰诏来兹其毋忽。

金华蒋氏名人与家训

蒋倬章（1848—1925），又名鹿珊，字六山、乐山。水阁乡水阁塘村人。13岁中秀才，有"神童"之誉。及长，鄙视功名利禄，以鬻文取得川资，遍游中原、华北各省，考察民情及求师访友，以求匡国扶民。旋与康有为等结识，得改良主义思想启迪，于金华创建梅溪试馆，又在杭州倡立金衢严处四府同乡会。后与蔡元培、章太炎等往来，又受资产阶级民主主义思想影响，积极参与救国活动。曾襄助蔡在上海办中国公学，助章在杭办《经世报》。章、蔡成立中国教育会，倬章在杭筹组浙江教育会，后返兰溪成立劝学所。清政府兴建苏杭甬铁路，向英国借款，接受苛刻条件。倬章振臂奋呼，竭力反对，组成拒款会，奔走于金、衢、严、处各县，筹股自办。并征得本家族成员同意，将数百亩山林砍充枕木。光绪三十年（1904），参加蔡元培在沪成立的光复会。章太炎主持浙江光复会，倬章负责联络组成上江一带会党，与陶成章活动于上江各地。秋瑾自日本归来主持浙江同盟会，以倬章有群众基础，深为倚重，曾赋诗相赠。民国成立，致力实业救国，先后创办金华北山林牧公司、兰溪缪源煤矿公司、梅溪排运公司。惜不得政府扶持，未有成效，民国14年（1925）赍志以殁。倬章性格豪爽，雄辩健谈，气度恢宏，又行侠仗义，不置家产。袁世凯奖予五等嘉禾章，一笑弃之。擅诗，风格豪迈。迭经变迁，除零星小诗外俱已散失无存。生前自作挽联云："死不愿与贪鬼啬鬼刻薄鬼为邻，独行独止独往独来，还我叨利天，笑红尘戏溷多年，蜕壳返清虚，魔女仙童，拍手欢迎醉罗汉；生来甘以才人诗人著作人自居，是怪是精是儒是侠，任地流俗口，痛黄神灭亡无日，肉身归地府，木雕泥塑，狠心要打老阎王。"可见其为人与抱负。

著作有《春晖堂文集》10卷，《梅溪诗话》10卷，《嵩阳杂俎》8卷，《六三曲谱》4卷，《铁甲山人诗厨》20卷。

东皋心越（1639—1694），姓蒋名兴俦，字心越，别号东皋。清初浦江人，现属兰溪市柏社乡。工诗文，善书画，精篆刻，擅长音乐。他是自唐鉴真东渡以来，对日本文化有重大影响的杰出人物。荷兰驻日公使高罗佩著有《明义僧东皋禅师集刊》。

蒋兴俦八岁在苏州报恩寺剃度出家，十三岁起云游江浙寻师访道，后归隐杭州永福寺。康熙十五年（1676）东皋经普陀东渡扶桑抵九州，驻长崎兴福寺。后应水户藩王德川光国迎请，为新建寿昌山祇园寺主持，成为曹洞宗寿昌派开山祖。东皋一边传教，一边授艺，求教者接踵而来，声名远播。他教之双琴，述其诗文，指点丹青，传授篆法、印法。又习日语、时赋和歌。其诗不求奇而自奇，不求工而自工，洋溢着眷恋祖国、思亲怀土之情，如"昔日东渡棹波阔，近尺云泥难复难。多感黄门加虔，祖风待播岱宗"。其书尤长录草，为日本书法界开一个新的境界。其篆刻，或清冷秀雅，或苍劲雄浑，或深邃典雅，被奉为日本篆刻之父。其画技，长于释道人物，兼工梅兰竹菊，日本安谈伯在题其《涅般园》中说："难吴道子、张僧恐不过如此。"东皋在日本传艺最大的成就是授琴道，东渡日本时，携带七弦古琴三张，其中"虞舜"一琴现存东京博物馆。《日本琴史》中云："琴学盛于日本，宝师（东皋）之功也。"东皋心越于康熙二十三年（1694）九月三十日圆寂，分葬舍利于清水寺、达摩寺，碑铭曰："寿昌开山心越大和尚之塔"，每遇忌辰，僧俗焚香供奉，迄今不衰。

蒋莲僧（1865—1943），浙江金华人，清光绪年间秀才，生于清同治乙丑年（1865）卒于民国32年（1943），享年78岁，葬于金华城北河上桥村。

蒋莲僧先生，名瑞麒，生平致力金石书画，与黄宾虹、倪苾泉一起学画，相互切磋，画艺精湛。初习花卉，兼工笔仕女，用笔工致纤丽，四十以后专攻山水，所作山水取法董源、巨然，尤喜用沈周、吴历笔法，色墨浑厚，线条遒劲，晚年所作书画，更显其笔力老练泼辣，正如余绍宋先生称其为"平澹天真、老笔纷披，是非寝馈于此道数十年，不易臻此境也"。清宣统三年一度任金华府议会正议长，名画家张书旂等曾受其培养熏陶，好友张大千邀任中央大学艺术系国画教授，均谢绝。民国3年创办贫民习艺所，使一些贫民获得生计，画集有《蒋莲僧画册》《蒋莲僧山水》等，这幅作品截取湖光山色一角，以简捷笔墨绘出山居下主人泛舟湖中，使景物灵秀与人物悠闲达到人与自然和谐统一。

艾青

艾青（1910年3月27日—1996年5月5日），原名蒋正涵，号海澄，曾用笔名莪加、克阿、林壁等，浙江省金华人。成名作《大堰河——我的保姆》发表于1933年，这首诗奠定了他诗歌的基本艺术特征和他在现代文学史上的重要地位，被认为是中国现代诗的代表诗人之一。其作品被译成几十种文字，著有《大堰河》《北方》《向太阳》《黎明的通知》《湛江，夹竹桃》等诗集。在中国新诗发展史上，艾青是继郭沫若、闻一多等人之后又一位推动一代诗风、并产生过重要影响的诗人，在世界上也享有声誉。

蒋氏家训十八则

一、敬天地

　　人禀天地之正气以生，终身戴天而不知其高；履地而不知其厚。履载之恩，何能酬报。古帝王郊祭天，社祭地，岂敢责之凡民？顾不敢祭者，各安其分，而不敢不敬者，各尽其心。惟是勿指日月，勿唾流星，勿以晴雨过久而生怨怼，勿以风雷失常而形慢易。曰时曰旦之中，常若有毋敢戏渝，毋敢驰驱者，正不徒每日晨昏一炷香已也。至于天高地下，所称聪明正直之神，亦须虔诚礼拜。是又本敬天地之心，所推而及之者也。

二、爱国家

尺地莫非国土，一民莫非国民。我中华民国纪元二十六年（1937），罚弗及嗣，尝延于世。即如税敛一事，有较诸夏之助、商之贡、周之彻，而更见其薄者，厚泽深仁，沦肌浃髓。愿吾族士者，学优而仕，尝思为国效劳。即农工商业，亦须循名分乐输将，毋犯国律。庶可为盛世良民也。

三、孝父母

父母恩同天地。不有父母，身从何来。幼则三年怀抱，长则课耕读，授室家，爱之无所不至。岂人子而故可漠然于父母乎！如是则安可以不孝？顾孝本可多端，兹举人子所当为所能为者，如下首宜养体，次宜养志。饮食人之大欲。高年之人所需尤甚，因筋力就衰，非肥甘不足以适口。而人往往不能致者，或因兄弟各炊，彼此推诿；或因家计稍促、矫语艰难。独不思父母当初，不以子多，不以家贫而失慈爱。尤宜思独有何推诿乎？今而后，贫则菽水可以承欢，富即鼎烹不为过。此孝之以养而见者也。

养志，如士当思扬名以显亲；即农工商贾，亦当为父母争气，务使人之敬己者，并敬己之父母。重己者亦重己之父母，此孝之以尊而见者也。人子读书明理，幸遇父母贤智，左右就养。固自无方。设性情执拗，行事偶乖，为子者当下气怡声，委曲以谏，即挞之流血而不敢怨。又一家之中，有能奉养尽道，父母必钟爱焉。不可以父母所爱之子，视同仇敌。大拂乎父母之心，推而言之。凡冬温夏清，昏定晨省，出必告，返必面。奉命承教，总期父母之心怡然决然而后已，此孝之以顺而见者也。人之父母半就襄颓矣，而己之父母康强；人之父母不偕齐眉矣，而己之父母具庆。人子处此，幸也何如。若是则孝因喜生。人子强壮之年，岂父母而犹是强壮之日。未几而毛发为之脱落矣、未几而齿牙为之动摇矣。

语曰："风前烛，瓦上霜，诚危之也"，若是则孝以惧迫至。若远游人万不得已之事，亦必有方，使父母心无挂虑。凡此皆人所当为所能为之事。且尤必励志修业，谨身慎行，慰亲之望、安亲之心。斯为孝子。至扬名显亲，尤人子所当自勉矣。愿吾族为子者，永切望云之念；常存爱之心。庶不至读《蓼莪》而陨涕，抚而兴怀也已。

四、和兄弟

兄弟云者，以同父同母而言之也。同禀父母之气，同分父母之形。难乌乎急，曰兄弟也；侮乌乎御，曰兄弟也。语云，"如手如足"。言其痛痒相关。今人往往异视焉者，或听枕席之阴风；或信宵小之逸间；或因父母所遗财产，彼此争多论少。同居时已不免参商，各爨后遂视如秦越。甚至阋墙衅起，凌暴侵吞。从不念及兄弟，宁不顾于父母乎？此古之人灼艾分痛，大被同眠。今而后兄必爱弟，

• 107 •

弟必敬兄。行坐必恭，语言必顺。纵有微嫌小怨，亦当含忍包容手足闋情。共效蒸梨之让，毋操同室之戈。则亲爱之情于是乎尽，天伦之谊于是乎敦矣。愿族人其三思之。

五、别夫妇

夫者扶也，扶人道也；妇者伏也，伏于人也。夫妇为人道之始，义顺乃不易之经。宋弘糟糠不弃；桓氏提汲自甘。古人自当效法，鱼水相调尚矣。为夫者教之以孝顺翁姑，和睦妯娌。勤苦自持，恭俭守身。弗任其轻傲，尤其职也。如貌不扬，切莫嫌弃。夫妇总属前缘，断难强求。况妇女以贤德为贵，岂以美丽自求。至内助虽强，亦不可彰其夫短。彼猾妇女，以其夫为无知，颐指气使，不特不敬其夫，反庸奴其夫。不礼翁姑，不和妯娌。诟谇凌詈之声达于里闬，是谓悍妇。人至中年以后，不幸艰于嗣续，势不得不纳宠。而性情执拗，偏为阻挠。又或豪强妻党，反从中唆耸袒护，致其妇倚势骄横，益无忌惮，是谓妒妇。不知世界各国法律，主权仍属之夫。书曰，牝鸡司晨惟家之索，可不戒哉。虽然妇人无远大之识，推原其故，实为夫者始。因宴安情欲之不谨，以致暌孤张弛之难制。苟先能以礼自持，何遂至此。若内婢妾、外枕花柳，风流嫖荡，尤为取戾夫。惟夫和而婉，妇听而顺。夫夫妇妇，家道克成矣。

六、信朋友

朋友为五伦之一，交结以同道而合。圣人以信友为忠；先贤以久敬为善。交友者安可不知此耶。近之交友者，里党相游嬉。酒食相征，逐声气相结纳。其始指天誓日，不相背负。泊乎时移世变，转眼若不相识。即或豪侠之徒，挥金如土，动云慷慨。一旦身临利害，遂尔戈予相向。况有淫朋损友，而己反被其累者乎。若此者，穷而在下，不过贻比匪之伤；设达而在上，且酿成朋党之祸。凡此皆友非其友，而误于所信之故也。惟有过必规，有善必劝。一诺千金，久要不忘。则切磋鼓舞，助德行于身心，为益无穷矣。故朋之交，务其敬之信之，凛之慎之。

七、教子弟

父在斯为子，兄在斯为弟。父兄之所望者子弟，子弟之所赖者父兄。古人自胎教，以至能食能言，莫不循步以教之。教之法，亦惟择术正大而已。正术者何？耕读尚矣，而工商即次之。读者须教其考今稽古，奋志芸窗，异日身列显达，扬名显亲，封妻荫子，何等荣贵。耕者须教其夏耘秋获，冬趁其时，深耕易耨，劳苦勿惜，即可余一余三。仰而事，俯而畜，皆有资矣。至工商各业，须教以工精于勤。商重在信，尤贵有恒。勿因技小而不为，勿以利微而自弃。日计不足，月计有余。市井之中，良工大贾，亦多成家立业。彼夫邪术小巧，俳优戏局下流之辈。非徒无益，是自误终身者也。他如子弟出入，尤须时时防闲。恐为淫朋比匪所伤，为害靡浅。若狃于姑息之爱，必失之宽责。诸旦夕之间，又病其急。凡此皆不善于教之过也。今而后，务望父训其子，兄勉其弟。以仰付中华民国作人育才之意，岂不懿欤！

八、矜穷民

穷民者何？鳏寡孤独是也。因暮年丧偶，晚景凄凉。垂老无出，宗祀必斩。凡属行路，尚应哀怜。若属同宗，急宜周济。至于孤寡为尤甚。人子百年以还，犹愿依依于膝下，设襁褓甫脱，父兮母兮。一旦见背，其有伯叔可托，基业可守，犹堪自处。否则，彼呱呱者，能保其成立也耶。夫者妇之天，设所天早弃，守志青年有子者，为之保护，无子者急宜继立。其不肖之徒，凌孤而利其有，逼寡而堕其操，则非族类自宜大彰惩戒。凡此，皆天地先成之恨，亦人生不幸之遭。在昔，文王发政施仁，必先斯四者，况在下之人乎，是在仁人君子，有以矜之而已。

九、崇勤俭

治生之道，以勤为先；居家之法，以俭为贵。仲尼发奋忘食；大禹自惜寸阴。敏则有功，业精于勤。户枢不蠹，流水不腐，此其征也。天下成立之人，未有不勤苦者；天下穷困之人，未有不懒惰者。此一定之理。然勤而不俭，则所入不敷所出，旋得而亦旋失。且先王之制，饮食有节，衣服有章，宫室器用有等。故宜各守其分而不至相渝。若不视其分之所当为，而惟视其力之所得为。一饭十金，一衣百金，一室千金。以先人累世之藏，而尽废于一人之手。至于金尽囊空，谣求诈骗，寡廉鲜耻，可鄙为甚。与其悔之于后而不及，不如约之于前而不难乎！又有因婚姻丧祭诸事，一时好胜，往往过费。典田借债，负累日深。渐至贫乏，可甚慨哉。嗣后吾族，应念祖宗之艰，子孙守成不易。于婚丧大事，及服食器用，俱敦朴素，毋尚虚文。

古云:"由俭入奢易,从奢入俭难。"又云:"以勤补拙,以俭养廉。"味哉其斯言乎!

十、尚礼义

凡宗族蕃盛,著名于时者,不在富贵赫奕,炫耀乡邻。惟是子孙兄弟多贤达之人。服习名教,表率门内,循理法不至逾规矩,而邻里乡党,薰其德而善良焉。斯望者知为礼义之族保世,兹大方兴正未艾也。若聚族而处,徒恃人众财饶。凌嚣不驯,令人难逢,则与互乡何异?此岂亢宗保家之道哉!吾愿族人无论读书与否,总要讲明礼义二字,内而事亲敬兄,外而应事接物。蔼然厘然,循循雅饬。孟子曰:"义路也,礼门也。"人未有不由门与路者,岂可自外于礼义乎哉!

十一、笃宗族

范文正公尝曰,人家宗族繁衍,子孙虽多,始则一人之身也。我族自百九公由赣迁东以来,迄今六百余年。虽居处不一,而各家祖父子孙,世代往来,犹然无间。俗所谓亲无三代,族有千秋,即此可见矣。所虑者,族大丁繁,莠良杂出,贤愚不齐,往往因口角小忿,驯至于争斗诉讼,视同秦越。祖宗在天之灵,能无痛乎。惟是共体木本水源之意。善相劝、过相规、吉相庆、凶相吊。内患相消弭,外患相捍卫。有无相通,尊卑自尽其礼,长幼各尽其心。凌嚣即化,和气致祥。记有之尊祖故敬宗,敬宗故收族,此之谓欤!

十二、睦邻

尝考周礼，司徒之法。五家为邻，五邻为里。人生斯世，家庭而外。出门即是邻里，其中多系婚姻世好，固应相得无间。即泛常之人，田地相连，樵牧相共。其情亦最宜亲，亦往往易伤。其相伤之故，多起于争好小利之人。凡事自家爱占便宜，立心不平，损人利己以致酿成祸端。不知邻里共在一地，起眼相见。若不知和睦，生出许多不美之处。自今以后，愿吾族人，待邻里亦如待宗族，当须情联意洽，不可口是心非。富贵者勿欺贫贱，强大者勿凌弱小。设有意外之事，共同救护，无告之人，设法扶持。一切应办公事。大家量力出资，不可因以为利，亦不可却顾不前。孟子所谓乡里同井，出入相友，守望相助，疾病相扶持。庶几近之，岂非仁里之风哉！

十三、谨祭祀

孔子祭如在，非祖宗之真在也，以我之心在也。诚以有其心，有其神；无其心，无其神。古之人思其居处，思其笑语。思其所乐，思其所嗜。何所见而爱然，何所见而忾然。此诚孝子之心，动于不自已，发于不自知也。近有不肖子孙，以祭祀为宴会场，衣冠不整，跛倚以临。故无论祭勿受福，尚有尊祖敬宗之心否，嗣后每当祭期，如有轻言妄动，合座喧哗。或薄责以谢先灵，或量罚以充祭需。务使郑重其事，而我祖亦必默鉴也已。

十四、培坟墓

坟墓先体所厝也，痛先人已往，惟此抔土，见之如见祖宗焉。

我族历五六百年，其坟墓有可知，有不可知。可知者幸而仅存，不知者半就荒芜。累累者且莫辨其谁何矣。程子曰，人家坟墓惟有碑，始可以垂久远。每当清明省墓，率子弟辈，芟其草莱，补其缺陷。所有坟前树木，尤须用力长禁，否则听其若没若灭，于荒烟蔓草之中。先体不安，后嗣奚赖而犹冀其发福也得乎！用禁嘉植，以培风水。

十五、正名分

圣人为政，必先正名；君子立身，莫如守分。由朝廷以达闾巷闺门，皆有不可越者焉。每见世俗中，或以谑弄为相好，而亲长直呼矣；或以势焰居人前，而伯兄随后矣；或以尊长自怜于亵，而子弟诟谇器凌之，无所不至矣。是何以立纲常而振家声乎！我族自敦修以后，务于某祖某伯某叔，即循分事之；为兄为弟为侄各依次称之。自冠婚丧祭及道途邂逅之会，而晋接坐立必逊，进退揖让必严，言语举动必谨。则男正乎外，而妇女之位乎内者，自此肃然有序矣。

十六、肃闺门

治国之理，本于齐家。齐家之道，起于闺门。夫艳色冶容未必宜男受福。幽娴贞静，何妨缟衣綦巾。况妇人无别业，职中馈以修内阃，便可称才。惟女子多乖行，罢茧织而干外事，即呼为妒。凡我族内青年少妇，切不可呼类引群。涂朱抹粉，入庙登山，上街看戏。致起抛头露面之诮。务宜男女不杂坐，不同箴枷，不同巾栉，不亲相授受。惟工是勤不必懒，惟容是庄不必艳，惟言是正不必邪，惟德是柔不必刚。内外有制，而四德克全。则嘻之象，庶几免焉，务宜慎之慎之。

十七、改过恶

有过即改，不为过也。如小过不改，遂成大过。夫人非圣贤，焉能尽善而无过。但不可以无心之失而不改。玩日愒月，成为习惯，纵欲改之，势莫及矣。必曰用行为之间，兢焉惕焉。尝存临深履薄之意，偶有不及检之所，即为改图。时怀若饥若渴之心，不畏难不苟安，务期臻于有善无过之地。为人若此，庶几日起有功。

十八、完国课

国课早完，慎勿丢累。食毛践土，当纳粮税，乃分之所宜，故必踊跃输将。领给串凭，便可高枕无忧。故朱子有云，国课早完。即囊橐无余，自得至乐。若抗纳，有催差之需、拖欠受盘算之累，则悔无及矣。

金华金氏名人与家训

金履祥

金佛庄

金履祥（1232—1303），字吉父，号次农，自号桐阳叔子，兰溪（今浙江省兰溪市桐山后金村）人。宋、元之际的学者。为浙东学派、金华学派的中坚，"北山四先生"之一，学者尊称其为仁山先生。

金履祥，先祖原姓刘，因避讳吴越王钱镠同音名，故改姓金。从小好学，初受学于王柏，后又学于何基，造诣益深，凡天文、地形、礼乐、田乘、兵谋、阴阳、律历之书，无不精研。时值南宋末年，政治动荡，虽绝意仕进，但未忘忧国。元兵围攻襄樊，履祥献策朝廷，建议以重兵由海道直趋燕蓟，且备叙海舶所经地形，历历可据以行，

· 115 ·

然未被采纳。德祐初年，南宋朝廷以迪功郎、史馆编校等职召任，坚辞不受。寻应严州知州聘，主讲钓台书院。宋亡，筑室隐居金华仁山下，讲学著书，以淑后进，许谦、柳贯皆出其门。元大德七年（1303）卒，至正年间谥文安。

在"金华四先生"中，他对于经学和史学的研究成绩最著。著作有《尚书注》《大学疏义》《论语集注考证》《孟子集注考证》《通鉴前编》《举要》《仁山集》，编有《濂洛风雅》。

金佛庄（1897—1926），男，乳名为文，学名灿，字辉卿，浙江省东阳县横店乡良渡村人。1922年加入中国共产党，是浙江省最早的党组织——中共杭州小组的成员，党的"三大"代表之一。

历任黄埔军校第一期第三学生队队长，教导第二团第三营营长，国民革命军第一军第一师第二团党代表、团长，总司令部警卫团少将团长等职。1926年12月2日在南京被军阀孙传芳部杀害。

金步瀛（1898—1966），即金天游，著名图书馆学家。原名步瀛，字仙裁，号孤鸿子，浙江省兰溪市（隶属于金华市）芝堰乡桐山后金村人。

1922年毕业于浙江省立甲种蚕业学校（今绍兴市农业学校），进浙江图书馆任掌书，后任编纂、编目主任。在浙江图书馆期间，他与章筬、杨立诚、张实、毛春翔、陈训慈、夏定域等一批饱学之士共事，热忱工作，潜心研究。抗日战争期间，先后在浙江大学龙泉分校图书馆、英士大学图书馆工作。1941年，回浙江省立图书馆任采编部主任。中华人民共和国成立后，曾任浙江省政协委员，1961年被选为浙江省政协文史资料研究委员会委员。1966年患阑尾炎住院，因医疗事故不幸逝世，终年68岁。

东阳金氏家训

代表家训

祖、父创业艰难，子孙守成不易……夫欲立业者，必男勤耕，女勤织，量入为出，庶布粟有余……致富有本，当循天理而行。食取饱肚，不必肥甘；衣取蔽体，不必轻裘；居取容膝，不必高大华丽。器皿不事雕琢，宾至不必多味……此生财节用之大道也。

——金渊《西衕金氏家规》

父母天伦首重，如定省、温清、服劳、奉养之事，种难具指。皆当曲体而躬行者也。然天下无不是之父母，彼不孝之子以为父母有不是处，而遂生悖逆之心，月朔鸣众责治之。兄弟同胞手足极宜和好，不得私妻子重货财而伤至谊，即父母偏袒亦当顺亲之。令以全孝友，而为父母者，不宜私有爱憎厚薄以贻争端。

师道与君亲并重，苐兄弟叔姪或已及门授业如坐次之类，在公堂祀会则序昭穆，在私室则序师生，庶师道崇而名分得也。

朋友亦五伦之一，岂以绝游寡交为尚？惟是取友得法则，进德明道亦有赖矣，倘损益不分而一切滥交则不可。

尊长乃属先型，毋容忽视，凡坐必起、行必后，饮食不敢先，有问必告以实，不得尔我戏谑，加以恶名导以丑号，导者责之。

卑幼子姪皆宜抚恤，即在各派从属同源，晋接之际不得倚尊而以盛气临之。

冠礼时俗于今不行已久，兹不具述。

婚丧二礼称家有无，本难定例。有欲尽者，自有文公家礼可以遵行，亦不备述。

丧事世人多惑僧道，莫不供佛饭僧以为死者灭罪资福，能升天堂，不然必入地狱，此浮屠之说也。殊不知作善降祥不善降殃，报有不爽，何必听其权于僧道以沦于妖妄，吾子姓须禁绝之。

祭祀所以追远其礼不容简略，故夫仪注品物及备祭之人具列于后莫不详尽，子孙报本之意也。

入祠拜祖必须整冠饰履，有公服者被公服，无公服者整冠裳，虽贫富不同敬祖一也，违者以玩宗忽祖论，尊长宜共叱之，叱之不遵逐出可也。

祭品皿物，董事人必须前三日预备调理，毋得临时错误，如有踏此以不敬论，董事者不得辞其责，祭毕罚跪以惩之。

跻堂拜谒祖考如临，前后昭穆依次序立，肃静听赞，拜跪行礼，毋得私语嬉笑踰越无定，违者以不遵法论，当即逐出。

行三献礼赞相执事悉照仪注依次而行，始终无懈斯称职焉，倘脱略倒置由不经心，以轻宗亵祖论，礼毕罚跪以戒之。

颁给胙肉，祖考惠赐以酬孝敬，非子孙分定必有之物，不与祭者不给，或年八旬以上举止不便者祖考怜之，或应试赴郡省京亦为荣先，亲人带领亦可。

给胙斤两悉照祠称，董事者不得短少，领胙者不得多取，倘因此致争短少以侵蚀论，多取以倚强论，剖明重罚不恕。

燕毛序齿，尊卑酬酢，原以盟宗族、洽情好，或饮酒失仪，语不由衷致犯尊长者，以不悌论罚之，永不就席。

世人生女多致淹溺，男女皆属天亲安忍弃之，虽有言女子难嫁，吾谓即无荆钗裙布何妨，路人之滨于死者尚奔救之，况亲骨血活而致之死耶，我家勿得蹈此流弊。

宗族中贤否不齐，其或有犯奸盗、伪诈不法等事，有伤名教贻辱先世，并于谱内削之，以警不肖。

子孙有能励志读书，父兄宜择明师课以经义，科举应试间有贫而不能上进者，贤达富有者宜资助之，庶亦不失礼义之风。出仕者须奉公勤政，抚恤下民，毋蹈贪墨以忝家法。任满交代不可过于留恋，亦不宜恃贵自尊以骄宗族，违者以不孝论。

宗族本一气所生，有喜则庆忧则吊，疾病相救，患难相扶，富不可欺贫，强不可凌弱，庶成美族。

子孙卑幼者须以孝悌为本，尊长者当以慈爱为尚。庶尊尊亲亲，上和下睦，方是大家体统。

子孙当以耕读为本业，有等浮慕异端邪术，欺世为尼、为僧者，谱即除名。

子孙不得炫奇角胜、两不相下，彼以其奢，我以吾俭，吾何害乎哉？

子孙不许娶娼优、隶卒之女为妻妾，违者玷宗削之。

子孙有妻子者，不得更置侧室，以乱上下之分，违者责之。若年四十无子者，许置一人，但不得与公堂同坐及私室宴会等事，即称谓自有定名，亦不得与嫡配继娶混同。

治家宜严内外之防，尤谨于男女之别，其有帷薄不修者，告明房长重惩之，不悔者削之。

家长系一族之尊，必须品行端方，斯人心协服，如过犯杖责，虽长勿立，既立则易之。与夫异姓乱宗，理应除削，不必再论。

亲戚往来全重情义，如岁时、伏腊、忧喜、吊贺、迎送、馈问之礼节，在皆不可忽。

凡无子有生前（之年）无意立继而甘于无后者，则云无传悯之也。如有土田屋业遗留，择亲属随祖宗祭产轮管，以存其祀承生志也。

子孙赌博无赖破败家业及一应违礼法之事，家长度其不可容，会众系入先祖祠内跪，鸣鼓攻之，众入齐坐，令逐位登拜以愧之，不悛则痛责之，又不悛则陈于官而放绝之，仍于谱上书因某事除其名三年，能改者复之。

棋枰、双陆、作乐、演戏、吹唱、虫鸟之类皆足以蛊心惑志，废事败家，当切绝之。

酒许少饮，不宜沉酗，杯酌喧呼鼓舞，不顾尊长，违者责之，若奉延宾客，唯务诚敬成礼，不必强人以酒。

屋宇、服饰、器用、饮食及婚嫁宾筵等务宜崇尚樽节，不得奢侈，一动而过费一月之粮或倾半年之蓄，非成家之道也。贫而效富，贱而效贵，识者鄙之。

族中有不平之事，禀明家长及公直之人分处之。有不服次日劝解再处，再不服则质之公庭可也。未分处而即成讼者以不敬尊长论。

流俗有阴寿之说，人已阴矣何得云寿。伊川先生曰：人于父母不在，凡遇生日当倍悲痛，更安忍置酒张乐以为乐，若具庆者可矣。子孙须遵此训。

产业卖者实出不得已，买者亦为子孙长久计，务宜体恤。果值几缗尽数付足，不得欺谋债折吞并贫人基业。

立祠所以奉神主，非为利用计。当常洒扫洁净，不得乘便私用混杂，违者以亵渎祖宗论，重罚不恕。

公堂积储选能干（者）掌理，登载明白，新旧交代，徇私者倍罚。宗祠公室隅有毁伤，掌事者即宜修补，毋致倒塌。

宗谱宜择贤明子孙掌之，毋令湮没，十二年一修，谨哉毋忽。领谱之家谱内列名记总以便稽查，以防错失。

古者人生八岁入小学，教以洒扫、应对、进退、礼乐、射御、书数之文。十五入大学，教以穷理、尽性、修己、治人之道。然学与不学实在贤父兄之责，为父兄者毋惜小费。

妇人无故不许出闺门，夜行必以烛，声气不可扬于外。若妒忌多言，干预外事，为夫者责之，责之不听鸣众出之。

不听妇言即义门家规也。盖妇女所见不广，所言未必当理，丈夫听之乖变遂生，切查戒之。

读书者，公堂会课宜有支给。艺佳者，另赏笔墨。进学者，给与花红示劝贤也。

勤俭二字最是作家之道，勤则开财之源，俭则节财之流，故为男子者，虽素承富贵，必当夙兴夜寐、东作西成。为妇女者，虽高门贵族亦必躬亲纺织、修箕帚职业，一切衣食之类，务宜适中，不得斗罗绮之靡，逞口腹之欲。凡在家长须时严训诲，庶家道兴而礼乐出也。

子孙不肖者，好饰仪容，不事耕读，专务博弈渔猎，结党横行，狂荡肆酒，好嫖喜赌，陨厥家声莫此为甚，父兄不戒则责父兄，本身不悛责治本身。

本族宴会竞习奢靡，甚非所以存节俭、计久长也，今议族宴止许三味，多则五味，不得过为繁华，若宴亲戚则不在此例。然虽雅歌投壶亦不可迷于狂乐，以致失容失德，彼醉不臧，不醉反耻，古诚之矣。

争讼最失和气，可已则已，能忍小忿自有大益，子孙宜各自省戒之。

宗族亲戚本有恒称，今于本宗或以私亲相呼，或以结认而称人父祖，或直呼人之小字、丑号，殊为乱分浮薄，长者既不知戒而少者遂相效尤，此风甚不可长也，犯此者面责。妇人称呼当遵夫族，不得以姑姊妹等称之。

仆从不得穿紬绢色服，见宗族应对不逊、坐不起立者重杖，本奴仍面家主训戒之。

金华郎氏名人与家训

郎静山

郎静山（1892—1995），浙江兰溪人，中国最早的摄影记者。郎静山创立的集锦摄影，在世界摄坛上独树一帜。一生酷爱摄影，共有1000多幅作品在国际摄影界展出。

曾经获得美国纽约摄影学会颁赠的1980年世界十大摄影家称号。他是以中国绘画的原理应用到摄影上的第一个人。

《郎氏宗谱》

孝者百行之原，敬者圣学之要，人子之事其亲。

金华李氏名人与家训

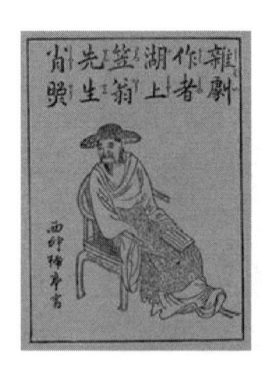

李渔

李渔（1611—1680），初名仙侣，后改名渔，字谪凡，号笠翁。汉族，浙江金华府兰溪县夏李村人，生于南直隶雉皋（今江苏省如皋市）。明末清初文学家、戏剧家、戏剧理论家、美学家。

自幼聪颖，素有才子之誉，世称"李十郎"，曾家设戏班，至各地演出，从而积累了丰富的戏曲创作、演出经验，提出了较为完善的戏剧理论体系，被后世誉为"中国戏剧理论始祖""世界喜剧大师""东方莎士比亚"，是休闲文化的倡导者、文化产业的先行者，被列入世界文化名人之一。

一生著述丰富，著有《笠翁十种曲》（含《风筝误》）、《无声戏》（又名《连城璧》）、《十二楼》、《闲情偶寄》、《笠翁一家言》

等五百多万字。还批阅《三国志》，改定《金瓶梅》，倡编《芥子园画谱》等，是中国文化史上不可多得的一位艺术天才。

李氏家规
示儿辈

少小行文休自阻，
便是牛羊须学虎。
一同儿女避娇羞，
神气沮，才情腐，
奋到头来终类鼠。
莫道班门难弄斧，
正是雷门堪击鼓。
小巫欲窃大巫灵，
须耐苦，神前舞，
人笑人嘲皆是谱。

李渔《祠约十三则》

本祠赖前贤创业，先哲贻谋，置产收租，供粢盛之用；敛财生息，备修葺之需。经始维艰，用心良苦，祗缘享堂未建，缺典犹存，此前辈谆谆以嘱后人，而族众拳拳以待诸贤达者也。讵意一传再传，而贤愚间出，日积月累，而弊窦滋多。窃卖祀田者，曰聊救目前，欠逋祀银者，曰俟偿异日。任事则岁易其辈，司发者不复司收，急公则人有其心，任劳者未必任怨，甫田是佃，丰其岁而仍歉其租，亩数虽存，十其名而仅五其实，遂致丞常不给，称贷以从均是祠也。囊放债而今负债，犹夫人已此助田而彼踞田，止分一念之公私，遂成千里之刺谬。嗟乎！享堂之未建，犹可云也，事祠之将来，不可云也。上雨旁风，寝室几为陋室，东圮西塌，有祠究至无祠。岂祖宗血食之资，肆人攘获，而水源木本之地，坐视邺墟，是以我辈目击恸心，仗公纠正，虽斧钺而不避，何非怨之敢辞，设有左右，祖之人即非。

万三公之裔自今更始，立法务严，凡属本支，共遵约束。

一、祠事旧以才德服众者专任，后因老成谢事、斯文起而轮值。夫专则不胜其劳，而轮则未免传舍，视之孰肯图长计久。今以二法相济，于斯文祠长中推长优力赡一人总理，其余轮年襄赞。总理者止司运筹执锁钥文券帐目，其银谷不得染指，以避瓜李之嫌。银谷则择信实而殷厚者守之。轮年者欲出入银谷，必商之总理者。总理者欲出入银谷，必与闻轮年者。如此丈牙相制，无瓜分席倦之弊矣。

二、祠事自斯文而外，举祠长四人监理，必须齿德并懋，耳聪目察，而善书写者方可，不得以少年喜事辈及昏耄无能者充位。如四人中有衰老恬退者，于十三厅公举一人代之。

三、斯文祠长入祠办事，本应祠内膳之，但今祠租只有此数，用一分则少一分，本少一分则利少一分。我辈既有鼎建享堂之志，方且欲捐资倡助，岂惜升斗自供。以后不得饮祠内一杯水，以杜消耗之源。俟积贮有余，另议供给。

四、祠事不振已二十年，自今一番整饬，百废俱兴，此吾族重兴之兆也。我辈即不敢谓享堂必成，然不可不以此为志。享堂之费须千金，而今银无半分，谷无一粒，赤手空拳，从何做起。所云一篑之覆者，止有租谷数石耳。上欲输粮输米，中有春祭冬祭，下欲享祭分胙，即逢大有，此足供此数项，况有水旱灾侵之岁乎！自今当总计，一年完粮办祭所费几何？任事之人多方设处，或征旧逋，或募新助，以备岁用。留租谷为生息之本，待三年后银谷羡余，然后去用，斯为长策。

五、祠银欠户二十年不征，彼已视为故纸。今一旦责以全偿，未免棘手。我辈当察其家之贫富，有者全偿，稍贫者偿半，无者俟之将来，绝嗣者火其券，然俱令偿，崇祯十七年原本不得利上征利。

六、银谷必子母相生，斯能扩大。然前人未尝不持筹划算，而卒归乌有者，以不务营运而务生放也。自今止，可积粮屯货，贱籴贵粜，不便开借贷之门。惟于四五月青黄不接之际，有预撮银而偿新谷者，不妨察贫富而多寡应之，但须有身家者作包中，无则包中代偿其谷与祠租，同期交纳，迟者罚。

七、收租当于刈获之先，大书数纸，粘于族之通衢，云祠租限于某日交起至某日止，迟者罚。如族人佃田而逾期交谷者，每一石罚一斗，他姓别论。

八、凡侵占祠产及负赖祠租者，理谕不服，不得不讼之官，司事中阄一人为首，其余次弟从之，畏缩不到者，罚其衙门使费，照身家公派，惟向先任利害一人免出。

九、族众贤愚不等，有成事者即有偾事者，倘有持顽武断，不遵祠规，或面从背毁，阴坏祠事者，小则开祠正以家法，大则送官以灭祖论。

十、轮年交代，以冬至为期。须预誊本年账目，收若干、用若干、存若干，必须逐项细开，以便稽察。糊涂者罚十分之一，侵渔者罚一分之十，下手知弊不举，与上手同罚。

十一、管事之人以和为贵，祠产未正之先，虽破面力争，不妨相角奇祠事。大定之后，宜协恭相济，毋分尔我生嫌隙，有私者，众察曲直罚之。

十二、旧时祠产，其文券册籍藏于一人之家，田之亩分、租之多寡，无论局外者不知，即同事之人，亦止闻其略，此增减舞文之弊所由来也。今将田产租目立正册一本，副册数十本，存于公匮，总理者收之。同事者每人执一册，十三厅每厅执一册，每冬祭之日，任事者大书一纸粘于祠之寝室门，云本年收租谷若干，银谷本利共若干，用去若干，实存若干，各厅家长俱带副本入祠，抄其成数，以便稽查。若银谷日多一日，则任事之功。如无故消乏，人人得执此以诘司事者。

十三、总理之人，于万难措于中任劳任怨，不阶片瓦尺木，而重兴祠事，此祖宗之大孝子大慈孙也。如享堂不成功，不副劳，亦无足录。万一享堂克建，通族当推为功首，子孙世世受胙，以示鼓励，梁上先刊其名，而随及诸司事者。

司事人开后： 　　　　总理一人：谪凡

　　　　　　　　　　　轮管十四人：尔华（其余略）

顺治八年辛卯（1651）司事人开后：

总理：谪凡

轮年：稚倩　聘之　素公

祠长：云甫　绍四三　敦五七　敦百十五

录于《龙门李氏宗谱·飨诚堂·卷之首·祠字》

金华厉氏名人与家训

厉文才

厉文才（606—683），字日新，一作安世，号蓉州。横店夏厉墅人。是东阳乃至旧金华府所属最早中进士者。康熙《新修东阳县志》说："按贞观元年，进士只四人，盖亦难矣。"及第后任道州刺史。不恋高官厚禄，视权贵如浮云，莅职期年，乐思退居。辞官回归故里后，建别墅于禹山之西，捐资鸠工在禹山北麓凿石挖土，兴修水利。堰成，百姓甚感厉文才之德，因为他曾都督岭南，于是命名为"都督堰"。

厉仲方（1159—1212），字约甫，初名仲详，后改名仲方。浙江东阳人。绍熙元年（1190）庚戌科武举第一人。任侍卫步军司计议官，武学谕，詄门舍人。不久，出知和州（今安徽省和县）。

厉仲方的祖先厉文才居住在婺州东州，为唐朝的都督刺史。厉文才的四世孙厉玄为殿中侍御史，厉玄住的地方名叫"御史里"。厉仲方曾祖、祖皆不仕于朝廷。其父厉邦俊因厉仲方在朝廷为官而追赠为武义郎。

厉仲方以贺生辰副使的身份出使过金国。回朝后，又出知安丰军，但很快又被召回就任左领卫中郎将，防守建康（今江苏省南京）。

厉仲方有将才，任职安丰时，严令部队在练武之余，开垦荒田数千顷，种植桑麻数十万株，极大地补充了军需的不足。这样做不仅改善了士兵的生活，稳定了军心，还为地方积贮了大量的财富。他与田琳从未见过面，却很欣赏他的才华，极力要求自己的老师向朝廷荐举。朝廷采纳了叶适的意见，令田琳戍守合肥（今属安徽）。自此，因田琳在，朝廷再不忧虑合肥战事。

金国屯兵定山 10 余万人，仲方招募石斌贤、夏侯成，两次击败敌人，迫使金军退走。金兵滞留六合城，厉仲方料定敌人只是虚张声势，将不攻自退，命令宋军不要急于解围，而是要注意战场全局的变化，果然，金国部队见无隙可乘，只得撤兵而去。厉仲方运筹帷幄，多谋善断，常能料敌之所必至，攻敌之所必救，以逸待劳，抢占先机，赢得战场上的主动权。宋朝自宋太宗起，日益重视守城之战，安丰是军事要地，为使其在战争中固若金汤，厉仲方除组织民工加固城墙外，还施展平生所学，教授士兵、百姓制造战车，设计出九牛弩，此弩射程可达四五百米，威力极大。在后来与金国军队的战斗中，这些武器、设备均发挥出了很大的作用，守城部队利用九牛弩射杀了不少金国的将领，又用战车在清水镇战役中取得了胜利。

开禧年间（1205—1207）宋军北伐金国兵败，朝臣纷纷指斥厉仲方为开战提供根据。迫于情势，朝臣无人敢为之辩解，即使是往日相知故旧也不出一言以援救，致使厉仲方被罢官。不久，朝廷又听信谏官议论，将其降秩，出放邵州。

嘉定五年（1212），年仅54岁的厉仲方病逝于贬所。嘉定九年，其子厉倬、厉俣将灵柩运回故乡，年底，葬于仁寿乡鲍庄纸白山。

厉仲方妻张氏，婚后不久即卒，继妻陈氏，生子女4人，厉伦、厉倬、厉俣、厉合（女）。厉伦、厉倬皆为太学生；厉合早夭，厉俣任江西转运司，进士出身。

《吴宁厉氏家规》

子孙有出仕者,当尽忠补过,不可贪污酷虐,以致亡身及亲。否则,覆饰覆辙,读书何为？其不仕者,忠厚存心,正直是与。或区处公事,当尽心竭力,排难解纷,不可苟且造次,左右其袒,首鼠两端,致误于人,招怨不小。

金华凌氏名人与家训

凌瀚（1510—1587），字德容，一字仲容，号严亭，城西隅人。弱冠负大志，不规科举之学。

从章懋游，得其标的。言果行信，蹈矩履规，修饬伦纪，为时所推。嘉靖四年（1525）以易经学魁两浙，益肆力于学。于是，综博天文、地理，名物、度数及礼乐、兵刑、水利之书，无不究心。四方从游者日众，因材而成就之。北京国子监祭酒张甬川，折节与之友。选授泰宁教谕，其地山僻，士朴陋。于是每日亲讲明理学，立约以正其趋，贫者以俸银助之。如是9年，士习丕变。在任曾主持山东、广西乡试。升周王府纪善，任内刚直自持，辅之以礼。曾上崇德讲学等书，词严义正，王甚敬信之。

卒于官，祀福建名宦。著述甚丰，有《古易会通》《易学纲领》《易杂说》《四书随笔》《群书类考》《金华正祠录》《兰溪敬乡续录》及《邵武县志》《泰宁县志》等。

凌氏家训十条

一曰：孝为百行之先。

二曰：淫为万恶之首。

三曰：赌为盗源。

四曰：律严贼盗。

五曰：族中士子务宜苦志。

六曰：尊长爱幼。

七曰：惩处陷害者。

八曰：争论房产无偏私。

九曰：惩处斗殴和心怀不良者。

十曰：告状必先经公祠议处。

并规定，凡春秋祭祀，须将家训择正经士人捧读，唱明各项。

孝顺父母篇

父母恩情似海深，人生莫忘父母恩。
生儿育女循环理，世代相传自古今。
为人子女要孝顺，不孝之人罪逆天。
家贫才能出孝子，鸟兽尚知哺育恩。
父子原是骨肉亲，爹娘不敬敬何人。
养育之恩不图报，望子成龙白费心。

劝孝篇

父母不亲谁是亲，不敬父母敬何人？

家中有神你不敬，何必到处去拜神？
孝顺人生孝顺子，忤逆子生忤逆人。
若要儿孙孝顺我，我今先敬我双亲。

勤俭篇

苦尽甘来是古训，莫为偷闲误自身，
克勤克俭是美德，懒惰成性人唾弃。
为人当惜好光阴，勤能补拙是例证，
诚实待人人看重，自欺欺人事无成。
求人想吞三寸剑，勤俭节约莫求人，
家中虽有万贯财，不知节俭亦枉然。

金华刘氏名人与家训

刘焜（1867—1931），原名振书，字芷香、治襄，晚号甓园居士。兰溪市香溪厚同村人。他才华横溢，雅博宏深，是兰溪历史上最后一名进士出身的大儒。

光绪二十七年（1901）乡试第一，旋中进士，授翰林院庶吉士。历迁翰林院编修、实录馆纂修、国史馆协修、学部图书局总纂、记名提学使。焜倾心改良，戊戌变法失败，出任北京京师大学堂教授。民国成立，历任金华军政分府兼金华县民政长、省议会副议长、省立第七中学校长、浙江巡按使公署秘书长、省警务厅厅长、国务院参议、内阁部总务厅厅长等职。1931年病殁。刘焜才华横溢，文思敏捷，著有《数律天根》《中国文学统系说明》《庚子西狩丛谈》《拳龙小乘》《芷香吟草》等书。

刘氏家规十二款

一、隆孝养

凡为子妇者，昏定晨省礼所当然。其于衣食之奉，当竭力营办，出入起居，必敬谨扶卫，不敢怠忽。

二、崇悌顺

凡子弟之于尊长，隅坐随行，与夫问答辞色之间，必尽悌顺，遇尊长负戴于道路，轻并重分，毋许慢祝贻诮。

三、笃义方

凡子弟须当训诲，毋容放荡，如资质可造者，延明师教以经业，熏陶涵养，以期成材；其有家贫不堪者，亲房量力资补，或不能通经者，随材造就。

四、戒伪妄

凡人处己接物，一言之行之简，务要诚实。不可阳为君子、阴为小人，自坏心术。如己有不是处，亦当直任其咎由自，不可文饰以重其过。

五、睦宗族

凡宗族间有是非曲直，族长当秉公道以决之。毋得曲意偏护以致升官滋扰。如有贫穷患难婚姻死丧等事，当救助之，不可以恶凌善、以富吞贫。

六、禁佛老

举世之人，凡父母殁，无不竭力饭僧延道虚费钱谷，愚惑甚矣。间有父母妻子有疾，不请医治，乃延僧道，至于寝室念经，以致男女混杂，求福不得而反得祸，宜深戒之。

七、谨生业

凡子弟士农工商各勤其业，毋得贪酒淫色、博弈好闲、费时失事、老大无成。父兄时加戒谕，如违，族尊警治。

八、事俭朴

凡人家屋宇、服饰、饭食等项，务从俭朴，毋得过为奢侈，以致倾败身家，违者族长警治。

九、正婚姻

凡嫁娶要择气味攸同、家事清白者，临事必禀诸尊长，商度可否。尊长亦不可私徇好恶致乖体面，违者不许入祠。

十、重丧祭

一治丧棺椁衣衾，虽称家有无，尤宜尽厚，及至茔殡，毋久暴露。其四时祭祀，必尽其诚。如清明宜率子孙同诣各处墓所拜祭，使各知其所在，而有不肖私将祖墓祭田出鬻外姓者，责令赎回，仍以不孝论治。

十一、别内外

凡人家须分内外，为男子者，须正夫纲，不可纵妇出入人家及应接宾客，于道见则面，私见则避之，夜行以火，违者责及男子。

十二、择交游

凡子弟交游，须要择谨厚有益之士，则德业可成，事体可托，不可比之匪人，自底不类倾陷身家，违者族长责罚。

十三、清洁祠厅

按民国二年仲夏月前届修谱首事有清洁祠厅一条，兹经公童讨论，仍认为继续有效，录其原议如下：

吾族有宝训堂，岁时则享祖先，燕会则序昭穆，盖与众公之，非任众用之也，近有便私之。后裔就庭槛而设磨，粪秽难堪，傍廊庑以积薪，火灾易惹。贮棚树而权枒，碍路堆草灰，而臭腐逼人。门台下常系耕牛，以败一姓门风。凡此缅规，均为欺祖，所以严申禁令，务期一律肃清，再有犯者，公议重罚不贷。

十四、会同添丁

按我苓丼庄刘家派与上毛两族循流溯源，同为孟节公之嫡裔，故每届修谱均集资合办，惟每年添载新丁，两族各自记载。至辑谱时，往往改换行第，多废手续。自本届修谱起，上毛村根深等自愿捐助枞九一公祀大皮租额贰石零五升，坵口列后，归入信二公派下。首事管收其粮，仍由九一公派下完纳。每年正月初二日到刘家派，会同添载新丁，照例分领馒首。倘如日后丁口繁盛，开支不敷，再又加入租额若干，业经双方允协，自兹以往，一者可以联彼此同宗之谊，二者亦可免除临时辑谱之烦。欲后有凭书此亦为存证。

附载

一民田一斗五升正计一坵三分收计额租四斗五升　土名坐落黄岱桥上对岩

一民田四斗正计一坵四分收计额租一石六斗　土名坐落太平桥枫塘下

中华民国三十年岁次辛巳季春月　吉立

金华柳氏名人与家训

柳贯

柳贯（1270年8月18日—1342年12月7日），字道传，婺州浦江人，元代著名文学家、诗人、哲学家、教育家、书画家。博学多通，为文沉郁春容，工于书法，精于鉴赏古物和书画，经史、百氏、数术、方技、释道之书，无不贯通。官至翰林待制，兼国史院编修，与元代散文家虞集、揭傒斯、黄溍并称"儒林四杰"。

柳氏家训，与颜氏家训齐名。唐朝时，柳公权、柳公绰、柳仲郢、柳玭为代表的柳氏家族，重视家学与家教，而闻名于世，光照千秋！

柳氏家训，摘录如下：

唐河东节度使子宽公，讳公绰，最名有家法。中门东有小斋，自非朝谒之日，每平旦，辄出至小斋，诸子仲郢，皆束带晨省于中门之北。公绰决私事，接宾客，与弟公权及群从弟，再会食，自旦至暮，不离小斋。烛至则命子弟一人，执经史，躬读一过，讫乃讲议。居官治家之法，或论文，或听琴，至人定钟，然后归寝。诸子复昏定于中门之北，凡二十余年，未尝一日变易……

河东柳氏自公绰、公权开家，其后若仲郢、若璞、若珪、若璧、若玭，皆有家法。牛僧儒为相，尝叹云："非积习名教，不易有其人也。"玭公，字直清，以明经补秘书正字，有文风，昭宗欲用为相，中官谮之，乃止。尝述宗训，以戒子孙焉。

柳玭宗训："夫门第高者，一事坠先训，则异它人，虽生可以苟爵位，死不可见祖先地下。门高则自骄，族盛则人窥嫉。实艺懿行，人未必信；纤瑕微累，十手争指矣。所以修己不得不至，为学不得不坚！夫士君子生于世，己无能而望它人用，己无善而望它人爱，犹农夫鲁莽种之，而怨天泽不润，虽欲弗馁，可乎？

"余幼闻先公仆射言：'立己以孝悌为基，恭默为本，畏怯为务，勤俭为法。肥家以忍顺，保交以简恭，广记如不及，求名如傥来。莅官则絜己省事，而后可以言家法；家法备，然后可以言养人。直不近祸，廉不沽名。忧与祸不偕，絜与富不并。'

"董生有云：'吊者在门，贺者在闾。言忧则恐惧，恐惧则福至'。又曰：'贺者在门，吊者在闾。言受福则骄奢，骄奢则祸至。'故世族远长，与命位丰约，不假问龟蓍星数，在处心行事而已。"

《京江柳氏宗谱》对镇江柳氏始祖柳永有如此记载：

仁宗时，耆卿（柳永）亦饶有文誉，而于音律尤精，东坡每见其词，自谓不及。特不拘小节，未获大用，卒葬丹徒土山，详于县志，而同时有柳涚（实为柳永之子）者，世居丹徒，登宋庆历六年进士，历仕俱有惠政，哀耆卿之后而收恤之，此丹徒柳姓之始见于者也。

《古文真宝》所录柳永所撰的《劝学文》，就是一篇好"家训"，教子经典。据史料记载，柳永兄弟三人，深受柳氏家训，不坠家风，皆是中进士，成名宦，文播四方，名传千古。柳永儿子柳涚与侄子柳淇，亦高中进士！

《劝学文》，寥寥数百字，全文摘录如下：

父母养其子而不教，是不爱其子也。虽教而不严，是亦不爱其子也。父母教而不学，是子不爱其身也。虽学而不勤，是亦不爱其身也。是故养子必教，教则必严；严则必勤，勤则必成。学，则庶人之子为公卿；不学，则公卿之子为庶人。

《京江柳氏宗谱》收入的《来止公宗训十条》与《楷人公宗诫十六条》，都是清末上乘的家训。由于篇幅所限，现在仅摘录其目如下，亦可窥见一斑！

《来止公宗训十条》：一、忠于君；二、孝于亲；三、和于兄弟；四、睦于夫妇；五、信于朋友；六、教子孙；七、敦礼仪；八、务廉耻；九、务勤俭；十、积德行。

《楷人公宗诫十六条》

一、戒宿娼。

二、戒赌博。

三、戒同族争财构怨。

四、戒任子弟在外游荡。

五、戒有子多置妾婢。

六、戒什物衣食务求精美。

七、戒纵妇女寺院烧香入尼庵嬉游。

八、戒攀显宦结亲并借债嫁娶。

九、戒蓄养歌童俊仆。

十、戒购置古董玩物。

十一、戒酗酒争横。

十二、戒造假山园亭。

十三、戒狃于风水久露亲丧。

十四、戒烧炼致身家败灭。

十五、戒坐食不平治生业。

十六、戒刚愎不听善言。

金华卢氏名人与家训

卢睿（1390—1462），字仲思，号愚斋。东阳卢宅人。明正统二年（1437）任右佥都御史，巡抚大同、宣府，严肃法纪，铲除积弊，节约开支，广增储备。六年改参赞宁夏军务，增筑鸣沙州、兴武二城；列置烽火台、了望台十余所；增广军队屯垦，修缮甲胄武器，校练士马，以固边防。正统十二年升右副都御史。

卢氏祖训

木有良楛，从绳乃直；人有顽秀，率教宜亟。爰立家规，以示成式；忠义遗风，是训是饬。父母生我，必当孝敬。读书者固知之，即习莱庸亦天性有之。仪文不可苟简，辞色不可乖张。其有赌钱、渔色、喜斗、健讼，私妻妾以逆父母者，家法示儆。不悛鸣惩，或父母溺情偏爱，合族以理婉劝，俾全天伦。

兄弟生同父母，亲如手足，弟固当敬兄，兄亦宜爱弟，同怀之谊，切不可忘。推之异母之弟昆，庶出之支派，以及从兄弟、再从兄弟、同宗不为服兄弟，溯源所自，实一本之亲，理宜痛痒相关，慎毋寇仇相视。其有听妻妾言，致乖骨肉者，合族排击之。

闺门妇女，宜分内外，不可男妇杂处。同居祖屋，各守房帏。子侄辈有故谒见，必正色庄言，如有败坏家规者，族长讯实惩之，斥令出谱。

人生世上，立品宜先。居家能为忠信之人，立朝乃为正直之士。毋论家产有无，读书当行善事。如有射利亲朋，武断乡曲，乃小善自足，不求上进，行止不端者，族长父兄痛加针砭，庶几变化气质，为宗族光。

男婚女嫁，称家有无。聘礼妆奁，原无一定成式，务当随分自尽。俾丰俭适中，不得过于豪奢，臻人訾议。至于婴孩襁褓，勿用绮纨；宴饭亲朋，勿逾五碗。不至俭不中礼，是家之福，而族中可永久遵循者。有不由此，众共非之。

坟墓祠宇，树木以荫子孙。先人方勤苦成之，后人当敬恭守之，是宜培养，不可斫伤。有如刍牧不禁，斤斧频加，甚而砍代鬻人，以渔小利者，合族勘实，罚以示惩。理谕不服，金词鸣官法究。

以上祖训六条，务宜父诫其子，兄勉其弟，庶在乡可称克家之肖子，在国亦不失为寡过之良民。敦睦可风，遵是道也。至如孝子顺孙，义夫节妇，朝廷时加优赉，家乘允宜表扬，唯冀族人，各敦实行焉。合族公识。

卢氏家训

一、尊祖宗。

祖宗乃世族之源。无祖无宗则支系无根，齿次无依。故祖宗实乃世族兴盛、万代延续之基础。尊祖，本源远流长、昌宗耀支之正道。盖祖父坟墓,宜立碑志,四时祭扫,常年修整,不可或缺,以表子孙诚敬,以示不忘根本。如有势族侵凌,必将力护,不使毁堕,此实敬宗护祖、怀先思进之大要。

二、爱祖国。

人民、领土、主权,乃国之大要。不论任何世族,无国怎能繁衍,国衰则宗族难于昌盛。故吾族人,必须以国为重。凡各世子孙,必须认真遵纪守法,积极缴纳赋税;争先参与防止外敌入侵,保卫国家领土不受侵略;维护社会安定,锐意进取,为振兴中华贡献所有之力。

三、父母子女。

父子乃人伦之首,父母慈爱,子孙贤孝,为国家昌盛之根本。为人父母,必须做到:教养嫁娶不分贵贱;导儿女从业习艺,勿论贤愚;据儿女之实况,使之各从善道,同务正业。凡为人子,首应知身体、骨肉受之父母,衣食、初知源于双亲。父规母教不可不从。敬父母,笃孝思,勤候问,善奉养,不能有所违缺。体父母之艰难,记老衰而常畏;顺以承欢,护以温怀。此父父子子天伦睦爱之大端,兴家旺族之要义。凡吾族人,切记勿违。

四、夫妇与嫁娶。

夫妇乃人伦之大端,夫义妇贤,家昌之本。所受所识,原本有异;既经结合,须同心同德,互敬互爱,同商互谅,相济而为。决不可仍从旧习，男尊女卑；亦不应撒疯放泼，展现淫威。望族人做男女平等、夫妇互敬之模范。娶妇但求淑女，勿论妆奁；择婿只配贤良，休分贵贱；妻贤夫祸少，家盛赖贤良。确为真理，不可怠忽。

五、兄弟姐妹。

父母合，而后有兄弟姐妹。兄弟亲如手足，姐妹骨连十指，手足痛而道难行，十指伤而心痛悸；姐弟同胞，兄妹联袂。世虽艰难，但存大义，不因小隙而争闲气，不为财物而损骨肉。唇亡齿寒，常思兴衰之理。毋踵曹氏急煎同根、郑伯设谋害段之故伎。团结奋进，患难相济，举族幸甚。

六、朋友结交。

立身达道，朋友无缺。可交之友，别亦实难。交朋结友，必本于义。能推心置腹、劝善规过者，乃正人君子，必应深交以求助。迷酒贪色，弄术变诈，投其所好，唆人为恶者，必坏心术而败名节，终而流为匪类。万望勤而为善，慎而远恶。

七、勤务本，多读书。

从古至今，士达源于诗礼，宗昌实赖贤孙。家族兴旺书为本，祖宗业盛源自勤。凡我族人，必先勤农工，务根本，保衣食，求发展。各业善艺，务求精深。能作男女，身体力行。现代社会，文明发展。族人须认清形势，力趋奋进。教子女多读书，不论何业技艺，均应钻研精通。决不因家计不顾，而误子孙学业；应当学有所专，业有所持。

八、营农圃，谋生计。

生养源于水土，谋食来自农渔。凡族人所有之土地、水泊、山岭、牧场，不应让其荒芜，务使地尽其力，物足其用。现代发展，不居一业，工、农、商、技，因人所善，各随体质，而为生计。为造福子孙，遗德社会，须力为营运，多精技艺，勇攀高峰，不遗余力。

九、禁淫邪，戒恶习。

万恶淫为首。为仕者有职有权，为富者有闲有钱；若心术不正，游手好闲，仗势倚财，猎艳渔色，必将败人名节，坏人家庭。赌博，轻则争闲气，论输赢，勾心斗角，相互倾轧；重则结亲仇，引族怨，贻害子孙。赢时乃不劳之财，大肆挥霍；输时认倒霉晦运，梦想捞回；故至当家产，贷高利，卖儿女，典妻室，甚者作恶行凶，难以自拔。毒品源于外族，清朝输入，几至亡国破家。吸毒之危，如以卵击石，毁家绝嗣之大害，子孙宜切诫禁绝。弄虚作假，招摇撞骗。堕志气，惰性情，败坏道德，触犯刑律，祸及人己，贻害妻儿。拦路抢劫，杀人放火，实乃大恶。道德不许，国法难容。凡此种种，实皆败家损身，衰族亡国之大害，诫吾族人，远而不沾，见即规谏，毋使祸延。

十、积善行德，保护环境。

修身养性，存善施仁。念亲情以存孝养，思交往出于至诚；仁以养德，俭以洁身。山清水秀，必人稠物丰；瘠土茅荒，怎种养生存。

故宗族集居之处，必须蓄植林木，保护水源，爱护耕地，修整道路；改善住房条件，修复名胜古迹，以陶冶心性，高尚情趣。发扬团结友爱、忠厚诚实之良风，济贫困，扶孤寡，恤残疾，存弱小，以礼待人。不应逞一时之气，霸道强横；为一己之私，贻害大众。不应为求子孙富贵，听从江湖术士愚弄，图占他人祖坟宅地。结私怨，兴争讼，皆不可取。积善存仁，修心养德。我以实待人，人必诚对我；人成我就，护福无穷，何乐而不为。

金华陆氏名人与家训

陆瑾（1436—1489），字润夫，后陆村人。天顺三年（1459）乡荐，卒业太学，博通经史。授桂林通判，委以边务，悉心力而为之，上官深为器重。历任长沙、广州。为人笃厚，谨实克任所事，时以清介闻。

陆璈（1460—1540），字温夫，后陆村人。弘治五年（1492）举人，授万载知县，恺悌有为，劝课学徒，抚存孤寡，皆竭其诚，剪除豪暴，不遗余力。后以谤调大庾，遇事坚执不为诡随，爱民礼士，敦雅有古循吏风。升福建漳州通判。有遗惠，民恒思之。

陆震（1464—1519），字汝亨，号鹤山。后陆村人。师事章懋，慷慨有大志，以学行知名。正德三年（1508）进士，授江西泰和知县。任内减轻赋税，积谷备荒，巡视乡村，劝课农桑。时朝廷发兵镇压永丰、新淦民众暴动，官兵沿途骚扰百姓。震向总督建议，准县供应粮秣，不许官兵私自勒索。民甚感德，离任后为立生祠。调任兵部主事。因疏谏武宗北游，被严遣，获大臣营救得免，改任武选员外郎。正德十三年（1518），佞人江彬鼓动武宗南巡山东祀神祈福，一时内外汹汹，变幻莫测。陆震与同僚黄巩等上书劝谏南巡，并请诛杀江彬以谢天下。武宗与诸幸臣大怒，罚跪午门5日。后廷臣疏继进，益怒，俱加梏罚跪阙下5日，又下诏狱。震被三讯三杖，拷掠至死。临终前作书与诸子云："吾虽死，汝等当勉为忠孝。吾笔乱，神不乱也。"无一语及家事。嘉靖元年（1522）追赠太常少卿，崇祯年间赐谥忠定。入《明史》列传。

陆瓒（1484—？），后陆村人。生有仙骨，碧眼，苍髯，身长9尺余，阔步缓行顷刻数十里。性格不凡，沉溺于修真断缘息念。30岁后遍游京师及诸远方，人称"陆长仙"。后忽归，绝口不问家事，坐卧一小楼，历旬日复去，竟不知所终。

陆亲仁（1488—1578），字子文，后陆村人。震次子。文昌主簿。自奉俭约。御下宽平，宠辱不惊，和而能介。升马湖经历致仕，所至有惠政，民怀之。祀文昌名宦。

陆体仁（1501—1556），字子元，号瑞峰，后陆村人，震季子。方震系狱，江彬必欲致之死，绝其饮食。体仁年才15岁，变服冒为他囚亲属，职纳橐焉。嘉靖初有诏，录一子官，诸昆推让，体仁乃承袭。先任通政司知事，历临江府推官，漳州府通判。以管粮为正职，征办常平镇海仓米，一切规例皆不受。会浦城令缺，吏治久弛，上官檄莅其事，始至文牍山积，立为判决。涤烦苛，释械系，罢不急之务，去虚耗之用，岁省民财什之三四。有赎锾则悉归之公帑。

知府卢璧深敬礼之。县之民素喜讼，闾巷细故，一言相违，辄仰药以死图。累衅端一构，动致株连。体仁以政化导，卒祛其弊，争平俗厚，囹圄为空。时适有缮城之役，征召者多贫户。体仁深为不安，说："城垣之设，所以卫富民，奈何舍富而役贫乎！"于是，亟更其令。在官恺悌廉洁，明果练达，治事动得枢要。漳州士民群颂其绩。入祀名宦。

陆瑞家（1532—1595），字信卿，号古台，后陆村人。始为诸生，已而告退。读书希慕古哲，收藏甚富，建楼储之，曰"万书楼"。所交游皆达人名士，学问迥别俗流。所著有《学契谪稿》《遗野集》《古台集》等书。

陆可教（1547—1598），字敬承，号葵日。后陆村人，陆震裔孙。自幼聪明敏捷，9岁能文。万历五年（1577）进士，授编修，充纂修会典官，兼掌诰敕。会典编成后加侍讲，擢右春坊谕德，为经筵讲官，掌司经局。时神宗久不临朝，倦于政事。连上十二疏，首列圣训，继陈时事，有情有理，神宗读后下罪己诏。万历十六年（1588），擢江西正主考。十九年（1591），擢应天府正主考，因处事公正切当，"俱称得人"。秋试毕，依成例馈赠金钱，坚却不受。时西夏告警，进"坐困"之策，神宗采纳。不久，以侍读学士掌留院事。二十三年（1595）春，擢南京国子监祭酒，"以身率士，士风一振"。年底，改北京国子监祭酒。次年十一月，升南京礼部右侍郎。后因父丧，悲哀成疾而卒。祀乡贤。天启元年（1621）赐祭葬，赠南京礼部尚书。

其文章与冯梦桢齐名，在馆阁所撰典章为时所重。著有《陆礼部文集》16卷。

陆大潮（1704—1788），字观涛，号信川，后陆村人。邑诸生。笃学修行，至老不倦。与祝文彪、戴曦诸人力兴古学。曾搜罗同郡先辈专集、合集及名家文谱、行谱，广收博蓄，阅数十年而集成《金华文选类编》。又著有《信川文集》。

陆确忠（1889—1930），原名樟汝，厚仁后陆村人。生于贫农家庭，38岁参加中国共产党。历任中共后陆支部书记、兰溪县委常委、浙西特委常委。曾在西乡组织农民协会，积极领导"二五减租"、雇工增资等革命斗争。民国17年（1928）4月，与邱福祥负责执行镇压恶霸地主陆森林，鼓舞群众革命斗志，影响极大。8月参加领导永昌秋收暴动。嗣后，去金华等地从事共产党的活动。民国19年（1930）4月被捕。在狱中受尽酷刑，始终不屈。5月被押解回兰途中，反抗脱逃时，牺牲于费垄口，时年41岁。

陆放翁家训

昔唐之亡也，天下分裂，钱氏崛起吴越之间，徒隶乘时，冠履易位。吾家在唐为辅相者六人，廉直忠孝，世载令闻。念后世不可事伪国，苟富贵，以辱先人，始弃官不仕，东徙渡江，夷于编氓。孝悌行于家，忠信着于乡，家法凛然，久而弗改。宋兴，海内一统，祥符中天子东封泰山，于是陆氏乃与时俱兴，百余年间文儒继出，有公有卿，子孙宦学相承，复为宋世家，亦可谓盛矣。然游于此切有惧焉。天下之事，常成于困约而败于奢靡。游童子时，先君谆谆为言，太傅出入朝廷四十余年，终身未尝为越产，家人有少变其旧者辄不怿。其夫人棺才漆，四会婚姻，不求大家显人，晚归鲁墟，旧庐一椽不可加也。楚公少时尤苦贫，革带敝，以绳续绝处。秦国夫人尝作新襦，积钱累月乃能就，一日覆羹污之，至泣涕不食。太尉与边夫人方寓宦舟，见妇至喜甚，辄置酒，银器色黑如铁，菜醢数种，酒三行而已。姑嫁石氏，归宁，食有笼饼，亟起辞谢曰："昏耄不省是谁生日也。"左右或匿笑，楚公叹曰："吾家故时数日乃啜羹，岁时或生日乃食笼饼，若曹岂知耶？"是时楚公见贵显，顾以啜羹食饼为泰，愀然叹息如此。游生晚，所闻已略，然少于游者又将不闻，而旧俗方以大坏，厌藜藿，慕膏梁，往往更以上世之事为讳。使不闻此风，放而不还，且有陷于危辱之地，沦于市井，降于皂隶者矣。复思如往时，父子兄弟相从居于鲁墟，葬于九里，安乐耕桑之业，终身无愧悔，可得耶？呜呼！仕而至公卿命也，退而为农亦命也，若夫挠节以求贵，市道以营利，吾家之所深耻，子孙戒之，尚无坠厥初。乾道四年五月十三日，太中大夫、宝谟阁待制游谨书。

吾见平时丧家百费方兴，而愚俗又侈于道场斋施之事，彼初不知佛为何人，佛法为何事，但欲夸邻里为美观尔。以佛经考之，一四句偈功德不可称量，若必以侈为贵，乃是不以佛言为信。吾死之后，汝等必不能都不从俗，遇当斋日，但请一二有行业僧诵金刚、法华数卷或华严一卷，不啻足矣。如此为事，非独称家之力，乃是深信佛言，利益岂不多乎！又悲哀哭踊，是为居丧之制，清净严一，方尽奉佛之礼。每见丧家张设器具，吹击螺鼓，家人往往设灵位辍哭泣而观之，僧徒衒技，几类俳优，吾常深疾其非礼，汝辈方哀慕中，必不忍行吾所疾也。且侈费得福，则贪吏富商兼并之家死皆升天，清节贤士无所得财，悉当沦坠，佛法天理，岂容如是！此是吾告汝等第一事也，此而不听，他可知矣。

升济神明之说，惟出佛经，黄老之学，本于清净自然，地狱天宫，何尝言及？黄冠辈见僧获利，从而效之，送魂登天，代天肆赦，鼎釜油煎，谓之炼度，交梨火枣，用以为修，可笑者甚多，尤无足议，聊及之耳。

墓有铭，非古也。吾已自记平生大略以授汝等，慰子孙之心，如是足矣，溢美以诬后世，岂吾志哉！

吾平生未尝害人，人之害吾者，或出忌嫉，或偶不相知，或以为利，其情多可谅，不必以为怨，谨避之可也，若中吾过者，尤当置之。汝辈但能寡过，勿露所长，勿与贵达亲厚；则人之害己者自少。吾虽悔，已不可追，以吾为戒可也。

祸有不可避者，避之得祸弥甚，既不能隐而仕，小则谴斥，大则死，自是其分。若苟逃谴斥而奉承上官，则奉承之祸不止失官，苟逃死而丧失臣节，则失节之祸不止丧身。人自有懦而不能蹈祸难者，固不可强，惟当躬耕绝仕进，则去祸自远。

风俗方日坏，可忧者非一事，吾幸老且死矣，若使未遽死，亦决不复出仕，惟顾念子孙不能无老妪态。吾家本农也，复能为农，策之上也。杜门穷经，不应举，不求仕，策之中也。安于小官，不慕荣达，策之下也。舍此三者，则无策矣。汝辈今日闻吾此言，心当不以为是，他日乃思之耳，暇日时与兄弟一观以自警，不必为他人言也。

气不能不聚，聚亦不能不散，其散也或遽或久，莫或致诘。而昧者置欣戚于其间，甚者祈延而避促，亦愚矣。吾年已八十，更寿亦不过数年便终，固不为夭，杜门俟死，尚复何言？且夫为善自是士人常事，今乃规后身福报，若市道然，吾实耻之，使无祸福报应，可为不善耶？

吾承先人遗业，家本不至甚乏，亦可为中人之产，仕宦虽龃龉，亦不全在人后。恒素不闲生事，又赋分薄，俸禄入门，旋即耗散。今已悬车，目前萧然，意甚安之，他人或不谅，汝辈固不可欺也。

厚葬于存殁无益，古今达人言之已详。余家既贫甚，自无此虑，不待形言。至于棺椁，亦当随力，四明、临安倭船到时，用三十千可得一佳棺，念欲办此一事，窘于衣食，亦未能及，终当具之，万一仓卒，此即吾治命也。汝等第能谨守，勿为人言所摇，木入土中，好恶何别耶？

近世出葬，或作香亭、魂亭、寓人、寓马之类，一切当屏去，僧徒引导，尤非敬佛之意，广召乡邻，又无益死者，徒为重费，皆不需为也。

古者植木冢上，以识其处耳，吾家自先太傅以上，冢上松木多不过数十。太尉初葬宝峰，比上世差为茂郁，然亦止数亩耳。左丞归葬之后，积以岁月，林樾寖盛，遂至连山弥谷。不幸孙曾遂有剪伐贸易之弊，坐视则不可，禁止则争讼纷然，为门户之辱，其害更甚于厚葬。吾死后墓木毋过数十，或可不陷后人于不孝之地，戒之戒之。

石人、石虎之类，皆当罢之，欲识墓处，立一二石柱可也。守墓以僧，非旧也，太傅尝为乡邦，其力非不可置庵赡僧，然终不为，岂俭其亲哉，盖虑之审耳。坟墓无穷，家资厚薄不常，方当盛时虽可办，贫则必废。又南方不族墓，世世各葬，若葬必置庵赡僧，数世之后，何以给之？吾墓但当如先世置一庵客，岁量给少米，拜扫日给之酒食及少钱，此乃久远事也，若云赖僧为福，尤为不然。

吾少年交游多海内名辈，今多已零落，后来佳士，不以衰钝见鄙，往往相从，虽未识面而无定交者亦众，恨无繇徧识之耳。又有道途一见，心赏其人，未暇从容，旋即乖隔，今既屏居不出，遂不复有邂逅之期，吾于世间万事，悉不贮怀，独此未能无遗恨耳。

人生才固有限，然世人多不能克尽其实，至老必抱遗恨。吾虽不才，然亦一人也。人未四十，未可著书，过四十又精力日衰，忽便衰老，子孙以吾为戒可也。

人与万物同受一气，生天地间，但有中正偏驳之异尔，理不应相害，圣人所谓"数罟不入污池""弋不射宿"，岂若今人畏因果报应哉！上古教民食禽兽，不惟去民害，亦是五谷未如今之多，故以补粒食所不及耳。若穷口腹之欲，每食必丹刀几，残余之物，犹足饱数人，方盛暑时，未及下箸，多已臭腐，吾甚伤之。今欲除羊彘鸡鹅之类，人畜以食者（牛耕犬警，皆资其用，虽均为畜，亦不可食），姑以供庖，其余川泳云飞之物，一切禁断，庶几少安吾心。

凡饮食，但当取饱，若稍令精洁以奉宾燕，犹之可也。彼多珍异夸眩世俗者，此童心儿态，切不可为其所移，戒之戒之。

世之贪夫，溪壑无餍，固不足责。至若常人之情，见他人服玩，不能不动，亦是一病。大抵人情慕其所无，厌其所有，但念此物若我有之，竟亦何用？使人歆艳，于我何补？如是思之，贪求自息。若夫天性澹然，或学问已到者，固无待此也。

人士有与吾辈行同者，虽位有贵贱，交有厚薄，汝辈见之，当极恭逊，已虽官高，亦当力请居其下，不然则避去可也。吾少时见士子有与其父之朋旧同席而剧谈大噱者，心切恶之，故不愿汝曹为之也。

吾惟文辞一事，颇得名过其实，其余自勉于善，而不见知于人，盖有之矣。初无愿人知之心，故亦无憾，天理不昧，后世将有善士，使世世有善士，过于富贵多矣，此吾所望于天者也。

居丧之礼，不可不勉，人固有体气素弱不能常去肉食者，礼亦许之，然亦不得已耳。至若寝苫于地，东南卑湿，决不可行，食去盐酪，亦非南人所堪。如此之类，小有出入，固有不得已者。若夫饮酒及广设殽羞，以至招客赴食之类，乃可以守礼而不守者，亦是近世礼法陵夷遂至于此！汝辈各宜勉之，若不能人人皆行，则行者自行而已，兄弟相驳，亦无如之何也。

诉讼一事，最当谨始，使官司公明可恃，尚不当为，况官司关节，更取货贿，或官司虽无心，而其人天资闇弱，为吏所使，亦何所不至？有是而后悔之，固无及矣。况邻里间所讼，不过侵占地界，逋欠钱物，及凶悖陵犯耳，姑徐徐谕之，勿遽兴讼也，若能置而不较，尤善。李参政汉老作其叔父成季墓志云"居乡则以困畏不若人为哲",真达识也。

吾居贫,不喜为人言,故知者少,今启手足之后,乃至不能办棺殓,度不免以累亲故,然当痛节所费,但或入土则已矣,更不可借口干人,以资他用。

九里袁家呑大墓及太傅、太尉、左丞、少师、荣国夫人、康国夫人诸墓,岁时切宜省视修葺。近岁族人不幸有残伐扰害者,吾竭力禁止之,虽遭怨詈诬讼者,皆不敢恤。一二年来,方似少止,以后固不可保,然已蒙郡中给榜严戒。他日援此有请,既非创始,必易为力,然须汝辈念念不忘,举措必当,然后可耳。

"余庆"藏书阁色色已具,不幸中遭扰乱,至今未能建立,吾寝食未尝去心。若神明垂佑,未死间或可遂志,万一赍志及泉,汝辈切宜极力了之,至祝至望。此阁本欲藏左丞所著诸书,今族人又有攘取庵中供赡储蓄及书籍者,则藏书于此,必至散亡,不若藏之于家,止为佛阁,略及奉安左丞塑像可也。此事本不欲书,然势不可不告子孙,言及于此,痛心陨涕而已。

子孙才分有限,无如之何,然不可不使读书。贫则教训童稚以给衣食,但书种不绝足矣。若能布衣草履,从事农圃,足迹不至城市,弥是佳事。关中村落有魏郑公庄,诸孙皆为农,张浮休过之,留诗云:"儿童不识字,耕稼郑公庄。"仕宦不可常,不仕则农,无可憾也。但切不可迫于衣食,为市井小人事耳,戒之戒之。

后生才锐者最易坏,若有之,父兄当以为忧,不可以为喜也。

切须常加简束，令熟读经子，训以宽厚恭谨，勿令与浮薄者游处，如此十许年，志趣自成，不然其可虑之事盖非一端，吾此言后人之药石也，各须谨之，毋贻后悔。

金华罗氏名人与家训

罗副：字天和，自闽南平县罗源至金华府通判，卒于官。

罗氏家训

——奉祖先：物本乎天，人本乎祖。如木有根，无根则朽；如水有源，无源不久。遵祖之道，旧章恪守。竖表立碑，修茔复土。祠堂享祀，趋跄奔走。言念先人，光前裕后。

——孝父母：羊能跪乳，鸦能反哺。惟人最灵，谁无父母？生我劬劳，提携捧托。罔极恩深，捐躯难补。朝夕温恭，殷勤寒暑。抚养无方，承欢安慰。矧敢拂违，自罹罪罟。

——睦兄弟：关怀兄弟，同气连枝。如手如足，痛痒关之。骨肉天性，安忍乖离？弟恭兄友，雁行依依。患难相顾，疾病扶持。毋生嫌隙，雅奏埙篪。旨哉圣训，兄弟怡怡。

——和夫妇：阴阳交和，雨泽斯行。夫妇调和，家道乃成。夫为妻纲,正心修身。妇主中馈,内助殷勤。毋伤反目,毋玷家声。雍雍肃肃,如鼓琴瑟。君子偕老,诗咏睢麟。

——严闺阃:男女有别,授受不亲。嫌疑须避,内外须分。责在家长,约束严明。防微杜渐,寡欲清心。三姑六婆,断绝逢迎。词严法肃,玉洁冰清。闺门之内,聿著仪型。

——亲宗族:属在同宗,谁非骨肉?一本万殊,瓜延瓞续。吉则相庆,凶则相助。婚姻不通,昭穆严肃。分多润寡,悯孤恤独。义学义田,古道敦笃。语亦有之,敬宗收族。

——敬师长:德无常师,主善为师。先生长者,德业兼资。随行隅坐,问难析疑。勿生厌薄,勿敢荒嬉。耳提面命,敬而听之。程门高弟,立雪忘疲。隆师重道,自古如斯。

——信朋友:同类为朋,同志为友。有无相通,守望相助。然诺勿欺,订交勿苟。白头如新,携手语旧。况在士林,择交某某。直谅多闻,尤宜亲厚。善乎平仲,相敬耐久。

——力耕种:艰难稼穑,无逸陈书。食为民天,敢不念诸?春田秋圃,莫令荒芜。游民失业,非日良图。深耕易耨,水旱无虞。毋失其时,仓库不虚。仰事俯育,其乐何如!

——勤诵读：为学日益，不学无术。圣人论学，首重时习。春诵夏弦，苦心孤诣。嘉言善状，典型在昔。玉不受琢，焉能成器？猛着祖鞭，出人头地。道德文章，功建名立。

——存忠厚：刻薄成家，理无久享。悖入悖出，毫厘不爽。幸灾乐祸，刁唆冤枉。鬼神难欺，赫赫在上。善恶之报，捷如影响。孰无天良？须加培养。在家存心，阴德无量。

——尚勤俭：俭可助廉，勤能补拙。开财之源，非勤莫克。节财之流，惟俭是则。士、农、工、商，各精其业。怠惰奢华，切宜刻责。休待老年，徒伤落魄。克勤克俭，是为美德。

——习礼仪：相鼠有齿，相鼠有皮。人而无礼，走肉行尸。廉耻道丧，蠹虫无知。大家子弟，俭点威仪。一言一动，中矩中规。束身名教，可法可师。人贵自立，勉之望之！

——戒淫恶：勿听淫声，勿视邪色。勿看淫词，勿为妄说。我重闺风，人重名节。恕道存心，淫念自绝。况有鬼神，难容恶薄。淫人妇女，报在妻妾。跳过此关，英雄豪杰。

——戒为非：天之生人，各有本分。富贵贫贱，皆由前定。素位而行，事由己尽。勿学庸流，行险侥幸。贪得无厌，终归穷困。端方君子，行不由径。顺时听天，安分守命。

——戒赌博：人生世间，为善最乐。正业多端，随事可学。独恨愚顽，甘心赌博。同流合污，此争彼夺。浮念浇风，自斯阶祸。富者立贫，贫者益薄。欲正家规，先除此着。

——戒酗酒：古人制酒，非以为祸。冠昏丧祭，礼用清酌。洗爵尊斝，献酬交错。惟彼贪夫，不知节约。终日醉乡，颠狂失措。耗气损精，形骸脱落。戒之戒之，量饮无过！

——戒争论：免讼有道，忍仇息事。一事不忍，贻累终身。纵云理直，听断难凭。易生嫌隙，和气焉存？多藏机械，民行焉兴？倾家荡产，后悔无门。莫学痴汉，惯入公庭。

——戒溺女：男女虽别，性命一般。呱呱而泣，胆战心寒。水中一抛，于心何安？乍离母腹，旋入鬼关！生死反掌，天理伤残。腹杀子孙，律法难宽。奉劝慈亲，救命血盘。

——戒洋烟：世人何蠢，误吸洋烟！枪烟齐整，名声森严。男女混杂，晨昏倒颠。倾家荡产，绝嗣戕年。全无利益，自取尤愆。堕其术者，猛着祖鞭。

金华骆氏名人与家训

骆宾王

骆宾王(约638—684),字观光,汉族,婺州义乌(今浙江金华义乌)人,唐代诗人,与王勃、杨炯、卢照邻合称"初唐四杰"。又与富嘉谟并称"富骆"。他辞采华胆,格律谨严。长篇如《帝京篇》,五七言参差转换,讽时与自伤兼而有之;小诗如《于易水送人》,二十字中,悲凉慷慨,余情不绝。

高宗永徽中,为道王李元庆府属,历武功、长安主簿。仪凤三年,入为侍御史,因事下狱,次年遇赦。调露二年,除临海丞,不得志,辞官。有集。

骆宾王于武则天光宅元年，为起兵扬州反武则天的徐敬业（又名李敬业）作《为徐敬业讨武曌檄》，敬业败，王那相斩其首降。

骆氏家训

一、敬祖宗

礼曰：万物本乎天，人本乎祖。朱子格言曰：祖宗虽远，祭祀不可不诚。夫有祖宗然后有子孙，有子孙岂可忘所出之本源哉。须宜恪守彝训，绍美前徽，毋忘先绪也。

二、孝父母

夫孝者，百行之先。大则继志述事，小则奉养甘旨。夏清冬温，晨昏定省，下气柔声，此人子之当然。若放纵骄奢而憎其防闲，饮酒嫖赌而憾其拘束，私妻子而吝父母衣食，厚亲朋而薄父母用度，执轮养而致父母饥寒，图名利而不顾父母奉养，岂体胎养之苦，鞠育之劳哉。为人子者，须于亲在之日，曲体其心，孝养及时，庶父母之心得，而人子之心安矣。

三、宜兄弟

诗曰："凡今之人，莫如兄弟。"无论同胞共乳，所当友爱，即支子庶子，皆属一体。若因财产而衅起阋墙，听教唆而祸生萁豆，何不思天显鞠子之道哉。必也兄友弟，弟恭兄。虽析居分灶，毋分尔我。

以念同气之情，敦手足之雅。则兄弟既翕和乐，且耽斯怡怡一堂，绰绰有余裕焉。

四、和夫妇

诗曰："妻子好合，如鼓瑟琴。"顾夫必修身齐家以倡于前，妇惟勤俭端庄以随于后。若夫敬翁姑、和妯娌、勤内助，此妇人当尽之职。即凡桑麻蚕织，井臼烹饪之事，亦妇道之当然。倘有素性骄痴不尽妇道者，须再三教训，冀其悔悟。勿因一时愤激，便尔严加责谴，致乖夫妇之谊，而伤天地之和焉。

五、睦宗族

范文正公曰："宗族于吾虽有亲疏，而自祖宗视之，则皆子孙，固无亲疏也。"若谓亲尽情尽而视如途人，以强凌弱，以众凌寡，不亦大伤祖宗之心乎？故当笃念宗族，宁厚毋薄，宁亲毋疏，好恶与共，休戚相关，庶敦睦之道得矣。故周礼教以睦姻任恤为先，况一本之谊乎？

六、教诵读

变化气质，增光门户，莫如读书。勤学之士，奋志于芸窗，何患取青紫不易如拾芥乎？族中有俊秀聪颖之士，宜砥砺琢磨，毋半途中止。若为贫穷所限者，同族殷实家毋分亲疏，宜捐资造就，以待扬名光宠，合族亦与有荣焉。

七、戒溺女

乾道成男，坤道成女。人类所以不绝者，男女媾精，生生不息也，近有灭绝生理，忍心溺女者，痛哉！淋淋血脉，欲语何能，甫听呱呱，旋遭覆溺。夫犬豕不噬其子，鸟雀犹护其雏，人为万物之灵，女亦己身血脉，何忽戕贼至此！曾见惯溺女者，其家多绝，伤生理也。倘身家贫苦，生女繁多，难以养育者，族内无论亲疏，共设法养育之。

八、端心术

心术为生平受用之本。心术正，则行为自善，心术不正，则行为皆恶。如教唆健讼、害人身家、谋人财产、毁婚拆嫁、灭继吞产、谋吉盗葬、伤人宅墓、籍坟占山、盗卖祀田、夺占公业、益己损人，皆民间易犯之事，愿族中子姓，守分安命，则忠厚家风，于兹不坠矣。

九、戒淫行

天下之恶，莫大于淫，而人往往不省也，戒淫之文，连篇累牍，惟朱子格言云："见色而起淫心，报在妻女"二句，实概括简要。稍有人心，定当猛省，反身一观，欲火必息。近因世风颓败，聪慧可教之子，往往沉溺于其中，辱身败名，丧家殒命，虽穷而不悔，虽死而不辞，何其愚也。愿族人戒之！戒之！

十、禁非为

书云："为善，思贻父母令名；为不善，思贻父母羞辱。"若皂隶娼妓之类，固无受教之地，不屑齿谈。如强掳劫掠、凶殴斗狠、凌辱师长、停留匪类、窝藏盗寇、赌钱打牌、宰耕牛、嗜洋烟、结党痞徒、呼朋引类，宗族为之减色，父母为之含羞。族内子姓有犯此诸条者，轻则鸣族惩治，重则送之公庭，冀其改过自新。

金华吕氏名人与家训

吕祖谦

吕祖谦（1137年4月9日—1181年9月9日），字伯恭，世称"东莱先生"，为与伯祖吕本中相区别，亦有"小东莱先生"之称。婺州（今浙江金华）人，南宋著名理学家、文学家，出身"东莱吕氏"，为吕夷简六世孙、吕大器之子。

初以荫补入官。隆兴元年（1163），吕祖谦登进士第，复中博学宏词科，调南外宗学教授。累官直秘阁、主管亳州明道宫。参与重修《徽宗实录》，编纂刊行《皇朝文鉴》。淳熙八年（1181）卒，年四十五。宋理宗时，追谥"成"。嘉熙二年（1238），改谥"忠亮"。后追封开封伯。景定二年（1261），配享孔庙。

吕祖谦博学多识,主张明理躬行,学以致用,反对空谈心性,开"浙东学派"之先声。他所创立的"婺学",也是当时最具影响的学派,在理学发展史上占有重要地位。与朱熹、张栻齐名,并称"东南三贤"。著有《东莱集》《历代制度详说》《东莱博议》等,并与朱熹合著《近思录》。

《宗法》:敬宗收族

吕氏《宗法》是吕氏家族之规范,它的核心就是"敬宗收族"。敬宗,就是尊重祖先、尊敬兄长,通过家族祭祀敬奉列宗,以凝聚族人之心。其中既有对吕氏子弟尊祖敬宗、重社稷、爱百姓的道德要求,也有涉及家塾、婚礼、葬仪等各个方面的行为规范。吕祖谦对于"敬宗"之道身体力行,先后两次在明招山为其父母丁忧守墓,长达六年之久。所谓"收族",就是要重视家族内部的团结互助,相互扶持。"穷困者,收而养之;不知学者,收而教之",就是不放弃、不抛弃家族中的每一个穷困者,并为他们提供同等的教育机会。

《学规》:明理躬行

吕祖谦为了更好地教育和规范四方学子,提出了"读书先学做人"的理念,重在倡导"明理躬行",推行《礼记》中"博学之,审问之,慎思之,明辨之,笃行之"的读书方法。学习要"躬行不懈",学以致用,把学到的知识运用到实践中去,充分体现了吕祖谦"讲实理、育实材而求实用"的哲学思想和实学理念。

《官箴》：清慎勤实

在古代，官箴是从政之戒规、为官之箴言。吕氏家族是科第世家，吕祖谦的伯祖吕本中制定的《舍人官箴》和吕祖谦所作的《官箴》，极力倡导廉政清明的为官之道，记录了整个家族对如何做一个好官的思考与总结。

《舍人官箴》主要从正面规定如何做一个好官。《官箴》主要规范一些不被允许的事项，其核心在一个"廉"字，26条中的25条都是围绕"廉"来立论的。

吕氏家范摘编

敬宗祖

亲亲故尊祖，尊祖故敬宗。此一篇之纲目。人爱其父母，则必推其生我父母者，祖也。又推而上之，求其生我祖者，则又曾祖也。尊其所自来，则敬宗。儒者之道，必始于亲。此非是人安排，盖天之生物，使之一本，天使之也。譬如木根，枝叶繁盛，而所本者只是一根。

——摘自吕祖谦《家范·宗法》

严治家

日。晨,先诣家庙烧香,然后于尊长处问安。

——摘自吕祖谦《家范·宗法》

子弟不奉家庙,未冠执事很慢,已冠颓废先业,并行榎楚。执事很慢,谓祭祀时醉酒,高声喧笑斗争,久待不至之类。颓废先业,谓不孝、不忠、不廉、不洁之类。凡可以破坏门户者,皆为不孝。凡出仕,不问官职大小,蠹国害民者,皆为不忠。凡法令所载赃罪,皆为不廉。凡法令所载滥罪,皆为不洁。

——摘自吕祖谦《家范·宗法》

重品性

凡预此集者,闻善相告,闻过相警,患难相恤,游居必以齿,相呼不以丈,不以爵,不以尔汝。

——摘自吕祖谦《家范·学规》

毋得品藻长上优劣,訾毁外人文字。郡邑政事、乡间人物,称善不称恶。毋得干谒、投献、请托。毋得互相品题,高自标置,妄分清浊。语毋亵,毋谍,毋妄,毋杂。毋狎非类。毋亲鄙事。

——摘自吕祖谦《家范·学规》

育实材

凡与此学者，以讲求经旨、明理躬行为本。肄业当有常，日纪所习于簿，多寡随意。如遇有干辍业，亦书于簿。一岁无过百日，过百日者，同志共摈之。凡有所疑，专置册记录。同志异时相会，各出所习及所疑，互相商榷，仍手书名于册后。怠惰苟且，虽漫应课程，而全疏略无叙者，同志共摈之。不修士检，乡论不齿者，同志共摈之。

——吕祖谦《家范·学规》

倡清廉

世之仕者，临财当事不能自克，常自以为不必败。持不必败之意，则无不为矣。然事常至于败，而不能自已。故设心处事，戒之在初，不可不察。借使役用权智，百端补治，幸而得免，所损已多，不若初不为之为愈也。

——摘自吕本中《舍人官箴》

当官之法，唯有三事：曰清，曰慎，曰勤。知此三者，则知所以持身矣。

——摘自吕本中《舍人官箴》

当官处事，常思有以及人。

——摘自吕本中《舍人官箴》

金华梅氏名人与家训

梅执礼（1079—1127），字和胜，梅街头村（原属浦江县）人。宋崇宁五年（1106）中进士。有人于宰相前介绍他的才能，并劝他亲自谒见宰相，以谋进取。执礼答道："以人言而得，必以人言而失。吾求在我者而已。"不肯听从。历任鸿胪丞、比部员外郎，擢中书舍人、给事中，迁礼部侍郎。因讥讽宰相王黼奢侈宴乐，出知蕲州，又被撤职。钦宗接任，徙知镇江府，召还为翰林学士。未至京，于途中升吏部尚书，旋改户部尚书。靖康元年（1126），金兵围东京，执礼劝钦宗亲征，不从。

翌年京都失守，徽、钦二帝被掳，执礼与宗室及诸将吴革等，谋集兵夜袭金营，迎二帝归，为奸人范琼所泄，未成。金兵以二帝为质，勒索金帛数以百万计。执礼与陈知质、程振等不忍京都涂炭，力陈民力已困，而宦官挟宿怨密告金帅，称城中富有，所取未百分之一。金帅怒，呼执礼等责之。执礼对道："天子蒙尘，臣民皆愿致死，虽肝脑不计，于金缯何有哉？顾比屋枵空，无以塞命耳。"金帅益怒，执礼犹坚拒强敌无餍之欲，于是被挝杀，时靖康二年。

177

梅氏家训

千经万典,孝义为先。廉恭待人,忠孝传家。一脉相承,延绵子孙。君子修其道,不为穷困而改节,君子固穷,小人穷斯滥矣。君子礼义教子弟,小人凶恶训儿郎。金钱与爵位都不能延绵子孙,唯有学识。万般皆下品,惟有读书高。富贵沿门走,乌纱满天飞。千年江山八百主,十年兴败许多人。享过眼之福如点灯,随点则随灭,受子孙之福如添油,愈添则愈久。利字头上一把刀,不义之财把命消。欲求生富贵,须下死功夫。养子不教父之过。有书不读子孙愚。积金千两,不如明解圣贤。黑发不知勤学早,转眼便是白头翁。月过十五光明少,人到中年万事休。有儿穷不久,无儿富不长。积德之家生贵子。留得青山在,何愁没柴烧。三十不豪,四十不富,五十但将寻子助。施恩不望报,望报不施恩。为人不自在,自在莫为人。平时留一面,日后好相见。端人碗,服人管。睁只眼,闭只眼,眼不见,心不烦,耳不闻,心不乱。不贪财,总自在。德不孤,必有邻。谦受益,满招损。吃得亏,坐一堆。要得好,自作小。勤有功,戏无益。闲事少管,无事早归。明人不做暗事,行事要照圣贤。倚势你凌人,势败报子孙。就是赌情嫖义,也不可失信于人。江湖有理,朝廷有法。人似铁,法似炉,切莫以身试法。智者不与法斗、理斗、权斗、势斗、命斗。成大事者,从战战兢兢之小心来。小不忍,必乱大谋。天有不测风云,人有旦夕祸福。杀人八百,自损三千。得饶人时且饶人,饶人不是痴汉,痴汉不会饶人。傲骨不可无,傲心不可有。为人何必争高低,人到百岁万事休。宁可负我,切莫负人。要知前世因,今生就是果。

灭却心头火，点起佛前灯。静坐常思己过，不做聪明便是才。隐逸山中无荣辱，人不求人无炎凉。贫居闹市无人问，富在深山有远亲。有权有钱众兄弟，急难何曾见一人。不信你在筵中看，杯杯先敬有钱人。争名斗利，审自己分量。无钱休入众，言轻莫劝人。玩人丧德，玩物丧志。德积百年元气厚，书经三代雅仕多。富贵如浮云，得亦不喜，失亦不忧。生死由命，富贵由天。但行好事，莫问前途。人生一世，草木一秋。良田万顷，日食三餐。大厦千间，夜眠八尺。妻贤夫祸少，子孝父心宽。贤女敬夫，痴人畏妇。弃母顺妻，无可救药。兴家犹如针挑土，败家如同浪淘沙。受人滴水之恩，须当涌泉相报。多言多败，多事多害。圣贤言语，雅俗并集。日常温习，万无一失。

金华孟氏名人与家训

孟月庭,兰溪城内人。初为某寺僧,通天文地理学。至正十八年(1358)胡大海兵至邑,获月庭并得其说天文诸书,留居帐下,及太祖至,大海引以见。下婺后,立观星楼于省东,就夜与月庭登楼观象,颇有证验。乃命蓄发娶妻,待之甚厚。

孟氏家训

一、孝悌

孝顺父母、尊敬兄长,和睦弟弟妹妹。

二、忠信

忠于祖国,忠于人民,忠诚老实,诚实守信,讲信义,讲信用。

三、读书

读书能增长知识,明人伦、知理义,知书达理。俗话说"养儿不读书,不如养活猪"。读书是做人的终生职业。

四、务农

从事农业劳动，农业是国民经济的基础，是人民生活的保证。我国已将农业、农村、农民问题列为国家发展的基本政策。

五、忍让

对非重大原则问题，应该谦让、让步，"宽宏大量忍为高，遇事不气是英豪，流言蜚语任他去，万事容人祸自消"。这应是我们具有的品格。

六、勤俭

勤奋简朴是我们的传家宝。创业靠勤、守业靠俭，勤俭是中华民族的优良传统，也是个人道德修养的重要方面。

七、善行

积德行善，多做善事。"穷则独善其身，达则兼济天下"，要有恻隐之心、同情之心、仁爱之心。行善帮助别人，自己可以获得心理上的莫大慰藉，对于形成互相关心、互相帮助的社会良好人际关系与和谐社会的建设也具有促进作用。

八、本分

守本分，也就是正派，不侵害别人，保持人的本来善性，老老实实做人，勤勤恳恳劳动，走正道，不走邪道，做有道德的人。

九、戒奢华

不得奢侈浮华，保持艰苦朴素的作风，永不腐化。

十、戒赌博

不耍钱、不博弈、不想歪财。赌博的最终结果是输光家产，造成祸患。俗话说，"赌博出贼性""耍钱闹鬼"，会失去人性道德。

十一、戒淫荡

不许淫乱，不许嫖娼卖淫和乱搞两性关系，要保持人的贞操亮节，做纯粹的人。

十二、戒酗酒

不得醉酒，酒后无德，酒后闹事、闯乱子，而且严重地损害身体健康。

十三、戒种坟间隙地

不得在先辈坟茔之间的空地耕种，这是保护祖坟，对先辈的尊敬。

十四、戒茔间牧牛羊

不得在祖坟地放牧，这也是对祖坟的保护和对先祖的尊敬。

十五、戒健讼

不要生硬争辩，不强词夺理，不诡辩，这是一种道德涵养。

十六、戒戏谑

不要随便拿他人开玩笑，开玩笑必须注意尊重他人，不得讽刺挖苦侮辱他人，要清楚人是有尊严的。

金华倪氏名人与家训

倪仁吉（1607—1685），女，字心蕙，号凝香子，墩头镇倪大村（原属浦江县通化乡上金生村）人。父倪尚忠是明万历戊戌（1598）进士，曾任江西吉安府同知，仁吉于万历三十五年（1607）出生在吉安，是倪尚忠幼女，崇祯进士倪仁祯之妹。仁祯死于抗清斗争。倪仁吉十二三岁即喜爱吟咏。向父学诗，向兄仁祯学书。17岁时出嫁义乌抗倭名将吴百朋曾孙吴之艺为妻。20岁时，夫死无嗣，寡居终身。晚年，回故里居侄儿倪立昌家，校勘图史俨然耆宿。清康熙二十四年（1685）去世。

倪仁吉在书香门第长大，从小聪明贞静，通文史，喜吟咏，能书善画。散文写得闲雅不俗，书法行楷俱佳。还有绝妙的刺绣技艺，是明清之际著名作家，是位多才多艺的女子。其著作传世的有《四时宫意图》《山居四时杂咏》《凝香阁诗集》。诗多写山野寂之景，寓俯仰今昔之怀；画多是精妙的山水、人物、花卉、翎毛、走兽等。还有《凝香绣谱》，以绣代笔，绣有《心经》1卷，《发绣大士像》2帧，一在日本，一在义乌。以上因遭乱不存。今存有《五福图》《植树》《凤鹿图》《发绣关公》等。晚年是晏坐家室校勘图史，偶然得句，则出名纸，以精毫书之。若山泽耆儒硕士，而不复闺阁中人。明清文人笔记中传其佚事，备极称道。

倪氏家训

一、建祠宇

祠宇之建，所以妥先灵也。

二、崇祠典

祖宗有生育之恩，故有尊祖敬宗之典。

三、修谱系

祖宗德业之盛，子孙生聚之蕃。世有谱书，以载家族其详。

四、识坟墓

祖宗坟墓不同，远近、新旧，悉宜树以碑记，百世永存。

五、顺父母

人之百行，以孝为先。

六、敬长上

内宗族，外姻亲，凡长我者，必谦恭而敬之。

七、和兄弟

兄弟和好，出于天性。毋为一己之私，以伤一本之亲。

八、教子孙

凡观门第盛衰，亦视其子弟贤与不肖。子弟贤与不肖，亦与父兄教养有关。古语有"蒙养正，圣功也"。

九、务本业

业必专而有成。士不读，学无成。农不耕，田不治。商贾不专，则贸易无所。

十、毋争讼

争讼之事，或起于忿，或起于财。官府好恶不常，吉凶莫测。至有情真遭诬，理直受枉。故君子知进退，懂避让，含忍而不争讼。

十一、毋赌博

世之有害而无益者，莫如赌博。凡我子孙，切勿效此愚人之行。

十二、亲贤俊

德行超众为贤，才略过人为俊。识见增长而亦以为平生之所依赖矣。

金华潘氏名人与家训

潘杲(1088—？)，字雉鸣，今兰溪女埠下潘村人。大观三年(1109)进士。历官光禄寺大卿。宣和初方腊起兵入兰，邑姓唐氏、胡氏纠兵捍卫乡井。方腊兵息，本地有人诬告二姓实同方腊为乱，廷议欲发兵屠戮。杲力为之辩，愿以百口担保，由是获免。二姓谢以金帛，一无所受。

潘慈明（1133—？），字伯龙，今兰溪女埠下潘人，潘杲之子。绍兴二十一年（1151）进士。仕至秘书丞，荆湖南路转运使。先是知江州，创建周濂溪先生祠堂，朱熹为之作记。殁时遗教子孙，以古礼送终，乡人传以为法。其文词、议论亦卓然可记。徐畸、吴师道称其为吾乡名士。

潘漠华（1902—1934），今武义上坦村人。学名训，又名恺尧，笔名潘四、田言、锡田、若迦、季明等。1920年开始文学创作。小学毕业考入县师范讲习所，在小学任教后复入浙江省立第一师范，与柔石、魏金枝、冯雪峰等参加朱自清、叶圣陶指导的青年文学团体晨光社。后又与冯雪峰、应修人、汪静之结成湖畔诗社，先后出版《湖畔》《春的歌集》，两书收入其新诗 68 首。又创作农村题材短篇小说，有 9 篇收入《雨点集》。1924 年考入北京大学文科，1926 年在校加入中国共产党。革命烈士。

潘漠华

厚仁《荥阳潘氏宗谱》

谱载规例：（选录自民国三十七年谱中各篇）

明宗法。

为族规纲，叙褒奖处罚之则。详支派以杜乱宗，以明近疏，以敦人伦。

崇有德。

忠孝为德之先，忠于国，忠于事；孝于家，孝于亲。勤俭为德之基，惟勤而有业，惟俭而有守，有业有守，而德滋焉，而德崇焉。

励来学。

人过五龄，便当就学，识"之无"为人入世之起点，女童亦当使之识字，虽以后或学诗书数算，更上进者终属少数，而业农、业工、业商，妇女之纺织针绣者更众，而学与未学、不学，人皆知到老亦不同也。

重礼敬。

礼敬之心，人不可无，俗有说：敬人一尺，人敬一丈。称呼应答，尊（老）爱（幼）为先，亲邻固当相敬，陌生尤需尊重。

敦风化。

首当自重自爱，为人少是少非。谕子弟，戒邪念；表女德，肃闺教；行于常，止于礼。

戒贪嗔。

赌博即贪行也，赌必荒时废业破家；争斗即嗔心也，争乃由詈致殴行讼。皆由小而毁大者也。

立公心。

处事以公，此为大忠；待人以公，乃为大仁；以公处事，事必谐，以公待人，人必和。

黜过恶。

族中凶恶昭彰者，当聚族众议处之，首先教化令愧令改，怙恶不悛，惟削籍（族谱除名）送官究治。其他大不孝，或为僧道巫祝者亦在削籍之列。

民国7年入谱之"告族众须知"（摘要）：

我祖元敬公辞世其年方壮，继配怀孕改嫁卢山鲍氏，不数月而诞一男，数百年迄今，卢山鲍族已多为其后。故经二族当事商酌议定，各立此"须知"于谱，凡厚仁潘氏，卢山鲍氏，世代不可通婚姻。我后世子孙切记，不可持蛮强行。他处鲍姓，自不在此列。

金华钱氏名人与家训

钱泽卿,今兰溪东乡人。先是洞源山民,炼石为灰,以供衣食。税于官者原有常数,有猾民建言:"灰利博而税微,宜加增之。"州府上其事,税增数倍。山民怨嗟,计无所出。泽卿蹙然曰:"邻里相恤,古之道也,吾可坐视之哉!"遂诉于户部,得复旧额。吴沈为之志墓。

钱氏家训

个人

心术不可得罪于天地,言行皆当无愧于圣贤。曾子之三省勿忘,程子之中箴宜佩。持躬不可不谨严,临财不可不廉介,处事不可不决断,存心不可不宽厚。尽前行者地步窄,向后看者眼界宽。花繁柳密处拨得开,方见手段。风狂雨骤时立得定,才是脚跟。能改过则天地不怒,能安分则鬼神无权。读经传则根柢深,看史鉴则议论伟。能文章则称述多,蓄道德则福报厚。

家庭

欲造优美之家庭,须立良好之规则。内外六间整洁,尊卑次序谨严。父母伯叔孝敬欢愉,妯娌弟兄和睦友爱。祖宗虽远,祭祀宜诚。子孙虽愚,诗书须读。娶媳求淑女,勿计妆奁。嫁女择佳婿,勿慕富贵。家富提携宗族,置义塾与公田,岁饥赈济亲朋,筹仁浆与义粟。勤俭为本,自必丰亨,忠厚传家,乃能长久。

社会

信交朋友,惠普乡邻。恤寡矜孤,敬老怀幼。救灾周急,排难解纷。修桥路以利从行,造河船以济众渡。兴启蒙之义塾,设积谷之社仓。私见尽要铲除,公益概行提倡。不见利而起谋,不见才而生嫉。小人固当远,断不可显为仇敌。君子固当亲,亦不可曲为附和。

国家

执法如山,守身如玉,爱民如子,去蠹如仇。严以驭役,宽以恤民。官肯着意一分,民受十分之惠。上能吃苦一点,民沾万点之恩。利在一身勿谋也,利在天下者必谋之;利在一时固谋也,利在万世者更谋之。大智兴邦,不过集众思;大愚误国,只为好自用。聪明睿智,守之以愚;功被天下,守之以让;勇力振世,守之以怯;富有四海,守之以谦。庙堂之上,以养正气为先;海宇之内,以养元气为本。务本节用则国富,进贤使能则国强,兴学育才则国盛,交邻有道则国安。

金华邱氏名人与家训

邱一中，字履常，今兰溪永昌街道邱村人。官武学博士，倅江州，为帅汪紫源所知。居恒薪米不继，尝作自觉诗云："鹿蕉已是今无梦，枸杞会传昔有仙。"其志操可见矣！吴师道称其诗"清隽警拔多可爱"。

邱村家规

传家忠和孝，兴家文和德，
持家勤和俭，安家让和忍，
守家遵法度，败家酒和赌，
处事远小人，修身戒恼怒。

邱村家训

尊祖敬宗，孝顺父母；
友悌敬长，善亲睦邻；
崇文尚武，隆师重道；

训导子孙，慈善为本；
礼义为行，戒讼欺凌；
严禁嫖赌，恤孤助贫。

金华裘氏名人与家训

裘福星（1873—1930），名学良，字作圣，号冶亭。清邑庠生，金湖乡裘家人。长于医术，附近30里内有险症，必请医治，每出奇制胜，群医咋舌，往往妙手回春。家道充裕，不问诊金，贫病者施医，或不迎自至，卒年57岁。次子裘献尊结业于美国印第安纳普渡大学研究院电工科，获电汽科硕士学位，为电工界名宿，浙江大学一级教授，兼电机系主任。新中国成立后，致力于海军科技人才培养。

裘氏家训

裘氏祖训：传家以孝义为本 处族以仁让为先

一、笃孝思

父母为生身之本。凡一肤一发莫非父母所遗，一笑一言莫非父母所教。罔极之恩，宜有心者所共凛也。迩不肖之家，甫能成立，即思别炊；以肥私稍克支吾，遂弃双亲而不顾；或怨遗产之无几，詈语相加；或恃膂力之方刚，浪游不返；或以兄弟之不均，至欲亲死，以遂吞谋；或以妻孥之不淑，遂藉阴兵以行私计。种种忤逆，难以悉数。独不思人非父母即此身亦无，从来何有于田产？何有于妻子？试看孩提之于父母，亲之则笑，违之则啼，依依膝下何等亲爱。乃至成人而尽反之天道昭昭，非殀灭其身，必陵替其后。博征前代未有，不如左券者也。兹劝为子者，勉供菽水，以适其身。曲为承顺，以安其意。知无不是之父母，则百戾俱消。恒思莫报之劬劳，则良心自动，使高堂之色养无伤，即家道之隆兴可俟。凡为子者，胡不勉之。

二、敦友爱

吾与兄弟，皆父母所生。则吾与兄弟之身，皆父母之身所分也。试观童稚之时，出入必偕，嬉游必共。有侮则相救，有哺则相呼，诚以气体本同故友，爱自笃也。奈何既壮，而至性日漓，恶习日滋。或以田产之故，而争嗜其羶。或以妯娌之中，而各为其内，以致相竞相殴，甚而相讼相害。此犹恃手而自戕其足，恃右而偏废其左也。夫仇可以相释，萍踪可以联交，何至以同父所生，同母所育者，而陵虐加之。敢劝兄弟者，常思大被之风，勿效分荆之态。念及于御侮之时，何至阋墙以贻诮。回思夫同乳之爱，奚忍操戈乖伦以恃。倘有无知相构者，宗族公议其曲直外，仍责其弟以不悌之罪，而其兄亦惩不友之非。

三、序尊卑

凡子弟之于尊长。子弟坐，而尊长遇之，则起。尊长坐，而子弟过之，则趋。遇节而上寿于尊长。之前，则有拜跪之仪。有事而议论于尊长之侧，则修婉愉之色。行则随行，坐则隅坐。尊长未进，不敢进；未退，不敢退。凡卑幼之道，当如是也。近见不肖子弟，以倨傲为习惯之常，视老成为臭腐之辈，进退不循其节，谑浪不谨其仪，或忿争而不逊，或凌辱以相加。长厚之家岂有是乎，嗣后宗中有犯分等罪，为尊长者，轻则面叱，以示儆重，重则鸣众以示惩，务使尊长之分秩然，庶几礼义之风不坠。

四、谨闺阃

妇人之道。事舅姑和妯娌，敬丈夫惟酒食是议，惟女红是业。无故不窥中门，出入必遮其面。此古妇道之常，所以修懿柔之德，亦以防邪僻之端也。近时，妇女以骄悍为能，以便给为胜。于舅姑，则反唇相讥矣；于妯娌，则是非相煽矣；于丈夫，则悍妒相矜，凭陵狼藉，而无所不至矣。大端既失，纵有片长，其不为牝鸡之索者几何哉。族中此等妇女，其家长宜谆切以教之，不可则鸣之。于族以治其夫，男律以出条，治一儆百，庶鸷戾之风其有瘳乎。至于游寺庙、看梨园，则废业生邪，尤非妇道所宜。倘有壮妇少女杂处于狂夫浪客之中，而不知耻，长此不戢，其弊恐有不可言者。有家长之责者，盍提儆之。

五、慎婚嫁

男女婚嫁齐家大本。昔人言某氏种贤而多子，某氏种妒而少子，则门风不可不审也。又言齐大非吾耦。虎儿岂与犬子为婚，则门第不可不称也。诚以婚嫁之家，有今虽富豪，而其先未必为良。家者有族，虽殷盛，而或伦纪之不敦，习俗之淫僻者，亦有门第相宜，而或制于老亲之服分者。若轻与联姻，不特外观不雅，抑且家声尽堕矣。近见鄙俗之夫，或贪其聘礼之厚，或觊其资遣之丰，而良贱淳浇一切置之勿问，甚非古人择婚选婿之道也。嗣后议婚者，既凭媒妁之言，又当用告庙之礼，一一虔卜于祖宗之前。虽淑慝无常，隆替有数，然宁既择而有求全之失，无滥缔而贻冷眼之讥。否则，一时轻诺，事后招尤者，比比然矣。前事不远，胡不鉴之。

六、正继嗣

族姓不容混冒，继续必贵同宗。昔郜以外孙嗣位，而春秋有莒人灭郜之书。晋以奸子继统，而国史有以牛易马之诮。经史大义千古为昭矣。苟以异姓为嫡嗣，昧不知怪，独不知姓之为言生也，非其生不可冒其姓。族之为言属也，非其属不可充其族。譬之以桃接李，则所发者必桃芽矣。欲其仍为李实也，得乎固不若桃以接桃，李以接李之不违其本也。宗中有不幸无子者，其继续之道，自必于本宗之中，由亲以及从，由从以及族，择其可继者徇访宗支之长，祭告于祖宗之前，名正言顺，谁得而间之。否则或螟蛉以徇妻妾之私情，或暧昧以掩宗亲之耳目，虽一时有膝下之欢，而究非同源之派。死者有知，当必有非我族类之悔矣，思之思之。

七、戒游惰

财非力不生，菜非勤不熟。故务农者有耕获之功，通商者有贸易之术，各执一业，无时可缓。何有三五成群，谑浪笑傲以为常习者乎。近见不肖子弟，结党成群，昼夜不散，习学拳棍，饮酒呼卢，所谈非仁义之言，所为非道德之行。习俗如此，即非奸盗之囮，亦属败荒之道。欲求长进，其可得乎。为父兄者，宜痛惩以儆将来。如犹不悛，即宜正家法于祠堂，使之翻然知悔，未必非玉成子弟之意也。

金华任氏名人与家训

任一峰(1899—1970),字兆贤,绰号任大头,兰溪城关塘湾巷人。家贫,自幼爱讲典故,18岁当学徒,20岁学说书,25岁正式上书场。说书吐词清晰,举止形象生动,绘声绘色,极富感染力和吸引力。旧时多说《济公传》《说唐》《三国演义》《水浒》《儒林外史》《杨家将》及侠义故事等中、长篇章回小说。新中国成立后,除旧书外,把《铁道游击队》《保卫延安》《野火春风斗古城》等现代作品搬上讲台。同时配合社会主义建设时期的中心任务,在城乡积极宣传党的各项方针、政策,国家建设成就及时事新闻,为繁荣社会主义文艺做出贡献。他创作的《王老汉翻身记》《火烧七毒山》,荣获1957年省优秀曲艺创作奖、兰溪曲艺大会演说书一等奖。1958年获兰溪文艺宣传积极分子奖。生前曾任浙江省曲艺联合会理事、兰溪县曲艺联合会主席,并被选为县第二至六届人民代表、县政协委员、城关镇第一至六届人民代表。

任氏家训

一、积德
孝敬父母，尊敬师长；兄弟友爱，朋友诚信。
济困救贫，施舍仁慈；善护口业，严守戒律。
礼佛近道，长供三宝；诸恶莫做，众善奉行。

二、立志
国家事业，至高无上；立志为国，亲近圣良。
勤俭笃学，穷且志坚；处事以和，知过必改。
格物致知，诚意正心；修身齐家，安民治国。

三、修身
学为人师，行为世范；心胸宽广，淡泊宁静。
合理膳食，动静适宜；乐观豁达，文雅大方。
谦恭温良，勤奋忍让；明哲保身，切实沉定。

四、齐家
夫妻和顺，敬业持家；穷莫自卑，富莫狂妄。
禁浮忌躁，收狂敛妄；教子以德，训诫从严。
不忘祖训，不泥祖法；四时祭拜，明本知源。

五、创业

国事当先,家业在后;国家有难,舍家为国。
择业以正,禁戒恶习;敬业以勤,创业益民。
以德守业,光宗耀祖;诚信守法,持之以恒。

六、立戒

轻言妄谈,性情急躁;度量狭小,心浮气躁。
污言秽语,恶语伤人;骄慢惰逸,残忍愤激。
奸贪妄语,虚夸浮器;狂妄自大,荒谬无知。

七、立不为

不偷国税,不傍国主;不做国贼,不违国法。
不记父仇,不讲子过;不谈己长,不论人短。
不疏远亲,不欺近邻;不为小利,不造大患。

金华邵氏名人与家训

邵玘（1375—1430），字以先，金华府兰溪县（今浙江兰溪）人，明朝政治人物、进士。明永乐四年（1406）中进士，拟任监察御史，历任江西按察使、福建按察使、南京都察院左副都御史，列传于《明史》。志书称其"幼承家训，为人外肃内宽，遇事善断，廉直有声"。永乐十四年（1416）丙申，奉命巡视两浙至兰溪灾区，急呈奏本，祈请赈济。后巡按河南"所至削妄弗、除贪庸，吏胥无所容其奸"。明仁宗（朱高炽）监国，"每法司缺官，即命署之，有重狱，辄付谳"。升任江西按察使，立罢南昌、新建两县百姓的额外负担——对上官和里役的招待费。

宣德元年（1426）调任福建按察使，"闽中饥荒，不及奏请，尽发各属仓廪赈济，全活无数""宣德三年（1428），升任南京都察院左副都御史，其间奏黜御史不称职者13人，精简诸司庸懦不肖者80余人，纲纪为之一振""玘理狱公正，时有无冤都察院之誉"。宣德五年（1430）去世。《华塘邵氏宗谱》记其"正月初十，晨起整衣冠，眩晕，少顷殁"。享年56岁。

邵明彝，字锡九，椒石人。邑诸生。中年以母病习医，博极方外秘书，能明其意而不固执其说，用之就获效，远近倚之。

邵明第，兰溪椒石人，邑庠生。绝迹公庭，藏书教子。曾鬻章某之子，哀其离散，即时遣还。又鬻舒氏婢，询知为良家女，即与嫁之而不受其值。后子孙昌炽，人以为厚德之报。

邵溥慈为中共兰溪县委第一任书记。

邵溥慈（1900—1955），名志仁，字溥慈，号惠群，行凝八。自幼勤奋好学，立志报国，少时就读县立云山小学，长入省立甲种农业学校。1920年参加新兰溪学社宣传新文化，1923年与鲍友恭在兰溪发起组织正谊社。1924年入浙江农专读书。暑期任兰溪进步团体"正谊社"社长之职。1925年3月考取公费去日本留学。1926年8月去广州在国民革命军总司令部工作。11月返浙，任共青团杭州地委组织干事。1927年2月转为中共党员。

受中共杭州地委指派，任中共兰溪县委书记兼永康县委书记。先后视察金华、武义、义乌、缙云等县。1929年为浙东南巡视员。7月任中共杭州中心市委书记。7月因通讯破坏，在杭被捕，判刑9年，押于杭州陆军监狱。1934年经惠兰营救出狱。到宁夏银川市屯垦处工作。因嫌有地下党联系，1936年夏被捕。"西安事变"后，1937年4月回兰。1938年1月任兰溪战时政工队组织干事。训练抗战干部。组织宣传中共"抗日救国十大纲领"等抗日活动。又受金衢特委指派，任义乌县兵役科长。1940年秋同妻去福建南平工作。1941年1月去江西赣州中国工业合作协会工作。因嫌疑共党又被捕。在押期因肺疾保释回兰。1942年夏日军占领金兰。公之老家为金肖支队八大队建立秘密联络站。1948年秋任金华丽泽中学总务。1949年4月加入中共闽浙赣城工部工作。解放前夕,去金华汤溪作策反活动。1949年6月调任金华专署文教科副科长,1950年冬调浙江省林业厅。1955年逝世。娶童氏生一子一女,继娶李清华生三女。

邵飘萍（1886—1926）,男,汉族,浙江东阳人,革命志士,民国时期著名报人,《京报》创办者,新闻摄影家,是中国传播马列主义、介绍俄国十月革命先驱者之一,杰出的无产阶级新闻战士,中国新闻理论的开拓者、奠基人,被后人誉为"新闻全才""乱世飘萍""一代报人""铁肩辣手,快笔如刀"等。1926年因发表文章揭露张作霖统治的种种黑暗,而被张作霖杀害。有"铁肩担道义,辣手著文章"之称。

家规

《博陵郡兰江椒峰邵氏宗谱》载有《劝善家规十二条》:

一、敬祖先

祖功与宗德,木本水源深。葬以礼、祭以诚、追远报本无穷尽。欲求生枝茂,光须笃根本。承恩不坠想容音,忾闻爱见常申敬。

凡我族人,宜于祖宗像前,每逢朔望,焚香肃拜,而春秋

二八、丁祭祀丰洁。勤坟墓，世子孙，咸知报功宗德，不忘发祥所自。

二、孝父母

哀哀父母恩，昊天同罔极，抚我勤，育我密，成家择配时忧伤。中孝宜用劳、大孝惟竭力。养生送死礼兼隆，聊表深恩于万一。

凡我族人，宜念乾父坤母，生我劬劳。贫则菽水承欢，富则旨甘备养。随分尽孝，养志怡颜，庶无贻终天。

三、隆师表

师道隆天地，位皆君与亲。启我知，嘱我行，叮咛告诫将心尽。俸膳宜从厚，礼貌不可轻。登科及第显名声，俱从师长栽培进。

凡我族人，欲读诗书上达，宜于师长分上，情理兼隆，以资其教益。而一切有学问、有道德，及年长于己者，亦当加以亲敬。不可轻慢斯文，如此自受益无穷。

四、宜兄弟

人生有兄弟，原系一同胞。食同器，寝同衾，友恭之道须当尽。重大宜商量，些小勿争竞。平居不觉天伦乐，患难方知手足亲。

凡我族人，宜念世间最难得者，兄弟同气连枝，如手如足。幼时则埙篪迭奏，比长则和乐且耽。慎勿因小利听妇言，便欲析居各灶，致伤骨肉之好。

五、正闺阃

妇道有三从，闺中有四德。勿高声、勿长舌，中馈频繁主内刚。端正踵贤良，幽娴常自得。母仪配地协坤柔，须眉巾帼名难得。

凡我族人，于家中妇女，令恪遵母教，谨守闺阃。内言不出，外言不入。勤纺织，修中馈，克尽厥职。毋致牝鸡司晨，不以礼法自闲。

六、慎交游

朋友五伦，结交不可轻。亲君子、远小人，久要不忘言忠信。义气宜相投，钱财非所论。务求胜已结知心，因不失亲为可宗。

凡我族人，宜知交有全，以诚实为先。必择品端学优者，日近日亲，以其观摩之益。若滥交匪僻非徒，无益而受害之，不可不慎之于始。

七、尚勤俭

居室宜从俭，兴家本在勤。勿懒惰，勿奢盈，耕读两件持身本。守成宜兢惕，创业惟艰辛。克勤克俭不求人，男女少长都当听。

凡我族人，于勤俭二字，宜奉为至宝。勤则事木难成，俭则资财常足。始觉费精神，减色泽。终则高安逸，乐充余。从来家道有成，罔不由此致之。

八、睦宗族

九族同脉亲，根本于一人。喜相庆，戚相怜，贫贱富贵何分论。既系同支派，谁非是子孙。敦宗睦族意殷勤，家仁相让群推敬。

凡我族人，念支分派衍皆脉所从。出五服内外以及远族，俱宜相爱相敬，笃一本之谊乎。居则同安乐，患难则共维持。不可互生嫌隙，骨肉相残，亦不可视为途人，不相关切。则亲亲之道庶几无忝。

九、务读书

士农与工商，读书为第一。勿偷闲、勿贪戏，直上云梯在勉力。俸禄享千钟，黄金收万镒。皆从诵读苦中来，一寸光阴宜自惜。

凡我族人，期于克振家声，宜从诗书上苦心着力。天下惟读书人不可限量。云梯千里。风翮九霄，上为祖父争光，下为子孙创业，岂独一身荣显已哉。但不可浮慕无实，图侥幸以获功名，庶为有志之士。

十、重节孝

朝廷重旌表，莫大节与孝。守纲常，维世道。芳流自代扶名教。身受苦中苦，事后多光耀。荣登青史姓名标，允矣闺中为则效。

凡我族人，于妇女中有克全节孝者，此为秉天地正气，必为上请建坊，永垂不朽。至需费浩繁，富者易为，贫者每多湮没。户族公议乐助，俾得邀族荣一位合族盛事。

十一、勤职业

人须有职业，士农与工商。勿兼营，勿游荡，行行状元皆一样。艺多不能精，专功乃为上，旁门左道不可当，安常乐业皆兴旺。

凡我族人，当各执业。乃有一种不法子孙，着异样服色，带异样边巾，其心邪、其言妄、其行怪。不数年间，或以嫖赌而败家，或以浮浪而没产，流于下贱，以及俳优盗窃，在所不免。吾子孙当借以自反。慎勿使人议之曰：某也，不才，是其文祖恶报。盖败类刺讥，在于一身，及于文祖，岂可不慎欤。

十二、崇阴骘

积善家余庆，方便速宜行。济危急，恤孤贫。亲朋戚里都休吝。阴德本无边，施与为相称。埋蛇度蚁尚酬恩，作福谁云无报应。

凡我族人，宜体天地好生之德，时加培植。得方便处，不拘利益多少，即便行之。勿以善小而不为。若修桥补路、施药施茶、施置义田等项，量力为之，可俱为子孙种福田也。善之当劝，罄竹难书。

金华沈氏名人与家训

沈约（441—513），字休文，吴兴武康（今浙江湖州德清）人。少年时期的沈约学习非常刻苦，常常在母亲的陪伴下看书至深夜，日积月累，学识不断提高。沈约著有《晋书》《宋书》等史籍，又首创"四声八病说"，为近体诗的诞生奠定了基础。

出仕后的沈约先后在宋、齐、梁三朝为官，与金华有着深厚渊源，早年任东阳郡太守时勤政廉洁，造福一方。据史料记载，公元494年，沈约开始兴修水利，发动百姓对婺江河道进行疏浚。位于婺江北岸的"玄畅楼"，正是为纪念当年的工程而建。后来，因为沈约在此创作了"玄畅八咏"诗，而被后人更名为"八咏楼"。

"玄畅八咏"以诗言志，忧国忧民、心怀苍生，体现着沈约对德行操守的自省与警励。"清心矫世浊，俭政革民侈。"（《八咏诗·被褐守山东》）濯污扬清，去除世风之浊，谓"清心"；清正廉明，戒除奢靡之风，谓"俭政"。沈约虽身为太守，日常生活却异常简朴，崇尚淡泊明志，注重洁身自好。更令人难以想象的是，沈约的住所竟然在城外郊区，其目的就是远离酒色与应酬。

正是沈约的言传身教和严厉的家规家训，其子沈旋、沈趋为官也均以清正廉洁闻名。沈约留下的诗文警句，加上其教子治家思想，经子孙后代的不断丰富、完善,最终浓缩为13则《沈氏家训》。

《沈氏家训》

孝父母,敬长上,敦友于,正内外,和乡族,率勤俭,禁游惰,革奢侈,惜孤寡,养贤才,尊师道,戒仆从,务耕读。

《禁嫖赌略言》中写道:

读书可以启蒙聩,济世泽民,抚琴可以怡性情,祛鄙却俗,皆事也,则皆乐也。天下之何利事无之?何犯此败辱身家者而为之乎?

金华石氏名人与家训

石西民（1912—1987），曾用笔名石东夫、栖民、史明操、怀南、何引流、明石等，中共党员，浙江浦江人。历任江苏省委常委、南京市委宣传部长，中共中央宣传部秘书长，上海市委常委、宣传部长，上海市委书记，中共中央华东局委员、宣传部长，国家文化部副部长、党组副书记，国家出版事业管理局局长等职。

石氏家训

始祖碏公，史称纯臣；西汉万石，孝谨以闻。
家族传承，善良为本；爱国爱乡，正义本真。
人争年少，珍惜青春；建功立业，开拓创新。
孝敬父母，教导子孙；夫妻和谐，兄弟情深。
修桥铺路，助孤解困；爱岗敬业，团结乡邻。
节俭持家，劳作耕耘；贫穷不移，富贵不淫。
讷言敏行，守法安分；清廉为官，清白为民。
做人规戒，赌毒色浸；淡泊名利，诚实守信。
见义勇为，扶危济贫；尊师重教，公益热心。
造福社会，服务族群；矢志不渝，家风长存。

金华舒氏名人与家训

舒元舆（791—835）字升远，唐埝坦村人。少聪颖，唐元和八年（813）进士。任鄠县（今陕西户县）县尉，以干练知名。曾为兴元节度使裴度幕下书记，文檄豪健，一时推许。大和初（827）升监察御史，转任刑部员外郎。纠察官吏不避权贵。曾云："去恶犹农夫，稂莠须耘耨。恢恢布疏网，罪者何由逃。"大和五年（831）上书自荐，宰相李宗闵以为浮躁不可用，改任著作郎，分司东都洛阳。其间结识李训，引为知己。大和九年（835）升任御史中丞，旋以本官同中书门下平章事，与李训同时拜相。不久向文宗进"太平之策"，即先除宦官，次复河湟，三清河北。文宗密许。大和九年十一月，宰相李训、王涯、舒元舆及节度使郑注以左金吾卫石榴树上有甘露为名，欲诱杀宦官头目仇士良。不料事败。李、王、舒、郑均被杀，史称"甘露之变"。大中八年（854）昭雪，敕文说："杀身成仁，忧国忘家，雪其极冤，以报忠直。"次年归葬于白露山麓惠安寺侧。昭宗天复初年（901）复其爵秩，赐立祠祀，今白露山下乘仙庙世传即其旧祠。

元舆擅长文学，所作《牡丹赋》广为传诵。《唐书》有传。

贻诸弟砥石命

昔岁吾行吴江上，得亭长所贻剑。心知其不莽卤，匣藏爱重，未曾亵视。今年秋在秦，无何发开，见惨翳积蚀，仅成死铁。意惭身将利器，而使其不光明之若此，常缄求淬磨之心于胸中。

数月后，因过岐山下，得片石，如绿水色，长不满尺，阔厚半之。试以手磨，理甚腻，文甚密。吾意其异石，遂携入城，问于切磋工，工以为可为砥，吾遂取剑发之。初数日，浮埃薄落，未见快意。意工者相绐，复就问之，工曰："此石至细，故不能速利坚铁，但积渐发之，未一月，当见真貌。"归如其言，果睹变化。苍惨剥落，若青蛇退鳞，光劲一水，泳涵星斗。持之切金钱三十枚，皆无声而断。愈始得之利数十百倍。

吾因叹，以为金刚首五材，及为工人铸为器，复得首出利物。以刚质铓利，苟暂不砥砺，尚与铁无以异，况质柔铓钝，而又不能砥砺，当化为粪土耳，又安得与死铁伦齿耶！以此益知人之生于代，苟不病盲聋喑哑，则五常之性全；性全则豺狼燕雀亦云异矣。而或公然忘弃砺名砥行之道，反用狂言放情为事，蒙蒙外埃，积成垢恶，日不觉寤，以至于戕正性，贼天理，生前为造化剩物，殁复与灰土俱委，此岂不为辜负日月之光景耶！

吾常睹汝辈趋向，尔诚全得天性者。况凤能承顺严训，皆解甘心服食古圣人道，知其必非雕缺道义，自埋于偷薄之伦者。然吾自干名在京城，兔魄已十九晦矣。知尔辈惧旨甘不继，困于薪粟，日丐于他人之门。吾闻此，益悲此身使尔辈承顺供养至此，亦益忧尔辈为穷窭而斯须忘其节，为苟得眩惑而容易徇于人，为投刺牵役而造次惰其业。欲书此为戒，又虑尔辈年未甚长成，不深谕解。

今会鄂骑归去，遂置石于书函中，乃笔用砥之功，以寓往意。欲尔辈定持刚质，昼夜淬砺，使尘埃不得间发而入。因书为《砥石命》，以勖尔辈，兼刻辞于其侧曰：

剑之锷，砥之而光；人之名，砥之而扬。砥乎砥乎，为吾之师！仲兮季兮，无坠吾命乎！

这是离家一年多的舒元舆给弟弟们寄磨刀石时写的一封信，对弟弟们进行谆谆的告诫。由宝剑锋从磨砺出，作者推想到人的品德学问，也要努力磨炼才能进步，否则就要后退。为勉励几位弟弟砥砺德行，作者用自己的切身体会教育弟弟们，不要被生活所困而忘记了砥砺品行节操，可谓用心良苦。

金华宋氏名人与家训

宋濂

宋濂（1310—1381），字景濂，号潜溪，别号玄真子、玄真道士、玄真遁叟。汉族，浦江（今浙江义乌）人，元末明初文学家，曾被明太祖朱元璋誉为"开国文臣之首"，学者称太史公。宋濂与高启、刘基并称为"明初诗文三大家"。洪武四年因献诗"自古戒禽荒"一语激怒朱元璋致祸。

宋氏家训

一、祭祖之日，举仁教之心，咸集祭之，不忘本。

二、和睦相处，富帮贫，贫不嫉富，团结友爱。

三、族谱启用起，按世系遵班取名，不准任意混淆世系。

四、同族最好不通婚，加强宗族观念。

五、虚心学习，热爱祖国，热爱劳动，遵纪守法。

六、对人和气，讲文明，讲礼貌，讲道德，不卑不亢。

七、居官清正，廉洁奉公，大公无私，留名千古。

八、族人友好相处，保持统一，反对分裂。

九、宗族老幼及同辈都应互相尊重，不准对骂取乐。

十、吾族规定，父慈子孝，兄宽弟忍，负孝敬之道，弟敬兄，如有虐待父母，活不养，死不葬者，共诛之。

金华汤氏名人与家训

汤修慧

汤修慧，江苏苏州人，别名慧子，清光绪十六年（1890）出生于商人之家，自幼随父至浙江金华游坊巷开照相馆，因而从父学艺，精通摄影技术。清宣统二年（1910）邵飘萍来汤记照相馆照相时结识了汤修慧，汤修慧聪明漂亮，且又多才多艺，邵飘萍英姿勃发，事业有成，两人一见钟情，双双跌入爱河。1912年汤修慧入浙江女子师范学校读书，以提高她的文化素养。

黄公家训二十条

敬天地

大德无疆,厥惟天地,雨润日暄,风行雷厉,养育群生,万古勿替,戏豫驰驱,只自取戾,敬之敬之,是在诚意。

礼神明

威灵显赫,厥惟神明,尔室相在,勿见勿闻,夙兴夜寐,洁供粢盛,以妥以侑,惟寅惟清,质旁临上,勿爽权衡。

尊君上

惟君之德,溥及万方,中和位育,时若雨旸,恩深覆帱,共乐徜徉,包羔奉酒,祝寿跻堂,愿言献曝,拜手赓扬。

孝父母

父生母鞠,罔极深恩,承欢祇事,木本水源,温凊冬夏,定省晨昏,捧盈执玉,颂祷椿萱,丧哀祭敬,重裕后昆。

和夫妇

夫义妇顺,如鼓瑟琴,正内正外,福禄来临,宜尔家室,和乐且耽,绸缪义切,伉俪情深,流芳苹藻,秩秩德音。

睦兄弟

兄友弟恭，理宜亲睦，倪不兼容，尺布斗粟，昔日姜肱，大被同宿，吹埙吹篪，如手如足，式好同心，无伤骨肉。

敦师谊

惟师教授，体分尊崇，礼取博喻，易重发蒙，游扬立雪，情谊何隆，问难请业，就养服勤，心丧三祀，君文攸同。

笃交情

惟友切劇，是为心腹，籍订金兰，迁乔出谷，善劝过规，作为式谷，慎勿猜虞，云翻雨覆，事贤友仁，熏陶涵育。

课诗书

增光门第，诵诗读书，辛勤搜讨，讹辨鲁鱼，一生职业，万事权舆，库储元凯，帷下仲舒，知人论世，莫负居诸。

劝稼穑

民生在勤，各司厥职，无逸名篇，首重稼穑，惟黍与与，惟稷翼翼，是蓑是薦，出作入息，春秋禴尝，以为酒食。

守俭约

处身立身，贵崇俭约，毋涉奢华，毋为耽乐，日用周旋，自甘淡泊，敬直义方，容止俨若，净涤靡风，光明磊落。

尚廉让

希圣希贤,自立名望,洁己惟廉,与人惟让,屏绝贪私,彬彬雅量,勿趋末流,随波逐浪,君子存心,克成直谅。

务诚信

束身儒林,务存诚信,无伪无欺,恐惧戒慎,立身有常,修己以敬,金诺鼎言,芳名远震,特达圭璋,德音玉润。

崇正直

立品端方,好是正直,邪曲胥蠲,古训是式,涊涩依阿,是为失德,视听貌言,无容差慝,树厥表坊,为子孙则。

联宗族

同姓亲疏,莫非宗族,血脉相连,昆弟伯叔,玉笋班班,花团锦簇,傧尔豆笾,山殽野簌,情志相孚,何来怨讟。

和乡邻

相友相助,是为乡邻,随时周急,敬老恤贫,岁时伏腊,饮蜡稣圂,吊贺庆祝,足见性真,风醲俗厚,和蔼如春。

屏私嫌

天真坦白,勿挟私嫌,伤人暗箭,痛下针砭,心无忌刻,身自端严,天人可质,大言炎炎,潜移默化,气静神恬。

急公义

浩气流行，惟奉公义，踊跃赴功，毋图名利，硕彦襟怀，高人节谊，稍有逡巡，难逃清议，卓彼先贤，克干大事。

凛国法

弼教明刑，是为国法，矩步规行，毋容亵狎，遇事辛勤，先庚后甲，凛之凛之，彷徨周洽，君子常怀，敬德修业。

守家规

祖宗遗训，世守家规，耳提面命，聪听勿违，整齐严肃，切戒嘻嘻，勤俭为本，耕读为基，一门孝顺，合室咸宜。

金华唐氏名人与家训

唐仲友

唐仲友（1136—1188），字与政，又称说斋先生，浙江金华人。莒国公唐俭第21世孙。绍兴甲戌进士，父亲唐尧封官至五品龙图阁朝散大夫，其兄唐仲温，1151年中进士，兄唐仲义，1160年中进士。和宰相王淮同乡，《勉斋集》等文章陈述他与宰相王淮有姻亲关系。

曾知台州。著有《六经解》《帝王经世图谱》《说斋文集》等。其刻书活动主要是南宋淳熙年间（1174—1189）。知临海台州时，所刻之书有《荀子》《扬子法言》《文中子中说》《昌黎先生集》《后典丽赋》等。其中《荀子》二十卷，战国荀况撰，唐杨倞注，为唐仲友于淳熙八年（1181）在临海台州任上所刻。此书为二十卷本，版式半页八行，行大字十六，小字双行各二十四。刻成后，人称"宋椠上驷"，赞其"雕镂之精，不在北宋蜀刻之下"。现日本尚有藏本，举为国宝。

唐龙

唐龙（1477—1546），字虞佐，号渔石，兰溪县城北隅人。生于明宪宗成化十三年，所著有《易经大旨》《群忠录》《黔南集》《江右集》《关中集》《晋阳集》及《淮阳集》，今存《渔石集》四卷，《四库总目》行于世。

卒于世宗嘉靖二十五年，年70岁。少时师事章懋。正德三年（1508）进士。授郯城知县。后历任陕西提学副使、山西按察使、太仆寺卿等职。嘉靖七年（1528），以右佥都御史总督漕运兼巡抚凤阳诸府。任间奏罢淮西民户代养官马种牛，废寿州正阳关榷税，免通州、泰州虚田租及漕卒船料，民感其德。调任左副都御史。又先后任吏部左、右侍郎，总摄铨事，人不敢干以私。十一年（1533），陕西大饥，蒙古吉囊、俺答二部拥众自河套入陕西，延绥告急。唐龙被任命为兵部尚书，总制三边军务兼理赈济。奏行救荒十四事，皆切时实惠。又用总兵官王效、梁震率兵击退入侵诸部。改任刑部尚书，任满加封太子少保，以母老请求归养。后又起用为南京刑部尚书，调吏部尚书，因有边警，改兵部尚书，到边设防缉奸，敌远徙，加太子太保转任吏部尚书。未几有病，三上章乞休，以言过激切失旨，又因劾而被罢黜为民，舆出都门30里卒于旅舍。数年后，诏追复原职，赠少保，谥文襄。

唐汝楫（1514—1597），字思济，自号小渔，明兰溪人。出身望族，其父唐龙，正德三年（1508）进士，官至兵部尚书，加太子太保。为官颇多建树，屡建军功，且有德政。明世宗嘉靖二十九年（1550），他利用父亲的名望与关系，依附严嵩，得以进士第一及第。授修撰，官至右谕德（或曰太仆寺少卿）。仕至左春坊谕德，为皇太子朱载垕讲课。嘉靖四十一年（1562）严嵩倒台，唐汝楫被罢官削职。隆庆元年，皇帝朱载垕为其平反，"特授奉常，宠赉银币"。晚年自称白云、紫霞二洞主人，终日与田夫野老对谈。万历二十五年卒，终年84岁。葬于今灵洞乡八石溪行政村上尹自然村。著有《玉堂集》。唐汝楫能诗文，《明状元图考六卷》录其诗《侍恩荣宴》云："万年天子宴蓬莱，五色云中宝扇开，青琐班随鹓鹭列，瑶阶韶行凤凰来。词臣上寿陈金镜，羽客来朝捧玉杯。白面书生无以报，惟歌天保答涓埃。"著有《小渔遗稿》。

据传，唐汝楫乡试卷在魁选，考官拆卷，见是唐尚书之子，为避嫌搁置一旁，与某监生之卷同委于地而汝楫之卷独悬于几端不坠。监场御史取而观之，爱其文乃抑置榜后。及会试，同考官郑廷鹄欲取唐汝楫的试卷为本房之首,主考官面有难色,郑廷鹄说:"吾宁本房只中彼一卷,岂有如此文字而不取乎。"于是被列为第十。郑廷鹄本欲将其策论作为范本刊刻出版,又怕被人嫌疑,未果。等到金殿传胪,郑廷鹄大喜,自言道:"我就知道唐汝楫的文章不会辜负我的希望。"唐汝楫闻之笑道:"零碎文字不必刻,只刻一篇大文字可也。"后果然如愿以偿。

唐彪

唐彪(1640—1713),字翼修,家住城中,清顺治十八年(1661)岁贡。自幼博览群书,曾求学于黄宗羲、毛奇龄之门。存心平恕,立论和易。历任会稽、长兴、仁和训导。"秉铎武林(杭州),课徒讲学",长期从事教学工作。解职后,益力于学,时誉为"金华名宿"。其所著有《身易二篇》《人生必读书》《读书作文法》《父师善诱法》等。

《读书作文法》十二卷87篇,阐述文章概论和22种读书方法,从文章体裁、构思、立意、布局、修辞表达等各方面讲述写作方法,关于写作技巧即列举了37种。该书首创文章划分段落,并在古文"句读"基础上,首创了"圈点",以及标注年号、国号、地名、官名等的专名号、着重号等标点符号，在中国语言文字史上作出了划时代意义的贡献。

万松唐氏家训十条

古圣贤垂教立言，班班典籍。即我万松唐氏广制家训十条，凡所以准人情而后风俗者至明且切矣。人苟能以心体力行，范围不过，则在宗族为循良子弟，即在乡党为端品正人。无如世风不吉，习俗移人名节稍乖，即身再扰贻口实，可不慎与。语云：子弟之率不谨，由父兄之教未先。倘不训而罚，不几与不教而杀者等耶！兹于族谱既成，特编家训数则，另镌谱首。词不必精深，惟切于日用身家以及关乎伦常风化者，俾人人易知而易行，凡我族人，各宜致意，女常力业，操勤谨于当躬，正己修身，树仪型于后裔。

1. 敦孝悌

孝悌者，百行之原也。孩提知爱本诸良能，稍长知敬原于善，何以狃于习俗，顿失初心。为子弟者不知孝，当体父母生我之恩情，不知悌，当思长上待我之友爱，诚能服劳竭力，奉养无违隅坐徐行，恭让而不懈，则一门之内，和顺雍容，孝悌敦，而人伦斯重矣。

2. 睦宗族

自古乡田同井，出入相友，守望相助，疾病相扶持。异姓尚敦亲睦，矧同族之人而漠不之顾耶。务使视如一体，疴痒相关，庆吊必互相往来,缓急必互为通义。鳏寡孤独,必为之哀矜;困苦颠连,必为之照顾。能与祖宗济一日子孙,即能与祖宗免一日忧虑。若乃各顾身家,视同宗如秦越,甚则每因小事,辄起纷争,则怨积日深,其不视如仇敌者几希矣。书曰:"以亲九族。"尚其念之。

3. 力本业

士农工商,均有常业,所贵恒心自励而各勤乃业耳。盖人有一定之胜境,不拘所肆何业,即随在可自致,立收其效。若乃既居于此,又慕乎彼,则此心一纵,遂不免怠忽其业矣,无何身人他歧,依然故我。业精于勤,荒于嬉。事虽勤于始,尤贵励乎终。皇天不负苦心人,尚须自勉之。

4. 慎交游

交接之际,不可不慎。正人入室,所讲者好话,所行者画龙点睛事。则子弟之所见所闻,即不得引入邪僻。不然,习俗移人,贤者不免,况子弟之庸愚者众乎。语云:学好千日不足,学歹一时有余。丽泽求益,尚慎旃哉。

5. 和兄弟

兄弟之间,原称手足,言人之有兄弟,即一身之有手与足,断不得隔膜相视者也。何今之人见识浅狭,或因兄弟弱于我,或因食口多于我,加以妇言唆拨,遂日思析箸而各烟。甚至每因小事,入室操戈,同气参商。外人因而构害,拆篱放犬之弊可胜道哉。

6. 训子弟

《易》曰：蒙以养正圣功也。凡子弟无论智愚贤否，均当以读书为上。即或赋质不齐，亦须为之谋成，立慎择术，以为久远计。断不可溺于姑息，听其放浪形骸。盖人惟年幼，每令人怜，偶有过失，恒以无知恕之。不知中人之性，成败无常，若不预加防微，则骄奢淫逸，鲜有不为俗所染者。其至寡廉没耻，无所不为，不大贻祖父羞哉。须知水随器为方圆，影视形为曲直。有父兄之责者，可不慎与？又，教子读书，须趁光阴，不可太迟。世人常谓，太幼则无知，俟其稍长读一年算一年。不知既长，则外旷多端，虽读而终难刻骨。无怪乎三四年庸师之教，念一转而尽归乌有矣。惟其幼则嗜俗未萌，心无旁骛，际引一片之灵机，加以严师之提命，启其颖悟，收其放心，则成童之年，自可判其优劣之性。曾思十二岁之庠，人岂一二年工课哉？顽子切勿诿以家道艰难，遂渐往荒误子弟而不教也。凡我族人，共体此意。

7. 尚勤俭

勤俭乃居家之本。勤者财之来，俭者财之蓄。常见好闲之辈，似乎惰气天成，稍盈余，即喜丰而好胜。不思一时侈欲转囊空，悔何及哉。故不勤不得以成家，即不俭亦不可以守家也。冠婚丧祭，称家有无，衣食人情，随分自适。与其奢惰而终嗟不足，何若勤俭而常欣有余，为祖宗惜往日之勤劳，为子孙计将来之生业。语云：一勤天下无难事。又曰：有钱不可使尽。愿后人其敬听之。

8. 戒争讼

居家戒争讼。凡是非之来,退一步,让三分,自然少事。盖以汝既有包容之度,彼必生愧悔之心。若乃因微逞忿,忘身及亲不顾,竭家尽产与人斗讼,则是鹬蚌相持,渔翁获利。纵令侥幸得胜,而家资受累矣。于是,所用不足,势必称贷,宿债莫偿,势必鬻产。此讼之所以终凶也。圣语云:小不忍,则乱大谋。其试思之。

9. 遵法律

朝廷定律例,以惩愚顽。凡酗酒赌钱,奸淫强盗,及一切不法之事,示谕煌煌,极为严肃。倘自蹈非僻,不畏三尺之条,一经发觉,身陷囹圄。爰书不宥,乡论不齿,上辱父母,下累妻孥,终何益哉。纵不明法律之严,亦当知身命为重,与其追悔于事后,何若远虑于事前。

10. 禁非为

人生斯世须趋正道,始为正人。乃有一等丑类,学习法打,包抢包牵,外逞豪强,心怀狡诈,每每恃能挟制,藉径刁唆,坏名分而不辞,犯王章而不顾。此等败行,大辱宗亲。凡我族人,均宜惕戒,毋游手好闲,而失本业;毋博弈饮酒,以废居诸;毋身陷不法,以身罹于刑章;毋肆态胡行,而见憎于乡党。修其身,安其分,勤其业,不居然秩秩之佳子弟哉。

金华滕氏名人与家训

滕珦

滕珦,历茂王傅。太和初,以右庶子致仕,四品给券还乡自珦始。《光绪兰溪县志》记载:"滕珦,邑南乡人,兄弟三人,珦居次,天性明敏,学问渊深,凡百家末艺无不参究。登建中元年进士第,所试《进贤冠赋释奠日国学听雅颂诗》为世传诵。历官四门博士、歙州绩溪令、凤翔少尹、太常博士、礼部侍郎、太子右庶子、正议大夫。""太和二年,奉旨给券还乡,诏赐新第于白沙溪口(今名杨塘下,属汤溪境,距邑城五十里,族居繁盛,皆珦之子姓也。),以旧宅舍为佛寺(即紫岩乡西安教院)。与白乐天、刘禹锡友善,归之日各赋诗赠别。开成五年薨,年八十有七,赠户部尚书左仆射。"

滕迈，婺州东阳（今属浙江）人。元和十年（815）登进士第。大和初，以侍御佐越州使幕。开成中，历吉、台、睦诸州刺史。《全唐诗》存其诗二首，《全唐文》存其赋五篇。

滕氏族训十九则中的忠廉为官训诫："训我族人，出为好官，从政务廉，爱民务宽，为下为上，惟此心丹。训我族人，务尚节俭，俭入奢易，奢入俭难，制节谨度，满而不溢。训我族人，莫生贪饕，一萌贪念，遂从众衍，败廉丧耻，罔或不颠。训我族人，扬善种德，积善余庆，积恶余殃，忠善传家，久而弥昌。"

金华童氏名人与家训

童居易，字文礼，石渠人。嘉定十年（1217）进士。初任知宣州。绍定年间为前军司马，从讨李全有功，封东莞伯。

童泉（1319—1370），字叔渊，号云林，香溪人。元末兵起，招集丁壮捍卫乡民。明太祖取浙东用不足，就于常税外预借民粮，或三年或一两年，谓之劝助粮。泉慷慨捐己粟，岁输米1000石于所部，而一乡之民得无丝毫扰。又筑堰疏水灌田数千亩，乡里受其利，因名之曰："云林堰"。为祠祀之，亦名"云林祠"。

童梓（1320—？），字良仲，号自得斋，香溪人。受业吴师道，善古文诗词，工书翰。初与赵良恭、严天瑞诸人同以文学知名。登至正二十年（1360）进士二甲第一名。历官通州同知，河间治中。元亡还乡终养，日以诗酒自娱。著有《诗集》。

童存德（？—1449），字居敬，香溪人。正统六年（1441）举于乡，明年会试中乙榜，卒于太学。时祭酒李时勉以事忤旨，将抵于法，存德与诸生申祐30余人赴阙上疏，乞代得免。正统十年（1445）登进士。授广西道御史，巡按直隶，地方所至，皆有政绩。十四年（1449）扈驾北巡，死"土木之难"。荫一子入监。存德性孝友，入官廉正，自持终以节着。祀乡贤。

童俊（1424—？），字邦英，香溪人。"识达天人，学穷理奥"。天顺三年（1459）乡荐。授知嘉定，民俗好打猎，不知农耕，俊教以耕种，民将其祀为谷神。又知赵州，识拔进士安魁于寒微。因内臣王振巡历其地，耻为折腰，遂致仕归。平日早、晚餐不继，或撤其几换米，处之怡然。作《书韵会通》若干卷。祀乡贤。

童文，字仕郁，香溪人。永乐中官太医院医士。曾从太宗南巡，有秋思诗："江南秋色雁初飞，江北行人未得归；一枕不成蝴蝶梦，砧声何处捣寒衣。"

童柷（1435—？），字勉和，香溪人。成化十一年（1475）进士，授给事中。以直言贬兴国州同知，起为青州知府，终袁州知府。宽简不扰，卒于官。

童琥（1446—1517），字廷瑞，号草窗，香溪人。弘治三年（1490）进士。任刑部主事、员外郎。升江西按察副使，告归。琥博览群书，寄情山水，多见于诗。著有《梅花集句》《百咏梅花诗写怀》《钓台拾遗》等。

童鏊，字原武，号介庵，香溪人。读书好学而精于医，名重一时，活人甚多，不计酬。所交多贤士大夫，喜成人之美。有何遁山（何凤）之风，写一炼丹图，王以彰为之赞。

童谦，女埠泽基村人。雍正年间庠生。工写生，擅长翎毛花卉，尤喜作百雁图，飞鸣宿啄，变态百出，无一类似，时人得之甚珍重。

童元亮（1892—1968），号莲溪，金家村人。浙江陆军武备学堂、陆军大学正则班第十期毕业。历任浙江陆军第一旅团长、旅参谋长、浙江警备二师参谋处长、浙江省政府军事厅科长。1933年初任南京中央陆军军官学校第九期步兵科长。1937年5月7日授少将衔。抗日战争爆发后，任中央陆军军官学校第七分校（西安分校）少将教育处处长、军事委员会西北战干团第四总队高级教官，第三十四集团军总部中将高参，第十战区司令长官部副参谋长兼日军战俘管理处处长，陆军通讯兵学校教育长。抗日战争胜利后任陆军大学兵学教官。1946年2月退役。元亮一生自奉节俭，两袖清风。张治中、白崇禧来访，皆笑其寒酸。每回乡省亲，微服间行，族人谐称"穷将"。1949年在杭州定居。1968年卒。

童之风（1892—1960），字晓岩，号白露山樵，童家源村人。幼学写真，赖以谋生。有安徽黄起凤者，专画山水，邀其往严陵、桐庐、分水、富阳等地，挟艺游览。之风画人物肖像，起凤补景，颇受欢迎。从此弃写真，改画山水人物，取法吴友如，又得书画先辈杨文芷推许,声誉渐起。后赴杭州目睹陈梅舟所画人物,识见一开。回乡后潜心仕女,衣褶线条仍遵古法,头面体态则参以现代画理,布景力求与人物协调。时南洋工业社征画,寄山水、人物各 1 稿,均获奖。上海中华书局征画,相继选用,从此画名大噪。画家钱云鹤创神州国光社于上海,为其印百幅画谱行世;其后又铜版再版其画稿 1 集。江苏丹阳青云书画社为之风与其门人及汪邺仙等出版画册 2 期。之风与杭州金石书画社、常熟书画流通社,国外吉隆坡书画会等均有交流。时兰溪书画蔚然成风,论者谓其有倡导之力。1960 年卒于家。有画谱 3 册传世。

童玉堂(1905—1951),兰溪女埠街道上新屋村人。1925 年参加共青团,1926 年转为中共党员。1927 年 2 月,组建中共兰溪临时特别支部,任书记。5 月,以列席代表身份参加了在汉口召开的全国第四次劳动大会。年底,在参加筹建浙江省总工会工作时被捕,囚于浙江陆军监狱,积极参加狱中反迫害斗争。1932 年上半年保释出狱后脱党。新中国成立后,曾任兰溪县立初级中学主任委员等职。

《童氏族规》——"八倡""八禁"

八倡

设私塾

古者云二十五家为闾,同在一巷,巷首有门,门侧有塾。民在家者,朝夕受教于此，见礼学记注，即进蒙馆是也。每见寒姓孤邨，膳修莫给，有令子弟终身不识字者，有就外传不便读一二年而止者。诚哉，家塾之不可不设欤。或一家力能崇学，或数家纠合延师，须知初学本原，便是书升关要。其秀者研炼文章，固能出头上地。其朴者粗知书字庶，不吃眼前亏。家塾设，所以成人材而厚风俗者，莫便于此矣。至如小试则颁卷费，乡闱则送程仪，尤在殷实家捐资助祀，方能推广而善施之。

正伦常

《易》曰：父父子子、兄兄弟弟、夫夫妇妇而家道正。又曰：家人嗃嗃悔厉吉妇，子嘻嘻终吝各按伦常。胥归于正，或过刚于人情，不能无伤。然家道齐肃，尤为吉之象。若一于姑息，致使欢乐无节，则家道究以是坏，甚至少凌长、小加大谣，破义藐法、成何家法？先正云伦常乖舛，立见消亡，此语令人汗下。愿族中殳慈而教，毋纵子非为，子孝而箴；毋陷亲不义，兄爱而友弟敬又顺；毋无手足情，夫和而义，妻柔而正；毋闺闱玷辱，以及完粮也。识忠君于野，亦同信友处乡党而正伦常，民彝岂外是欤。

睦宗亲

《礼》曰：尊祖故敬宗，敬宗故收族明人情，必以睦族为重也。昔刘宰每月旦必治汤饼会族人，曰今日之集，非以酒肉为礼也。寻常宗族不睦，多起于情意不相通，每月会饮，劝善规过，有故相牴牾者，彼此相见亦相忘，于杯酒从容闲大有裨益。人能推此意，以施宗族喜庆，则相贺患难。则相恤，富者以财相济，贫者以力相酬。或假器用，或通米升，各无吝意。或助公资，或襄众事，莫起争心，及至闾阎和顺。虽妇人不相诟谇，即稚子以息谊谊哗蒸匕，然进仁厚之俗而昭雍睦之风焉，何乐如之。

务农业

《周礼·太宰》以九职任民。一曰三农生九谷，按平地、山泽为三晨；黍、稷、秫、稻、麻、大小豆、大小麦，为九谷是也。于族隶浙金兰，腴田最多，山泽闲有其种九谷皆宜，惟稻优哉。务此业者，多养猪、勤割草、早耕早种，力推上农。而且开塘污，筑塘塍积水灌注，尤为上策。既殷实家，或召佃收租，或雇工代种，虽非自食其力，亦不失务农之意。惟有惰农半嬉半作，以致草多于苗莠，长于稼，无怪乎镰方歇而谷无多，租未清蓄已尽。其名为农实非务农乎，此者予无取也。

课女工

礼内则女子十年不出执，麻枲治丝茧，织纴组紃学女事，以其共衣服。夫为女如此为妇，可知予族妇女无织麻之事。蚕桑非不躬亲，专务者亦罕。惟是司厨，竈理针线，澣衣洗裳，此为常职。在中户则纺木棉而织土希，可助裙钗至贫家。则捆草履而做蒲鞋，聊供薪水。事虽不同，其实皆女工之从俗者也。它如打豆、打麦、舂谷拨碓诸事，卑村妇女，偶或为之，予族慎毋效能此。

节财用

盖生财之道，在于勤，制用之方存乎节。《易》曰：不节若则嗟，若明乎始不节俭，必至嗟悔也。予族祖风俭朴无甚封靡，而少年逸欲是耽。往匕渐趋时尚，鲜衣美食，精舍名园，甚至结豪友攀高亲，装自家门面。而且欸优觞吃鸦片，学那管官腔，曾不逾时，遗产立尽，可胜叹哉。夫、殳、母、妻子，养之艰难。柴、米、油、盐办非容易，尚其随常粥饭，古老衣裳，婚嫁毋逞威风，丧葬只按本分，毋滥交靡费。毋宴客流连，毋任妻女侈饎梳妆，毋纵小儿多买果食。语云：俭用胜求人，可弗慎欤。

绵祀产

周官士田王制，圭田与诗楚茨诸章皆言，公卿有田禄者，力于农事，以奉祭祀，后人士庶家均各置拨祀田，殆其遗意。第立祀难，绵祀尤难。尝见乡闬，其祖宗留遗祀产为久远，计历数传而后，或因孽裔侵收，或被豪房霸嚼，并有二三串通私押背卖，致使先人血食一朝斩尽者，觌此实为寒心。于族大小祀产，无论公管轮收，务须同心协力。祠祀则祭，享攸隆房祀，则忌辰兼备。即如裱真容、修坟墓，愈远愈诚。庶几诸祀产，俾子子孙孙长绵而弗绝焉，则幸甚。

重耆衿

且父黄发者，年间阎之望，青衿儒士桑梓之英，一则寿考堪钦，一则誉髦可敬。故酒诰曰：羞考月令，曰礼，贤胥此意也。今乡俗，闲少年放诞，谁知屈志老成樵牧朋，侪胆敢以儒为戏，动云田舍翁不谙时尚，书呆子那晓圜通。及至事变多端，悔不听老年话，疑难杂去。终须用读书人耆衿，可亵慢欤。现在宗祠承祭时，衿士修仪，高年留燕，诸少年袖手旁观，何等郑重。尚其于平时常存此意，则愈重矣。若齿尊衿式一乡士习有关。名教其当，自勇重者，更何如也。

八禁

杜奸淫

书有淫风之戒，礼有淫佚之坊防。古训如此昭宣，今人莫为深省，故刑书特载犯奸律，重则绞流，轻则枷杖，而亲属相奸罪复加等。国法森严，宜其畏惮而预防矣。无何乡里愚顽，罔知法律，往匕巧夤逢缘，善戏谑不过村姬野媪，一相见而胡帝胡天。甚至以长淫幼，以卑淫尊，伤风败俗。莫此为甚，愿族中女正乎内，男正乎外，已往当知速改，未然须早提防。万恶淫为首，可弗杜欤。

禁赌博

家语云：君子不博，为其兼行恶道故也。博即古六博之博，谓以游戏之具角胜负而赌财物。今掷骰子斗牌之类，皆是习于赌博，必至废业败家。故律载：凡赌博财物者，皆杖八十，摊场财物入官。况近来赌博风尤甚，如游糊跌钱而外复增押宝，一桌可容数十人。多中取利，且用牌九，一时可推十余局，速而得财。种匕狡猾，可痛可恨。敢告予族，凡少年子弟，毋入赌场，此为预禁。遇报赛会期，毋摆赌，此为公禁，棹敬信録有戒赌十条，识者其传谕之。

戒酗酒

沉酗于酒,本微子篇。而酒诰又曰:群饮汝勿佚尽执拘, 始知酗酒之害,惟群饮尤易犯也。虽邻里闲岁时伏腊,非不藉酒,以合欢而时俗,往亡三五成群合钱聚饮,名曰平伙。动辄猜拳,继复变子,以致杯盘狼藉,举席若狂。或放荡之谈,一言不合便挥拳而相向;或眦睚之怨,原可冰释,及酒酣耳热,则一望难忍。若不共之深仇,每见人家滋事相伤于酒后者,十有五六言念及此,奈何弗戒。

省戏文

《史记》"夹谷之会",齐奏宫中之乐,俳优侏儒戏于前后,祈神赛会,演台戏叙优觞殆,本此意但不过搬做杂剧,一台已足。今乡俗定写七本,甚有周旬匝月,名会场戏,又名赌博戏,酒饭有铺,果实连摊,危害不少。俗云:防贼、防奸、防火烛,费钱、费力、费工夫,正谓此也。予族每岁元宵恭逢平浪侯神诞,演戏十台,久为乡例。其余酬神祝愿,约举一年一次。点戏须要忠孝节义,令人感动善心,切不可拣择淫戏致伤风化。总之,省做为妙,尚其移此演戏靡费,充一族善举则得矣。

弭偷盗

《周礼·士师》"掌士之八成"曰:邦贼,曰邦盗。乡人为此者,亦不数觏特,恐迫于饥寒、好为懒惰,难免草窃成风。而律书载明,凡盗田野谷、麦、菜、果、塘鱼及无人看守器物者,并计赃准窃盗论。若山野柴草、木石之类,他人已用工力砍伐积聚而擅取者,罪亦如之。

第官禁设，以法私禁，论谕以情请。自今兴禁，曾贴禁约，凡田野闲糜不守，望相助，庶几习匪亦化为良。至如小心谨护防白撞蒭绺之徒，冬夜敲梆捍、穿壁踰墙之类，此祸自外来者，尤宜预备而递行之。

责游子

按周官以职任民者，皆有常业，惟载师所掌。凡无职事者，出夫征所以罚游惰也。讵料近来乡间游手尤甚，其始殳纵之，其继匪类引之。歪其帽，拖其鞋，衣有纽而不扣，发粗辫而高盘。名则不士不农，不工不贾，实则好吃、好着、好赌、好嫖，不数年床头金尽。碌匕庸匕欲务本业，何件能为。欲服佣工，谁家肯雇。与其追悔于后，何如勉励前愿？体集云：少年子弟，不可令其浮闲，无业须察其资性，才力拣业与之，非必要得利也。拘束身心，演习世务，这便是大利益，予族盍与闻焉。

解斗殴

《春秋》传曰：凡有血气皆有争心，至因口舌相争，遂为奋力相打，谓之斗殴。犯此者，律书载用笞刑。若同姓亲属相殴，虽五服已尽而尊卑名分犹存者，尊长犯卑幼减，凡斗一等，卑幼犯长尊加一等。至死者，并以犯人论。鬭杀者绞，故杀者斩。原其由实出多端，而乡闲最易犯者，莫如旱年车戽田水，或分派不均，或非份越注，往往忿激仓卒，致有保辜人命诸案。其实向有塘簿，自应先重正注，有余互相通融，不费之惠。其余争端尚祈明理，衿耆平日相劝，临时不烦言而易解矣。

息词讼

《易》曰：讼有孚窒、惕中、吉终、闹终、凶云者，言讼之不可成也，试以俗情道之情，讼师再三恳告，邀中保多少哀求，亲友虽多帮贴，无非言语歇家虽好，杯茶也算铜钱。尤可恶者，经承原差，互相哄吓，要钱急如星火，到手置若冷冰，乃至两造质訊。赢者损人利己，仇上加仇；输者或翻上告，愈翻愈输。俗云：气死不可打官私。方胜确然能于此识得透，看得破富者，不可恃财，贫者不可挟妒，强者不可逞威风，弱者不可拼性命。情真理实者不可一味拘执，情伪理亏者，不可希图讹诈，家家户户无一人履迹公庭。岂非予族之幸哉。

金华王氏名人与家训

王淮（1126—1189），字季海，金华城区人。南宋绍兴十五年（1145）进士，授临海尉。历任监察御史、右正言、秘书少监兼恭王府直讲、太常少卿、中书舍人。首论劾汤思退罪数十条。曾出知江州、建宁府，以及福建转运副使、两浙西路提刑。淳熙元年（1174），任翰林学士、知制诰。二年，任端明殿学士同知枢密院事。四年，任参知政事兼枢密院事。八年，任右丞相兼枢密院事。九年，为左丞相。十五年，授观文殿学士，封鲁国公，判知衢州，力辞，改提举洞霄宫。一生为官40年，职居相位，孝宗称其"不党无私，刚直不阿"。竭力荐举贤才，李焘、朱熹、吕祖谦、辛弃疾、陆游等都曾受其荐举，一时人才济济。在枢密院，力主抗金，建议"择将、备器、简兵、足食"；批评只知"以和为和"，不知"以和为战"。注重赈济遭水旱灾害的饥民，奏请宽刑减赋。言行稳健，善于调和矛盾。朱熹与唐仲友不和，互相攻讦，孝宗问淮，以"秀才争闲气"答之，居间调停息事。卒，赠少师，谥文定。

《宋史·王淮传》

王淮字季海，婺州金华人。幼颖悟，力学属文。登绍兴十五年进士第，为台州临海尉。郡守萧振一见奇之，许以公辅器。振帅蜀，辟置幕府。振出，众欲留，淮曰："万里将母，岂为利禄计。"皆服其器识，迁校书郎。

高宗命中丞举可为御史者，朱倬举淮，除监察御史，寻迁右正言。首论："大臣养尊，小臣持禄，以括囊为智，以引去为高。愿陛下正心以正朝廷，正朝廷以正百官。"宰相汤思退无物望，淮条其罪数十，于是策免。至于吏部侍郎沈介之欺世盗名，都司方师尹之狡险，大将刘宝掊克结权幸，皆劾罢之。又奏："自治之策，治内有三：正心术，宝慈俭，去壅蔽。治外有四：固封守，选将帅，明赏罚，储财用。"上深嘉叹。

除秘书少监兼恭王府直讲。时恭王生子挺，淮白于丞相，曰："恭王夫人李氏生皇嫡长孙，乞讨论典礼。"钱端礼怒其名称，奏："淮有年钧以长之说。"上曰："是何言也，岂不启邪心？"出淮知建宁府，改浙西提刑。入见，陈闽中利病甚悉。帝褒嘉之，且令一至东宫，皇太子待以师儒，特施拜礼。寻召，除太常少卿，除中书舍人兼直学士院。龙大渊赠太师，仍畀仪同三司恩数，张栻说除太尉、在京宫观，皆封还诏书。除翰林学士、知制诰，训词深厚，得王言体。上命择文学行谊之士，淮荐郑伯熊、李焘、程叔达，皆擢用。

淳熙二年，除端明殿学士、签书枢密院事。辛弃疾平茶寇，上功太滥。淮谓："不核真伪，何以劝有功。"文州蕃部扰边，吴挺奏："库彦威失利，靖州夷人扰边。"杨俟奏："田淇失利。"淮谓："二将战殁，若罪之，何以劝来者。"上尝谕曰："枢密临事尽公，人无间言，差除能守法甚善。"荐军帅吴拱、郭田、张宣。除同知枢密院事、参知政事。

时宰相久虚，淮与李彦颖同行相事。淮谓："授官当论贤否，不事形迹。诚贤，不敢以乡里故旧废之；非才，不敢以己私庇之。"上称善。擢知院事、枢密使。上言武臣岳祠之员宜省，淮曰："有战功者，壮用其力，老而弃之，可乎？"赵雄言："北人归附者，畀以员外置，宜令诣吏部。"上曰："姑仍旧。"淮曰："上意即天意也。"雄又奏言："宗室岳祠八百员，宜罢。"淮曰："尧亲睦九族，在平章百姓之先；骨肉之恩疏，可乎？"时辛弃疾平江西寇，王佐平湖南寇，刘焞平广西寇，淮皆处置得宜，论功惟允。上深嘉之，谓："陈康伯虽有人望，处事则不及卿。"

八年，拜右丞相兼枢密事。先是，自夏不雨至秋，是日甘雨如注，士大夫相贺，上亦喜命相而雨，乃命口算诸郡绢钱尽蠲一年，为缗八十万。

赵雄罢相，蜀士之在朝者皆有去意。淮谓："此唐季党祸之胎也，岂圣世所宜有。"皆以次进迁，蜀士乃安。枢密都承旨王抃怙宠为奸，淮极陈其罪，谓："人主受谤，鲜不由此。"上即斥之，且曰："丞相直谅无隐，君臣之间正宜如此。"章颖论事狂直，上将黜之，淮曰："陛下乐闻直言，士大夫以言相高，此风可贺也。黜之适成其名。"上说，颖复留。

时以荒政为急，淮言："李椿老成练达，拟除长沙帅，朱熹学行笃实，拟除浙东提举，以倡郡国。"其后推赏，上曰："朱熹职事留意。"淮言："修举荒政，是行其所学，民被实惠，欲与进职。"上曰："与升直徽猷阁。"成都阙帅，上加访问，淮以留正对。上曰："非闽人乎？"淮曰："立贤无方，汤之执中也。必曰闽有章子厚、吕惠卿，不有曾公亮、苏颂、蔡襄乎？必曰江、浙多名臣，不有丁谓、王钦若乎？"上称善。拜左丞相。

天长水害七十余家，或谓不必以闻，淮曰："昔人谓人主不可一日不闻水旱盗贼，《记》曰：'四方有败，必先知之。'岂可不以闻？"镇江饥民强借菽粟，执政请痛惩之，淮曰："令甲，饥民罪不至死。"进士八人求以免举恩为升等，淮曰："八人得之，则百人援之。"龚颐以执政之客补官，求诣铨曹，淮以此门不可启，绝其请。尝言跅弛之士，缓急能出死力，乃以周极知安丰军，辛弃疾与祠。

上章力求去，以观文殿大学士判衢州。淮力辞，改提举洞霄宫。光宗嗣位，诏问初政，淮以尽孝进德，奉天敬民，用人立政，罔不在初。母亡，居丧如礼。得疾，忽语家人曰："《易》卦六十四，吾年亦然。"淳熙十六年薨。讣闻，上哀悼，辍视朝，赠少师，谥文定。

初，朱熹为浙东提举，劾知台州唐仲友。淮素善仲友，不喜熹，乃擢陈贾为监察御史，俾上疏言："近日道学假名济伪之弊，请诏痛革之。"郑丙为吏部尚书，相与叶力攻道学，熹由此得祠。其后庆元伪学之禁始于此。

王龙泽，字极翁，一字潜渊，号静山，宋末婺州府义乌县赤岸（今义乌市赤岸镇青口村）人，是宋朝第一百一十八个即宋朝最后一个状元,也是义乌历史上唯一的一位状元。王龙泽师从义乌名士石一鳌,与黄溍同为其弟子,后入太学。

南宋度宗咸淳十年(1274),王龙泽29岁,中甲戌科春榜状元。同年七月,度宗病逝,其子赵㬎即位,年仅4岁,是为恭帝。时元大将伯颜挥师南下,面对内忧外患,国势日危的局面,恭帝君臣回天无术,计无所施,正如当时京城民谣所言:"龙在泽,飞不得;万里路,行不得;幼而黄,医不得。"其中的"龙在泽"即指王龙泽,"万里路"即指榜眼路万里,"幼而黄"即指探花胡幼黄。

王龙泽在中状元后,官授承事郎签书、昭庆军节度判官厅公事。德祐二年(1276),元军进攻临安(今杭州),恭帝君臣投降,宋朝遂告灭亡。忽必烈对其器重。十多年以后,于元至元二十八年(1291),由前宋朝丞相留梦炎推荐,忽必烈特委之以江南行台监察御史之职,并差人备马亲去青口村相请,如是近十次。王龙泽感于元太祖之真诚,遂出山为官,临行前赋言志诗10首,其中《留别亲友》诗曰:姓字何缘彻藻旒,束书去作广陵游;律条惯习三千牍,民瘼徒闻二百州。未有涓埃裨国论,肯将温饱为身谋;梅边一酌轻成别,洛社他年共唱酬。

王龙泽

王龙泽到任后，尊贤敬老，剪除豪强。时适逢蝗灾和旱灾，百姓苦不堪言。他带头捐俸赈恤，使灾民赖以生存。元至元三十一年（1294），王龙泽卒。

王氏家训

三槐世第，及至于今，英才辈出，卓尔不群。
孝悌为先，忠信为本，惟耕惟读，恩泽子孙。
不奢不侈，颗粒成廪，婚丧从俭，持家以勤。
嫁女择媳，勿尚重聘，积德行善，不惟俗伦。
自强自立，处事以忍，广结贤良，不谋非分。
当差有事，尊上宽仁，努力进取，友朋谨慎。
勿以诱善，祸及自身，勿以亲恶，招惹公忿。
酗酒无度，伤其身心，聚众赌博，财帛散尽。
贪婪飘荡，荒废青春，胡作非为，辱没先人。
恋衙投宦，必爱人民，忌才害贤，毒族害群。
耸人告讼，不如兽禽，利令智乱，灾难必临。
祖灵在天，察尔甚真，阴诛阳谴，追究必深。
祖灵阴佑，和顺永存，后裔繁昌，福寿盈门。
一荣一辱，天地一新，世德世业，纠察昭昏。
一谦受益，一满招损，神灵有鉴，莫辱斯文。
阴受其殃，阳恶是因，安贫乐道，其心也欣。
焚毁朝夕，何堪明晨，纨绔堕落，愧对乡邻。

不肖为贤，浪子如金，振兴美族，直上青云。

秉公惩戒，繁荣后昆，恭愿后裔，永传家珍。

百世不竭，积厚且纯，张德扬惠，守规遵训。

吴晗

吴晗（1909年8月11日—1969年10月17日），原名吴春晗，字伯辰，笔名语轩、酉生等，浙江义乌人，中国著名历史学家、社会活动家、现代明史研究的开拓者和奠基者之一。曾任云南大学、西南联合大学、清华大学教授，北京市副市长，中国科学院历史研究所学术委员，中国科学院哲学社会科学部学部委员，北京市政协副主席等职务。

吴师道（1283—1344），字正传，城区隆礼坊人。幼颖敏善记诵，工辞章，诗文清丽俊逸。师从金履祥，致力理学研究。与柳贯、吴莱、许谦往来密切。至治元年（1321）进士，授高邮县丞，抢修高邮湖堤以通漕运。任宣城录事、代知县。时逢大旱，灾民达33万口。师道礼劝富民捐助，得粮3.76万石，又呈请上司得救济粮4万石，银3.84万锭，分次发放，使30余万人赖以存活。百姓颂德。至元初年，迁池州建德县尹，重教兴学，收回被占学田700亩。并一再向上请求，茶税得减，民生得以复苏。因为官清正，召任国子助教，次年升任博士，教诲不倦，六馆诸生皆以为得师。再迁奉议大夫，礼部郎中致仕。至正四年（1344）卒于家，终年62岁。次子沉，字滛仲，明洪武十五年（1382）官东阁大学士。

师道生平以承传道学为己任，晚年益精于学，剖析精严。曾采兰溪人物言行可为后世取法者撰《敬乡录》，又采金华一郡之人物言行撰《敬乡后录》，是为婺州首部人物志。另著有《礼部集》20卷，附录1卷，《易杂说》2卷，《书杂说》2卷，《诗杂说》2卷，《春秋胡氏传附辨》12卷，及《战国策校注》《兰溪山房类稿》等书。《元史》有传。

吴沉（1320—1390），字滛仲。城内隆礼坊人。父师道。沉与兄深传其家学，名重一时。元至正十八年（1358），明太祖攻下婺州，召沉及许元等10多位名士讲经史。不久，命为郡学训导。洪武元年（1368），授翰林院待制，召侍左右，又改编修纂翰林院典籍。待遇亚匹宋濂。洪武十五年（1382），擢升东阁大学士。以待制入阁者，终明代唯沉一人。明太祖曾对他说："古圣贤立教大要有三，曰敬天，曰忠君，曰孝亲。其言散在经传，未易会其旨领。尔等可以此三事编辑成书。"

书成,赐名《精诚录》,复命沉撰序。沉曾著论文,首次提出"孔子封王为非礼"。至嘉靖九年(1530),更定祀典,改称孔子为至圣先师。后改翰林侍书,国子博士。以老归,卒祀乡贤。著有《千家姓》《应酬稿》《瀫川集》及兵家言辑《六经师律》等书。

《南楼吴氏宗谱》

宗祠规条(族规,节录于民国36年谱本)

重伦常

三纲五常,人道之大。身处天地,必有与立,五伦是也!苟三纲沦、五教故,何以立于天地?族中如有不忠不孝,一切渎乱,伦常坏灭,犯此为禽兽之人,犯则从唤赴祠,重责严惩,谱削其名,祠革其祭,永不许复入。

正名分

同族有兄弟叔伯,名分彼此称呼,自有定序。近世风俗浇漓,或狎于亵昵,或狃于阿承(阿谀奉承),以至称谓轻僈,宗序颠倒,大非礼也。又有尊庶母为谪母,跻妾为妻者,大乖名分。此等事,防微杜渐为要。

肃闺门

男主外，女主内，圣训也。君子正家法，取乎此，其闺门未有不严肃者。纵家道贫富不齐，然清白家风自在。古史所载贞烈之妇，皆风化之助，族中宜格外褒美。倘有闺门不肃，风声难闻，以至犯出，其夫革出，永不许入祠。

严匪类

不孝不悌，固属不齿，至如奸盗诈伪，扰乱风化；或不事生业，酗酒赌博，交结匪类，强暴贪行者，祠长量酌，轻罚责，重革祠。

谨名讳

先世名讳，子孙冒犯属大不敬。族中行次僭越先后，岂成宗序？今后子孙命名，必须到祠与通文者相商，毋得谩然滥取，以至犯先代祖讳。

重立祭

立祭例以宗子，易为不易之典。吾宗大份万五公派下留居处州缙邑，已不归与祭。今本族各份尊长轮祭，然必须六旬以上，素行端方，子孙蕃茂，或为显宦方可。陪祭、赞礼、读祝执事诸人，亦必举（人）贡（生）监生，或现与考童生通文知礼者为之，倘素有大过，或四体不全之人，俱不得于主祭、执事之列。

禁宗祠

宗祠为本派重地，所以上奉祖宗，下序子孙，四时祭祀之所，非等闲余屋，可以堆积柴薪、藏贮物件，更不得在祠内打豆打麦，堆灰拌泥，种种污秽，为大不敬，今一概禁止，嗣后除众事并读书之外，如有前项犯者，通众量罚，不遵自革。

金华徐氏名人与家训

徐安贞(698—784),初名楚璧,信安龙丘(今龙游)人。唐朝进士,尤善五言诗。徐安贞应制举,一岁三登甲科,唐开元六年(718)进士,初为武陟尉,参与续修南朝齐《七志》,整理皇家秘籍,补丽正学士。开元时,为中书舍人集贤学士。玄宗属文,多命视草,因命安贞供奉内廷为起居舍人,掌管制作诏书,有能名。后授工部侍郎兼集贤院院士。帝每属文及作手诏,多命安贞起草,深得宠信。开元十九年(731)二月撰《文府》20卷献上,不久升中书侍郎。是时李林甫用事,或谓安贞多所参助。天宝后,避罪衡山岳寺,装哑为佣,历数年而寺僧不识,后北海太守李邕识之,握手言欢,因载北归,行至长沙,谓其守曰:"潇湘逢故人,若幽谷之觌太阳。不然,委填岩穴矣!"玄宗念其贤,即其家封东流子,卒赠尚书。有诗文多卷,久佚。明童佩辑其遗文,编为《徐侍郎集》。《全唐诗》收其诗作11篇。

徐佺(1143—1195),字孔灵,樟林徐氏的始祖。《兰溪县志》有"樟林徐氏始于佺"的记载。南宋绍兴十三年生于婺州(今浙江金华),庆元元年卒,"一生孝悌忠信,仁心爱人",业三礼,仕为儒林郎(秩从八品),做过南昌推官(秩从八品)和乌镇地方官。

他在乌镇任职时多施惠政，很受百姓爱戴，离任后，"一时士民怀之歌曰：'豫章贤裔徐孔灵，惠我唯留去后声。'年远世淹，斯言犹在耳也。"县志有孔灵公辞官后"归为义学，以教子及乡人子弟"的记载，宗谱载孔灵公"文辞闳深隽美，识者谓读而听之不啻吹竹弹丝、敲金击玉，一时传为美谈""设教授徒，薰其德者不知凡几""有一时之盛焉"，可见孔灵公归里教学很受弟子欢迎，其义学曾在兰溪一带产生过很大影响。

徐相（1216—1298），字子材，永昌樟林人。研深易学，曾集诸家之长，著《周易直说》以授门人。赵与訔兄弟说："此为初学设，非谓尽在是也。"惜已佚。

徐钧（1231—1303），字秉国，号见心，永昌樟林村人。父时升，由进士知无锡县，有治行，升知汀州府。钧以父任为濠州定远尉。宋亡，不仕归里。建池亭书院，每日以史籍自娱，与金履祥友好。于是邀请他到池亭讲学，以教子弟，且朝夕惕厉，修以治人之道。著《史咏》1000 余首。许谦称其学优而闻多，慨然有志于天下。

徐原（1312—1394），字均善，又字君善，号南州，岩山人。少从吴师道习理学，与吴沉、童梓为友，博览群书，以诗文名世。创办岩山书院，与吴沉、宋濂相与讲学。元至正末，明太祖朱元璋下婺州，开郡学，遂以徐原与吴沉为训导。历主福建、江西考试。太祖改婺州为宁越府，徐原仍为训导。丧乱之余，婺州学校久废，至是始闻弦诵之声。洪武初，授翰林待诏。母老乞归。著有《五经讲义》《强学斋文集》。

徐袍（1497—？），字仲章，号白谷，城西隅人。从章贽学，夙慧，13岁补弟子员，领嘉靖十三年（1534）乡举。少即慕乡先正董道卿之行谊，崇尚正学，每日整衣冠读经史，心尽全部，不为涉猎，辄漏数下方就榻。经术尤邃于《易》，远近来学者至数百计，多知名士。陶淑族子弟，因材造就，寒暑不少怠。生平严义利之辨，一丝不苟。淡泊寡营，处斗室隘巷绰如也。著有《古训私编》《事典考略》等书。祀乡贤。

徐侨（1160—1237），字崇甫。南宋政治家、理学家。义乌靖安里龙陂（今浙江义乌佛堂镇徐塘下村）人。中年辞官归里，在孝冯祠旁创办"东岩书舍"，讲学17年，以博学、刚直、显达而煊赫于世。朱元龙、康植、王世杰、叶由庚、朱中、龚应之皆其门人。

徐侨

《检塘徐氏宗谱》家规

夫家法立而事务成，义方训而子孙淑，此盖古今之所当致意焉。今族盛枝繁，人心不一，乃立家规条目，以喻于此。子孙服而行之，则以之修身，齐家而上。佐圣明以均天下，亦不外是。孰谓修身之道。可以行于家，不可行于天下哉。此吾族之子孙，务宜遵守，毋得自罗家法。乃为之箴曰：国本于家齐持，于家齐，持其有要，建其有常，当开诚布公，慎而厥躬。因以制内，可以制外，循规蹈矩式谷似之。

祠堂

夫祠堂者，祖先神灵所栖。子孙崇本追源之地也。凡廊庑寝室，俱宜齐整洁净。倘遭破坏，必须务必以行，毋使污垢亵渎祖先神灵，每逢朔望俗节，子孙值年者，宜先一日洒扫庭寝，罗列香案，以恭候谒祭祀以尽诚敬，又于祖靠神案，慎不可苟且视之。

祀产

夫祀产者，祖宗血食所需，先人歆神美报之大典也。倘有不肖子孙荡业祀产，此与放不祀者类也，如何而可。凡我子孙务宜谨守先业，以备礼食，而无祀田亦当敛资致祭。

父母

夫父母者，天性之亲。为子者当和颜悦色，以尽奉养之礼。有过则下气，怡声以尽几谏之道，死则必诚必信，以尽送终之情，尤当守身，慎行而不亏体辱亲，此尤孝道之所重者，甚不可不知。

兄弟

夫兄弟者，天恩之懿。为弟者当徐行后长以尽恭顺之道，难斗粟尺布，当兴共之。毋得以下犯上，以大压小，慢伤于手足大义。

夫妇

夫夫妇者，风化之原，家之所由盛衰也。务要琴瑟调和，倡随有道。为丈夫者，毋得流于寡思。为妇者，毋得沦于不顺。如有此等丈夫，三戒不听则责之；妇三戒不听则黜之。

长幼

夫长幼者，五服之亲各分，一定可倒置，而卑幼抗忤，尊长家长宗，子教训之不听，则以家法治之。至于称谓垂白之，而不许垂髫之叔也。如寻长自亵以取卑幼所侮，亦相与叱斥之。

宗族

夫宗族折支分一脉之人也。难有亲疏，自祖宗视之则皆子孙，固不得以贵贱为亲疏，以穷寒为厚簿，务宜有恩以相洽，有礼以相维。慎毋相贼相戕，以伤宗族和气，但非族类，虽贵盛不许妄攀。

子孙

夫子孙者，光前裕后之人也。祖父一失教训，则顽钝终身，其不为宗规累者几希。是故务宜教训。如博弈酒肆,必有重禁恣不贷。

朋友

夫朋友者,五伦之一。人虽难资,其有德也。必择有德有行而友之,方为有益。凡酒色之徒,博弈之辈,凶狠诡计之流者,皆宜远绝,慎毋交结,以累终身。

婚姻

夫婚姻者人之道始,古人必致其谨也,所贵阀阅相当。又必择婿兴妇之性,行驯良及素有家法者,方可缔盟。甚不可资其势利,苟且结婚以亏择配之义。

农工商贾

夫农工商贾者,乃谋生之道也,故当勤。力以生财,尽职以谋食。毋得游手好闲,妄图富侈,肆意非为而希望尧舜,幸而所谓各安生理者惟此。

《孟湖徐氏家规十则》

爱亲敬长第一

孝顺父母,尊敬长上乃百行之首,万善之源。人能尽得此道,天地鬼神相之,邻里亲戚重之。怀明发念天显斯理,或微而难知,曾亦见慈乌反哺,鹡鸰急难,岂为人而鸟之不如哉。凡有父母兄长在前者，不可不自勉也。

亲师取友第二

民生于三师以教之道，达于五友处其一。尊礼明师、结纳益友，则所闻，皆善言所见，皆善行吾之德，业不觉骎骎而日上矣。若遗弃师友，则与不善人处所闻所见，无非欺诬诈伪放僻邪侈之事，身日陷于刑戮而亦不自知也。言之痛心，各宜猛省。

男女内外第三

《易》有之男正位乎外，女正位乎内，顶立天地撑持家务责之，须眉而巾帼不与焉。若夫在中馈议酒食，此又女子之攸宜，而无与于丈夫者也。牝鸡晨，其家必索何东吼，夫纲何在？其虽警旦勤劳，亦有以佐夫子之不逮而究。不得听其自便，在男固当知刑于之道，在女亦当知妇顺之章。

勤本节用第四

蚕桑稼穑衣食之源，饮食服御耗财之地，本不勤则财源不开，用不节则财流或竭。人无论男女少长，皆当蚤作夜思勤劬拮据，一丝半粒亦珍亦惜。庶几余三余一而无瓶罄罍空之伤，足食丰衣而无啼饥号寒之苦。

出处进退第五

大凡出处进退，在于审己相时，见几而作，遇而出入赞勤不遇而农工商贾随乎，时之所值而无于求希觊之念与乎其闲。今人知出而不知处，知进而不知退，读书不遂，即鄙农工商贾而不屑，为出处两无可恃，进退两无可据，虚度一生，岂不可哀之甚哉。

待人接物第六

凡与尊长卑幼、君子小人相衔接，仪节不同，总不外一儆而已。待尊长貌恭情谦，则临乎我者，其心必悦。待卑幼立身，尊严则承乎我者，自不得干犯。待君子敬根于心交际往来，礼宜从厚待。小人自敬其身，彼有不是不防包容。若至过刻，彼必终身怀忿，必至中伤。此乃经验之良方，实为应世之药石。

读书写字第七

凡读书写字，须知以持敬为主。北面受学，惟师训之是尊敬，重经书，爱惜纸笔，洁净几案，整肃身心则其学必有成。昔程伊川先生作字敬曰：非欲字好，即此是学故人之作，字务要庄重端楷，不得潦草蹁斜。斯二者虽在后生小子之自勉，而亦在父师之惓惓提撕也。

惩忿息争第八

忘身及亲。孔谓：大惑好勇斗狠。孟称：不孝，任气激烈必至受祸无穷。故大易有惩忿之诫，孔圣有思维之箴，凡遇非礼之加，务宜含忍而无遽与人争角。至于乡族中有争兢雀角之事，必当善为排解。盖讼则多凶，即自戒亦，宜切戒乡族。

早完税第九

朝廷有则坏之赋,万民有惟正之供。此固本分之当然而不容以狡卸者也。凡正赋所在,一年一度迟早要完,若逾限抗催必至差役追呼。轻则差使费钱,重则带官责比。与其出差使受血责而仍要完,何如及早纳之为逾愈乎?有粮税者细思之。

畜养奴婢第十

人有贵贱受形无二,人家奴婢不幸为饥寒所迫,鬻身于我耳为贱役,情既可怜。而复以棰楚加之,不更惨苦乎?独不思彼,亦父精母血十月怀胎而生,何至亲如草木欲斩艾之,即艾之也。纵养之为难断,毋待以不堪,使之无容之地。惟将己之子女作反镜,便自宽然优待矣。

金华许氏名人与家训

许谦

许谦（1269—1337），字益之，号白云山人，浙江省东阳市人。晋许孜后裔。先世屡因游宦而迁籍外地，祖父许应鸾由金华迁东阳。母陶氏，居白云笠泽。谦年幼丧父，母口授《孝经》《论语》。六岁，出继金华堂叔许觥为嗣。师承金履祥，刻苦勤奋，不数年尽得其传。

在东阳八华书院，现在还留有许谦亲订的"八华学规"：

"诸君以某一日之长，来相与游，未必有益也。然群居而不同志，则事无成。故敢与诸君约：心静明理之本，貌恭进德之基。刚毅乃足自励，谦让可以求益。有善当与人共，有恶勿忌人攻。以上各自

· 265 ·

省察、去其所有、勉其所无。出入以对，有故必告，言语毋杂，讲议毋哗，观书毋泛，做事毋惰，勿相尔汝，勿作无益。右请互相警省，同归于善。幸勿外敬内慢，面从退违。"

如今读来，依然适用。

金华严氏名人与家训

严济慈（1901—1996），谱名泽荣，学名寓慈、济慈，字华庭、慕光，号子祥、厂佛、岸佛，浙江东阳人，物理学家、教育家，是中国现代物理学的创始人之一、中国光学研究和光学仪器研制工作的奠基人之一、中国研究水晶压电效应第一人。

严济慈1923年毕业于南京高等师范学校（今南京大学）和东南大学物理系；1935年，被选为法国物理学会理事；1948年，当选为中央研究院院士；1952年后，任中国科学院东北分院院长；1955年当选中国科学院学部委员（院士）；1958年后，历任中国科学技术大学副校长、校长，中国科学院副院长，中国科学院主席团执行主席，中国科协书记处书记，中国科协副主席，九三学社中央副主席。

严济慈在压电晶体学、光谱学、大气物理学和应用光学等方面做出重要成果。他精确测定了居里压电效应"反现象"，发现了光双折射效应；系统研究了水晶圆柱体施加扭力起电现象，发现水晶扭电定律；深入研究了碱金属蒸气等光谱，发现轴向对称的分子有效截面数值和费米-莱因斯伯格方程不符，并为原子物理学中的斯塔克效应等提供了丰富的实验证明；在大气物理学的臭氧层测试研究中，他精确测定了臭氧紫外吸收系数，被世界各国气象学家使用达30年之久；他还研究了压力对照相乳胶感光性能的影响，发现压力能减弱乳胶感光性能。

家规家训

1. 父母恩同昊天，应宜孝顺，派下子孙如有忤逆不孝，至父母告诉，在祠当即拘祠跪祖宗神位前，以家法笞之，再犯将革条贴出，永不许入祠。

2. 卑幼敬长，职所当然，如有子孙得罪服内尊长事闻，会同房长拘祠坐罚，如尊长有别，情捏词诬害者，祠内亦与辩理。

3. 子孙各宜教训，凡为父兄者自幼即便约束，切不可姑息骄养，如纵放子弟游荡，并无教导者，罚及家长。

4. 人生各有职业，耕读为本，不可不务，其余为工为商都可资身，如子孙不务生理，游手好闲，及流为下贱者，即令家长奉祖训斥之。

5. 婚姻人伦之大，择配不可不谨，务须门户相当，凡事崇俭以便及时嫁娶，至有婚姻来历不明，出身卑贱者，查出令其离异改正，违者革出不许入祠。

6. 丧礼原有定制，如有居父母丧，身自嫁娶若作乐，释服从吉，闻丧匿不举哀等情，应作不孝论，拘祠重处。

7. 无子立继，律有明条，必须同宗方准继立，况立异姓继宗嗣，则神不歆非类，北溪陈氏论之详矣，不可不省，违者作乱宗支论坐罚。

8. 身家各宜保重，不可罔作非为，如子孙不顾廉耻，甚至有为窃盗者，事发初犯拘祠以家法重处免削，再犯送官究治，乃行削谱。

9. 淫为万恶之首，切不可犯，如子孙至有亲属犯奸，律例森严，非祠法所能治，应俟本家告官审坐后再行削谱。

10. 子孙各宜安分守己，切不可争讼，凡属致争事宜，自有定理，应听公论，公剖劝处，如横行不遵，致伤族谊者，作刁顽论，合族公呈之。

金华阎氏名人与家训

阎廷瑛（1767—1847），字尹孚，永昌胜岗人。精于方脉，治病不计酬谢，活人甚众。江浙间几乎游遍，后侨居义乌鹅塘。著有《玉环集》《证治要诀》若干卷。

阎氏家训

人生有五要：一要有强健的身体；二要有正当的职业；三要有精巧的技能；四要有充分的知识；五要有公道爱人的热心。有此五者可谓之完人。

见事理不明就问，觉言行有错就改，这就是处事处人的好方法。

做事最怕没恒心，一日勤劳半日懒，有始无终不能成事；做事尤怕没方法，没方法终日忙忙不见功。有苦无智不能成功，当戒之。

不顾人的利害，只顾自己的利害的行为是不对的，是耻辱的，是必失败的。

管人须知识、能力、人格均足以领导人，还能通人情，有方法，善言语，能勤劳，能以指挥人，方能尽人之所长。

为人不可有伤身体，损人格的嗜好，更不可有犯法律，背人情的行为，吾人当勉之。

做事是人生的结果，做的事多就是此生的结果大，做的事少就是此生的结果小，做人即应当做事。

自处要常常站在原谅人的地位，不可求人原谅，求人原谅是低人一头，能原谅人是高人一头。

自处贵笃实，须自责、自勉、自强、自计，非自责无以改过，非自勉无以上进，非自强无以立身，非自计无以裕财。

自己占便宜是使人吃亏，使人吃亏以自处说是不智，以处人说是不仁，不智不仁其结果必吃大亏，当戒之。

金华羊氏名人与家训

羊愔（805—？），大皿羊氏始祖，唐武宗侍御史羊鹗之三子，祖籍山东泰山。曾任嘉州（今四川夹江）县尉，因遭杨弁之乱，弃官到皿川隐居。羊愔性唯沉静，薄于世荣，雅尚逍遥，食蕈而不进五谷，游无踪，后人尊其为"菇仙"或"菇祖"。

羊永德，浙江省金华磐安双峰大皿村人，生于宋熙宁己酉（1069），崇宁癸未进士仕，官至奉议郎徽州通判。

《皿川羊氏宗谱》载有《通判府君传》：公讳永德系达四府君之长子，幼好学，师东莱吕成公（即吕祖谦），甚器之。著述有古风律诗凡数百篇，名《西征集》。通春秋左氏，作《发微》百篇以进，上嘉之。崇宁甲戌登进士，癸未授宣议郎累迁奉议郎徽州通判。

羊氏家规家训摘编

悬规植矩

凡同宗务宜恪守正业，毋得入娼优隶卒四字贻害子孙。

——摘自《皿川羊氏宗谱》

同宗下祀孙日繁，倘有人心不齐，日夜盗窃货物、窝藏盗贼及盗卖祖产者，定行革族。

——摘自《皿川羊氏宗谱》

宗族果同一气所出，虽流离失所亦不得弃；非我族类，即贵为王侯不宜扳附。

——摘自《皿川羊氏宗谱》

诒勤师俭

事亲则慕孝德，居家则师俭德。

——摘自《皿川羊氏宗谱》

训子孙以孝悌忠信，肃家政以敬慎勤俭。

——摘自《皿川羊氏宗谱》

古圣贤有若《虞书》之克明峻德者，有若《商书》之慎乃俭德者，有若《周书》之勤用明德者。所以，以之修身而身修，以之齐家而家齐，以之治国而国治，以之平天下而天下平。

——摘自《皿川羊氏宗谱》

谦益有孚

恭兄友弟般；酬酢于友朋，言词诚信笃；交游于宗族，情性平和。

——摘自《皿川羊氏宗谱》

然诺有信，其谦逊也效子产。

——摘自《皿川羊氏宗谱》

存心刚直，处世平和，取与必严，然诺有信。

——摘自《皿川羊氏宗谱》

传志之立，所以信今而传后也，其生平有可称者，理合名实相当，毋得过为溢美，倘一无可称、作虚词以欺世者，概不收录。

——摘自《皿川羊氏宗谱》

忠信笃敬

恭为德首，慎为行基。愿汝等言则忠信，行则笃敬。无口许人以财，无传不经之谈，无听毁誉之语。闻人之过，耳可得受，口不得宣，思而后动。若言行无信，身受大谤，自入刑论，岂复惜汝？耻及祖考。思乃父言，纂乃父教，各讽诵之。

——羊祜《诫子书》

金华杨氏名人与家训

杨与立（1183—1256），字子权，本浦城人。受业于朱熹。曾任遂昌知县。后定居兰溪白露山下，讲学终生，以道学著称。因其所居白露山下地形似船，人称"船山先生"。何基、王柏曾去求教。时人评论："何王之学，船山有浚源之功。"辑有《朱子语略》20卷。祀乡贤。

杨浩然，家甚富，号半州，杨家村人。元天历年间岁旱，输粟800石赈济。后明太祖下兰溪，浩然罄家有以供军饷。拜统兵元帅招抚郡邑军民，凡集其家之左右者，皆量给衣食。义声宣着。己亥春衢州贰守缺命，浩然署之，绩最诸郡，久乃解印而归。

杨氏家训

明代杨氏家训为：勤耕务读，敦伦孝亲，卑无犯上，富莫骄贫，居仁由义，睦族和宗，布衣菲食，气忍家宁。

清代杨氏家训主要内容有：顺父母，睦兄弟，和宗族，完国赋，务勤俭，勤耕读，谨丧祭，慎嫁娶，安本分，禁非为，守公法，记铭言。

现代将乐杨氏族谱家训32句，"十八个不准"，对忤逆不孝、兄弟阋墙、虐待子女、伤风败俗、好逸恶劳等有悖伦理的行为坚决反对，并谆谆告诫家人谨守勿忘，遵规执行。

金华姚氏名人与家训

姚敬泉（1551—1615），字文蔚，具有卓识，乐于公益，有功不自矜，有财不吝啬。万历初年被推举为乡饮宾，孝友好善，怜贫济急，如对户衰而卖妻者，以资相赠其妻，得免夫妇分离。荒歉之年，倾其粮以赈饥，乡邻沾惠甚多，凡有争讼，抒诚相对而化解。万历二十年（1592），为兴建姚氏祠堂，捐基二亩八分，乐助其成。万历二十八年（1600）在社山筑室，创办象山书舍。有四子：长、次、三子皆邑庠生，幼子是太学生。

姚凤山（1790—1857），名文之，号凤山。太学生，朝夕攻研岐黄，遂成名医。德行高尚，急病人所急，重病者就诊，犹己身受，悉心医治。贫困病人，不要酬赞。年逾四十，游学河南，数年后返里，医道更精，驰名远近，断病正确，多药到病除。并施棺木多具，在县城首倡掩埋无人收殓之遗骸。自道光十二年至咸丰三年，二十多年间，甚多尸骸经其手料理入土。浙闽总督刘送匾称其"理法精详"，福建学政，赠古风四首，内有二句云："神手隔垣治，余病君知情"颂其医术。

姚坤鳌（1851—1929），清诰五品奉政大夫。出身贫寒，幼失怙恃，性颖且勤，年少谙事。年14岁即常往返10余里，负米贩枲，以图生计。随叔经商，勤俭自持，谨慎不敢稍怠纵。在宁波钱庄先任司帐，继任经理，深知商业之发达与否，全恃金融之能流通与否。后得宁波巨商严康懋资助，辞去经理职务，回兰溪办瑞亨钱庄，在金华设裕亨分庄。先后与人合资开设金华瑞裕隆油行、干泰裕酱园、兰溪大源布庄、洲上瑞和昌酱坊，金华、兰溪两地电器公司等企业。经本县清解元刘治襄、卢琴卿介绍，认识浙江督军汤寿潜，又投资兴建沪杭铁路及浙江兴业银行等实业。渐成巨富，为兰溪县商界之雄，而自奉俭约，为桑梓、为社会公益事业不吝巨资。光绪年间，建造齐政堂，村边垒砌溪岸300米，村路平铺石板。民国初年，倡修殿山胡公庙。耆老之年，先后兴建慎德堂、衍德堂。民国14年（1925），翻建姚氏宗祠，历时三年多竣工，前后捐资近3万银元（他身故后，其妻张氏复捐出5000在内）。对村人扶贫济困，不分亲疏，对穷而无告之鳏寡孤独，常予恤惠，有急而求助者，决不推辞失爽。在村提倡、并为头献粮，率殷户捐助积谷2万余斤，设立义仓。民国初年，兰溪修悦济浮桥、修浚后官塘治城北水阙门后沙溪，及倡修甘溪大石桥等，均捐助巨资。民国11年，金华通济桥遭冲圮，王国桢赴兰劝募，坤鳌首先笔书捐银洋1000元。民国17年，金华县水灾，沿江芙峰、白沙二乡被害尤烈，又得其与兰溪县城严康懋、程锦堂等集资4000银元专赈。办学育人，极为关注，命长子姚廷恺（庠生）在齐政堂坐馆，教读四书五经；三子姚元恺在宗祠创办漾溪两等小学。本县刘治襄（清解元）、卢琴卿（清举人）二人得其数千金资助而成学业。

当时浙江省主席陈仪送像赞曰"惟公惟明，惟俭惟勤、曰寿曰富，即果即因。善行化俗，古道照人，慈祥霭霭，如气之春。"

姚文基（1902—1944），号献传。民国 6 年（1917）就读于金华第七师范学校时，受五四运动影响，积极参与学校改革维新，被校方当局开除。后毕业于杭州三才中学。先后任杭州公路总站站长，江苏省建设厅、交通厅业务股长，南京公路局长，福建运输公司经理等，领衔负重，廉洁奉公。民国 27 年（1938），村创办漾溪完小，独助桌凳 40 套。民国 33 年农历 5 月，随押车队赴重庆，途经衡阳，遇日机轰炸，染病缺医而逝。

姚世昌（1903—1925），民国 6 年，毕业于漾溪高等小学，民国 7 年考入浙江第七师范（金华）学校，受五四学生运动影响，追求进步，未曾毕业即被校方开除。民国 12 年，与同时被开除的同村姚文基同去杭州。

姚金聚（1885—1963），又名树炎，13 岁师业东阳花雕，艺成且精，待人诚恳，为同行所重。民国 16 年（1927）被选为兰溪木雕同业公会兰西分会会长。一生作品甚多，有龙头、龙亭、銮架、"百工艺""百工屏""百工床""千工床"及山水、花草、飞禽、走兽、人物等，数以千计，龙工系列人物群像，姚村雕花工艺，以金聚始，世代相传。1984 年兰溪市重点文物保护单位告天台牛腿、狮子等浮雕出其子姚贵勤之手。

姚焕良（1929—1952），字志信，5岁时父母双亡，由其胞兄姚焕兴抚育成人，12岁辍学，就去帮工，先后在上叶牵牛，女埠镇上磨豆腐等以求生计，20岁去城南马鞍徐帮长工。1949年5月，兰溪解放。1951年3月，响应国家抗美援朝、保家卫国号召，参加中国人民志愿军，任91团三营九连战士，1952年在朝鲜上甘岭第七次战役中牺牲，时年24岁。

姚氏族规

一、祠厅祭祀

要不失先人之意。时势变易，其祭礼祀品陈列，可从权取便，因时制宜。祠厅内祭器不准鬻卖，外植树木不准折攀为薪。确保祖遗古物、古迹安全无损。

二、孝敬长辈

正月初一，后辈要先向同房长辈拜年祝福，日常膳食先请长辈上座；长辈体衰行走不便，后辈要先奉馔食其榻前请食。长辈所嘱言事，后辈要听从，并不许对长辈有非礼之举。

三、和睦兄弟

为兄要顾恤其弟，为弟要尊敬其兄；若父已故，以兄为大，家事由兄主；兄弟分家或有事，要互润对方，不可见利忘义。

四、待人礼貌

对方年长于己者，不可不分大小直呼其名，要视不同年岁尊称爷爷、伯伯、叔叔、嫂嫂、婶婶、哥哥、姐姐等，如有事求询陌生人，亦同，不可以"喂"待之。

五、奖励英贤

对孝子贤媳，登科及第，郡邑庠生，赈贫济急，有功乡里者，均予录册，名垂史乘，激励后世子孙发扬光大。

六、惩恶罚歹

其丑恶有辱及祖先及宗族者，削其谱系。如能悔悟，洗心革面，奋励图新，可予宽恕。

七、基地房产

系先祖艰辛创业所遗，后世子孙不得变卖另村异姓，异姓亦不得轻受。如迫于势窘不得已者，可向祠堂按时值抵押领贾，后可赎回。定居本村外姓者，亦如之。

八、禁止同姓氏婚姻。

如有失父之子随母为别姓继子，要录其村名。防年代久远遗忘，其后辈成同姓氏之婿。

（录自1997年版《姚村村志》所选民国21年《龙山姚氏宗谱》）

金华叶氏名人与家训

叶克诚（1250—1323），字敬之，号东谷居士，白下叶人（今建德市境）。以《春秋》应乡荐，不偶，绝意进取。筑室于道峰北，请仁山金先生讲学，仁山为颜其室曰："重乐精舍。"金华许谦，浦江柳贯皆聚讲于此。后人名之曰"儒源。"仁山作《通鉴前编》，嘱其相助。许谦曾推之曰："读书虽未获显用，而其有志圣贤之心始终不懈。"素好义，乡里中施有可博者，必倾囊为之。恰遇岁饥，出粟2000石，以赈济。荐任婺州路判官，未就。著有《格致录》《春秋发微》。祀乡贤。

家训十则

一端蒙养以毂子孙。

夫家道兴隆必由于子孙之贤，而子孙之贤实由于父兄之教。是故胎有养、训有方，所以端一童蒙而渐进子弟也。近来既失养正之方，未免为纳邪之行，即稍稍有志向者，亦不能敦请学行兼备之师以训子弟，而徒务虚名，移夸文艺。曰：吾子已就师席已善属文矣，试问以庭帏出入，谨信之节，当身果行育德之事，则茫不知如此，虽文艺晓畅，究无实用。故族中之凡为父兄者，当子弟入学初即宜敬请有学有行之名师，先正其行，谊镕其气质，而后教以穷理格物之学，圣经贤传之书，熏陶渐摩久而自美，非仅文理精晓而德行亦必与以有成，如以其韶龄而嬉游之至，成童时而始着意责励，将习与性成，即教有不易入者矣，故欲穀子孙必自端蒙养始。

一谨婚姻以重匹配。

盖婚姻为万化之源，有关雎之圣母，斯有麟趾之圣子，先世亲姻所媾必择巨室大家，以其门户相当，闺仪素娴，至产育子孙，亦必能教以礼让，所以门庭肃雍，而家道隆正矣。迩来庸俗卑陋，或贪人奁资，或省己小费，遂甘与微姓下族婚媾而不耻。以至闺门妇事，毫不通晓，甚而淫恶逆妒种种播闻，如此家声，且为倾堕又何望其子孙之贤淑哉？顾故家大族，贫富虽或不常，而以类相求，原自攸当，奚必因小利而失大体乎！宗人自好者，当知所择。至若以女与人而不问其族类者，自衰其家声不肖尤甚，凡例书法颇示斥削，各宜慎之。

一正名字以避忌讳。

凡子孙命名取字，须当查考谱册，内果与先世字讳无犯者，然后用之。其余伯叔兄弟有音同字同，亦须相避，此在旧谱已有严规。乃世族不查考，公然讳犯，今特申饬此条。

一尊家长以统宗族。

古者建国必立宗子，所以承先世而统后昆也。后世宗法虽废，而家长之崇正，以补宗子之缺，合族宜推尊有齿德者一人，立为家长。各房更推公直敢言者数人，立为房长。如各房有事质诸房长，理之不服，会诸房长而质家长理之又不服，然后合众惩之于官，如此公道得行，而奸凶圮族之人，无所容恶矣。苟家长房长惕于财势依阿徇私，即当再从公议更立以代其任，不可因循以坏家法也。

一存忠厚以敦亲。

夫周家忠厚立国，百世荣昌，迩来人心如面，倾险如溪，嫉人之有，利人之灾，或行好事，恶其成，而乐其败，貌若善柔，心如蛇蝎，如此积恶，损人者少，害己者多。自昔及今，未见其子孙有荣昌者矣。凡吾宗盟务宜鉴此，百事俱当以忠厚立基，则一族之中无非礼让相接，而雍雍亲睦之风渐可成矣。

一崇敬让以示尊卑。

夫尊卑有序则上下和族，属虽远，而分不容紊，干名犯义，律有明条，如或倚兄弟之势，恃财力之强，恣智巧之奸，动挟以身命，以犯上凌尊，甚而父子兄弟之间亦失爱敬之实，而冒触无状伤伦败纪，孰大于此，此而不正其渐益，甚宜合宗长房长，以惩其恶，违则呈官置宪可也。

一慎嗜好以同风俗。

盖风俗之坏，俱由于嗜好之偏。嗜好偏，人有善，而弗扬善，斯阻矣。人有恶，而勿正恶，斯炽矣。古昔圣王之世，所以风清俗美者，如子与子，止言孝；弟与弟，止言悌。嗜好既一，斯父兄之教不严，而肃弟子之率不戒，而谨今世俗有子之不孝，未有以孝教之者；有弟之不悌，未有以悌教之者，以故悖逆相安，而风俗弊坏，有不可言者矣。

一严黜削以禁奸盗。

乱伦败族莫甚于奸盗二事。族内如有此等，房长即当蠡其罪状，正以法纪，并以统会家长及各房长于谱内削除其名字，以空一世。其后子孙，若果贤达，亦不以犁牛而废骍角之子宜嗣，书其子孙名字，并书其人于子孙之名下。

一务本业以裕生计。

语云：皇皇求仁义者，君子之行也；皇皇求财利者，细民之为也。若是将利不可求乎，非也。传曰：贫富之道，莫知子夺巧者有余，拙者不足，是故本富为上，末富次之。本富者，用天道识地利农民之业为也；末富者，贵征贱，贱征贵，商贾之业也。然惟本业得，而后生计自裕，则既富而方穀，虽范蠡计然之策，亦圣贤经国之道也。

一卜地早葬以安先灵。

凡人子不幸，遭亲之丧，俱有依依不忍舍之情。然亦当及时安葬，虽或限于财力，不能置买吉地，但择其地无寒湿之侵者，封固而厚培之。庶几先灵归土，得以永安，而人子终天之憾亦以稍释，又当于墓前立碑刻石表之，使世世子孙，识其为某亲之墓处此，亦不匮之孝思也。今人俱因择买吉地一念，遂至因循暴露，则疾风苦雨之下，明月乌啼之际，仁人孝子有不恻然恫心者乎，宜切戒之。

金华伊氏名人与家训

伊惠,婺城区汤溪镇下伊村人,字文馨,号子溪,后人尊称华廿六太公,那时伊惠在福建泉州当永春知县,任同安县事。他为官清廉,深得民心。嘉靖年间,时遇饥荒,百姓流离失所,伊惠不顾个人安危,下令开仓赈灾,同时还免费施粥施药,救万民于水深火热之中。后来伊惠的事迹被报知皇上,龙颜大悦,特御赐《甘露流芳》金匾予以嘉奖,这份荣耀至今还存在下伊村午御门的牌楼上。

一、礼十公训

创业恒艰,守成不易。若子若孙,兢兢业业。勤繁勿懈,日渐增益,愈光前列,是予之所望也,勉旃。

二、光祖对儿孙遗训

为父者当教其子,为子者必孝其亲,为兄者当爱其弟,为弟者必敬其兄。必克勤克俭,必克宽克仁。毋恃强凌弱,毋倚富欺贫,毋计利以伤大义,毋徇私以忘至公,毋纵酒以放心性,毋蹈以辱门庭,毋用妇言以闲和气,毋逞血气以犯官刑。

三、贵十二公遗训

凡我子孙,听吾所云:谨守规矩,慎行修身,无交非类,耕读惟勤,克遵伊训,庶机有成。

金华于氏名人与家训

于石

于石,字介翁,号紫岩,晚更号两溪,兰溪人。生于宋理宗淳祐十年,卒年不详。貌古气刚,自负甚高。宋亡,隐居不出。石为诗多哀厉之音,有紫岩诗选三卷,《四库总目》传于世。

《石灰吟》

于谦

千锤万凿出深山,烈火焚烧若等闲。
粉骨碎身浑不怕,要留清白在人间。

栅川《于氏家训》

凡先世及宗族中男妇有贤达贞节淑德懿行者,或见诸郡县志书或录于名贤撰述,则必录其全文,或据其实行为小传,载入先德一仪。

并规定，凡宗族中贤否不齐或犯奸盗详为玷辱先世者，于其父下书其名，谱内削去其行弟，以戒其不肖。

金华俞氏名人与家训

俞庭坚（1211—1282），原金华县孝顺人。原名公冠，字子固。当官后，省名讳中"坚"字，单名庭。他少小从家学，才思过人，在同辈中以机敏出名，在"群从间，作赋缀文，援毫立就；谈经评史，洒洒不穷。群从之隽敏者，皆莫能及。"他涉猎文赋，研习经史，有良好的家学功底。而且敢于发表己见，言论别树一帜，又虚心不懈，"博洽聚群，开拓其见闻"。他的伯父俞处乐，任遂安县尉，很欣赏其好学精神，竟能作忘年之交，"相与如辈行"。伯父曾陪伴少年侄儿，一起去参加县衙征管官员的选拔考试，结果均被列入向朝廷推荐任用的名录。这事令其祖父兴奋不已，赞叹："是子，真足以大吾门矣！"因此，在四乡声名日隆，"乡之贤大夫士莫不推敬。"当地一名姓马的士绅，在其后花园水池边新筑一亭榭，池内遍植莲荷。盛夏之日，并蒂婀娜；依流筑亭，亭影如飞。因闻庭坚文质华丽，志专学笃，学醇文粹，就亲到俞家，邀庭坚为园亭擢秀作记。以后，经遴选，去吴江县任典签书官。南宋宝祐元年（1253）领漕举职。按照当时举荐制度，允许以同等官衔互换职务。根据业绩，俞庭坚由朝廷授予"敕署忠显校尉"。校尉一职，自汉代始，是一种军职，权在将军之下。唐朝以后，逐步减折兵权，后来成为低级武散官的统称。俞庭坚虽"勑署"忠显校尉，并无带兵实权。因此，庭坚负气挂冠，"为佚老计"来到俞源，隐居林泉，盖新房，扩栋宇，安家度日。平时，就结交朋友，谈古论今，"与所增益者品第甲乙"。同时，以己所学，倾囊而出，悉心教育两个儿子，"兼发其素蓄，剖以卑两子"，成为一名逸民隐士。

俞庭坚生于南宋嘉定四年（1211），卒于元朝至元十九年（1282），享寿72岁。死后葬于长安乡南山之原，距其父坟茔百步。其子有二：必达、必得，均登仕途。

武义县俞源乡俞源村俞氏家训

尊祖敬宗，左昭右穆，长幼有序，亲疏有别。

尊长爱幼，孝敬父母，友好兄弟，和睦妯娌。

崇尚礼乐仁义，明理道德，修身养性。

金华虞氏名人与家训

虞国镇（1591—1641），字伯岳，号澜石，浙江省义乌市花溪（今廿三里镇华溪村）人。明万历三十二年（1604）14岁中秀才，天启七年（1627）中举人，崇祯元年（1628）中进士。朝廷委任广东香山县（今广东省中山市）知县。上任后清廉勤政整饬香山，特别在打击葡萄牙人入侵澳门、剿除海盗方面，功绩卓著。百姓称赞"是海瑞一样的好官"。

虞抟（1438—1517），字天民，自号华溪恒德老人。今义乌市廿三里镇华溪村人，明代中期著名医学家。《金华府志》中载："义乌以医名者，代不乏人，丹溪之后，唯抟为最。"虞抟年幼即"习举子业，博览群书，善记育，能诗"。年轻时，因母多病，立志学医。潜心研读各种中医经典著作，继承发挥朱丹溪医理。其医药以丹溪为宗，集张仲景、孙思邈、钱乙、李杲诸家之精华，融会贯通，从而建立起一整套系统的医学理论。

祖训家规

天下为公

德自舜明

金华张氏名人与家训

张志和

张志和（732—774？），字子同，初名龟龄，号玄真子。祁门县灯塔乡张村庇人，祖籍浙江金华，先祖湖州长兴房塘。张志和3岁就能读书，6岁做文章，16岁明经及第，先后任翰林待诏、左金吾卫录事参军、南浦县尉等职。后有感于宦海风波和人生无常，在母亲和妻子相继故去的情况下，弃官弃家，浪迹江湖。唐肃宗曾赐给他奴、婢各一，称"渔童"和"樵青"，张志和遂偕婢隐居于太湖流域的东西苕溪与霅溪一带，扁舟垂纶，浮三江，泛五湖，渔樵为乐。

唐大历九年（774），张志和应时湖州刺史颜真卿的邀请，前往湖州拜会颜真卿，同年冬十二月，和颜真卿等东游平望驿时，不慎在平望莺脰湖落水身亡。

著作有《玄真子》12卷3万字，《大易》15卷，有《渔夫词》5首、诗7首传世。

张润之（1212—1283），字伯诚，号思诚子，石阜岭村人。何基入室弟子，研习30多年，尽得所学。金履祥为何基续编《〈近思录〉发挥》，一一质之而后定。履祥赞其为朱门嫡孙行，端平淳祐，文献灵光。值乱处约，布衣蔬食，薪水或不继，处之裕如。冰雪孤松，端操凛凛。许谦称赞其笃诚清介，问学专力于经，天才骏利，襟度融朗，有浴沂咏归气象。宋末避乱，居金华山中，遂有桃源之志，采其幽胜为《洞山十咏》，微言奥旨，高风雅韵，犹可概见。曾于石阜岭创立溢东书院，设帐授徒，播扬理学思想。

张作楠，字丹村，浙江金华人。嘉庆十三年进士，铨授处州府教授。擢江苏桃源知县，调阳湖。治事廉平，人称儒吏。道光元年，擢太仓直隶州知州。三年，大水，作楠冒雨履勘灾乡，问民疾苦，停征请赈，借帑平粜。疏瀹境内河道，以工代赈。水得速泄，涸出田亩，不误春耕，人刊《娄东荒政编》纪其事。寻奉檄赴松江谳狱，乡民讹传去官，虑仍收漕，纷纷奔诉。会濒海奸徒乘间蠢动，作楠闻变，驰回，中途檄主簿萧翱赴茜泾捕首恶，胁从罔治，事遂定。作楠勤于治事，案无滞牍。暇则篝灯课读，妻、女纺织，常至夜分。

人笑其为校官久，未改故态。

五年，擢徐州知府，受代，以平粜亏帑2万金，弥补未完。作楠自危，巡抚陶澍曰："救灾民如哺儿，失乳即死。吾方咎汝请粜时，顾虑折耗不兑稍稽。遗大投艰者，胡亦泥此？且绅民已代致万金，不汝责也！"徐州亦被灾，筹赈甚力，民赖以甦。

在任两载，乞养归。乡居20余年，足迹不入城市。三子皆令务农、工，或问："何不仍业儒？"曰："世俗读书为科名，及入仕，则心术坏，吾不欲其堕落也。"作楠精算学，贯通中西。在官以工匠自随，制仪器，刊算书。所著书，汇刻曰《翠微山房丛书》，行于世，学者奉为圭臬焉。卒，祀乡贤祠。

张恭（1877—1912），浙江金华人，中国近代民主革命家。早年考取举人，由于满清政府腐败无能，外侮迭起，张恭绝意仕途，立志革命，从事演新剧、印书刊、办报纸等革命宣传活动。后来，张恭积极发展组织革命团体，联络会党，加入光复会。1907年，孙中山先生在两广组织起义时，张恭与徐锡麟、秋瑾等共组浙东光复军，任分统，准备发动武装起义。后因徐锡麟、秋瑾遇难，起义未成。张恭避难上海，转战报界，任报馆主笔。又因满清追捕，流亡日本，但斗志不懈，继续宣传革命。曾主持中国同盟会机关刊物《民报》笔政，并出版增刊《天讨》。1908年夏，张恭从日本回国，重整武装，约熊成基、陈其美、王金发等人策动武装起义。由于安庆之役失败，张恭被逮捕。1911年10月，武昌起义成功，东南光复。张恭随即获释，立即召集旧部，准备挥兵北伐。而此时南北议和告成，张恭被推举为中国同盟会浙江支部长兼都督府参议，在杭州创办《平民日报》，大力宣传民生主义。不久，因病解甲归乡。1912年11月13日因病逝世，年仅35岁。

张恭一生虽如"石火电光"，但在那欧风美雨侵袭、坚船利炮侵略中国的非常时期，为了拯救中华民族，张恭高举反帝反封建的大旗，百折不挠，历尽艰难困苦，不断追求真理，一以贯之的革命精神，至今闪耀着不灭的光芒。

张恭

张枢（1292—1348），字子长，祖籍东阳。父张观光娶金华潘氏，遂家于金华，曾为婺州路教授，是金华首任学官，著有《屏岩小稿》1卷。其外祖父家藏书数万卷，枢取读，强记不忘。稍长，挥笔成章。人问古今沿革、政治得失、礼乐兴废、帝号官名，回答皆无脱误。谈论人物，则其世系门阀，材质良莠，历历如指掌。请许谦收为弟子，谦奇其才，以学友相待。耻仕元朝。七年，诏命为翰林修撰、儒林郎、同知制诰兼国史院编修，纂修本朝后妃功臣传，又坚辞不就。使者强其就道，至武林驿称病辞归，次年卒于家。

张寿颐（1873—1934），字山雷，江苏嘉定人。19岁为秀才。因母病风痹，历久不愈，乃弃儒学医。经名医指导，学业与日俱进。民国3年（1914）在朱阆仙所办中医专门学校执教，后在沪悬壶行医。民国9年（1920）应聘来兰溪中医专门学校任教务主任，从事中医教育工作15年。寿颐博古通今，中西合参，又精于训诂，经典医著与各家学说均能发其要义，取其精华，并擅内、外、妇科，对中风、脉学、外疡尤有研究，被誉为全国名医"二张"之一。当选中央国医馆理事，受业学生先后达500余人，分布省内外各地，其中，有著名针灸学家、世界针灸联合会筹备委员邱茂良（龙游人）。曾编写教材讲义25种66册，其中《沈氏女科辑要笺正》《疡科纲要》《中风斠诠》等书，新中国成立后由上海科技出版社出版。

张世禄（1902—1991），著名语言学家，古汉语专家，博士研究生导师，教育家，先后在南京、复旦等10多所大学任教授。汉语大词典学术顾问，学贯中西，博古通今，著作颇丰，被著名语言学家王力尊为"恩师"。

《蓝泉井头张氏宗谱》清河家训

夫正俗先于兴行，兴行莫要于法古，古之道也。经纪五伦申明六行而已矣。观于乡而知王道之易，易者其所教者豫也，著立训第一。

一曰教悌以敦仁

孝悌之性生而具之，孝悌之事童而习之而卒不克尽者，夺于妻子之慕，嗜欲之好骄亢之气而已矣。有所夺则丧，所怀来何事而不败坏也。经云：事亲孝则忠可移于君，事兄悌则顺可移于长。明乎孝悌者百顺之所聚也，是故孝悌者必敬身而惰慢之习，不设于气体矣；孝悌者必明志而匪僻之端，不匿于神明矣；孝悌者必沈笃，将言满天下无口过也；孝悌者无残忍，将行满天下，无怨恶矣；孝悌者不折枝不杀夭，将仁民爱物之事统是矣。一人由之为厚德一乡，化之为淳风古之，化成俗美而可几刑措者，率是道也。故曰：孝悌百行之原也。夫孝悌之心，益然内充沛焉；外溢感之，即动施之輒准，安往而不得哉。苟身实不克自尽而欲子弟之无蔑德也。容可冀乎，是故君子务以其身教也。

一曰养廉耻以尚义

夫所谓廉者，有分辨非不取之为高。所谓耻者，有介守，将若浼之是思。斯二者所繇以适于义之路也。是故无所为而为者，正乎义者也。见利思义而廉心出，见不义而耻心生者，勉乎义者也。昔有捃麦资生心恶，其种之杂遗布不受凝，可令妻无裈一日，甘凄凉千年。峻清节凡皆励廉耻，以伸义耳。况吏清白者，后必昌。性淡泊者不犯鬼神之忌，又何利如之。何谓养曰严，一介凛千驷，短褐可以蔽体不羡狐，敝卢足避风雨，不慕广庯，如此而已矣。彼寡廉耻者，非惟失义兼失利甚矣。义之不可不尚也，故君子必敦廉耻之风。

一曰辨尊卑内外以明礼

礼者身之坊也，取象天地以定尊卑，取义阴阳以别内外，故礼者经纪于五常之内。其防维大，其表式，远不可不讲也。古人训子过庭必趋，过庙必式，事亲有谏，无犯召、无诺然，上有严君之尊而后下无歡常之子。礼内言不出阃外，言不入阃。缝衣裳、幕酒浆事，舅姑无非无仪，然内无司农之牝而始有弋凫之士。凡以尊卑不相乘，内外不相贷也。不乘不贷，则礼为之闲也。观夫姬文克尽世子仪而开王业，敬姜不越阈而语，仲尼贤之可，以法已然。有本焉，则身之谓也。家人传曰：君子以言有物而行有恒。

一曰择术慎交以见智

夫人列四民之中，各有职业。得其业，上之可得华腴，下之不失温饱，比闾族党居与狎出与游，唯斯人与得其人，上之可以砥砺，次亦不失倚毗。故曰：农人之子恒为农，而士出其中焉，明有专业也。业专者，精其事，食其报；有恒产者，有恒心矣。与正人居者，如入芝兰之室；与邪人居者，如入鲍鱼之肆。且不独此以利交者，利尽而交疏害，且随之以义交者，淡而不厌，久而愈见其有益甚矣，择术择交之不可不慎也。昔庞德公躬耕垄上，刘表候之。曰：后世何以遗子孙？公曰：世皆遗危，我独遗安。虽遗不同，未为无所遗也。朱文季与张堪同县，张见之曰：吾以妻子托君。朱不应，后张亡，朱赈恤其妻，子夜往候。其子怪而问之曰：堪有知己之言，故不忘也。此可为择术慎交之一证也。

一曰存诚黜伪以葆信

《易》曰：忠信所以进德也，修辞立其诚，所以居业也。又曰：信者身之实也。苟无是信，虽有鸿骏之树、忠孝之名，古今徽美之事，亦伪耳。盖矫节而后有名高，名高而后有厚实。计及厚实者伪也，名高亦伪也。总之有为而为也，有为而为者，诚未至也。君子所以闲邪必存其诚也。昔颖考叔以母遗动其君，王祥以请死悟其母，赵长平之代弟请死而贼感泣。范巨卿之见信死友，羊叔子之不疑于敌人，一诚为之耳。虽然人之诚伪己，自知之不必以应感论也，果能问心无愧。起言无私，有时击断而不妨其仁，有时匡救而不害其孝，反经行权而无损于其懿美，金石可流鬼神避锋。故曰：诚者天之道也。

井头张氏清河家规

夫仁里存乎睦族，睦族存乎饬例条款，不列教化何繇而兴？谡家规为次。

冠礼须子弟十岁以上，筮日筮宾立于阼阶，醮于客位重之也。盖冠者成人之道也。责以成人之道，可不慎欤。

婚娶须择故家门户相当者，然后纳采问名。倘事从苟简，不问阀阅，无论玷辱门风，且内则不暗气骨、谢陋频蘩、失职种类庸贱、风俗败坏、关系不浅，鸣众革祠，不许登堂与席以示警。

族中嫁娶及添男女者，入庆银一钱，交付掌事人生放，以为修谱之资。

丧事丰俭，称人家有无，但君子不以天下俭。其亲衣衾棺椁须竭财力不可悭吝，以贻终身之憾。款亲止用素食，不许宰杀。亦不得隐讳不闻，以绝亲义。殡殓祭奠事，宜照依文公家礼，不可惑于世俗、浮屠忏悔、贻亲不义。

始祖春秋之祭，管事人等须要预先买办猪、羊、菜、果荤素食棹。临期五鼓发号派下，子孙老幼俱宜斋戒，诚元帽青服斋至祠中，肃静序立，以严封越。不得喧哗相揖，以冒不敬。

族中弟子资性聪敏者，舞勺时须宜择师友课读书。长辈稍加优礼。其有家计不足而志趣向上者，存有公银谅情，结其纸笔。若钝拙之辈，当督责其耕种技艺。倘有不事生理、游手游食者，祠中杖警，仍罚其长上。

族中子弟殴逆父祖，凌辱尊长，游荡饮酒不顾父母之养者，重责示警，仍革出祠。

凡子弟有奸盗诈伪、败伦纪族者，送官正法，仍革出祠，不许与祭。

本族妇女殴詈公姑、凌辱夫婿、喜好争竞、宣淫嫉妒，以绝夫嗣者，鸣众按以黜条，仍坐其夫以不能治正家之罪。

族中凡子弟倚凭血气强蛮生事，理论不从、众说不听者，绑缚送官以杀其恶。

族中有田产财帛不明或因一时口角致兢，不鸣宗族径自赴告者，族众当官排挤，以为好事之戒。

族中子弟，毋许讥讪长上、攻讦隐私、作淫歌、污秽名行，有伤厚道，大坏风化，访得祠中杖警。

凡子弟与尊长同席宴饮，须序坐次守礼法，无乱言歌唱，以宣淫风，以长慢习。

本族男女须别内外，非五十以上不得授受交谈，亦不得门外市买。亲戚男子见者，代劳以全一门体面。

本族妇女无故不得往来别家，轻出非体。且妨女工亦不得聚妯娌，据坐要道，剧谈闲事，搬弄是非，犯者坐其夫。

本族凡有兄弟者，兄弟天性之伦为重。不得轻信内言，以伤大义。至有听妻之言，艰苦煽惑不念同气、伤残骨月、莺声分雁，自当鸣例，族谴其妇。盖子姓祖宗血脉尊重，则家规岂可轻欤。

族中凡立继者，须禀明族长。按其嫡派应继者，通族立之，须照依古礼继法，不得任情去取，以为日后争夺之祸。

族中凡有田地、产屋、坟茔类等，势豪不得霸占，贫家不得侵损。其有可租赁者，亦必禀明族长。如有不遵恃顽者，以灭祖论。

族中任事，宜须择齿德才能数人掌之。其有违拗不听约束者，送官正法。而纲纪紊乱废弛，输公服众，倘身不正者退局。

金华章氏名人与家训

章懋

　　章懋（1436—1521），字德懋，号暗然翁，晚号瀔滨遗老，世称枫山先生，渡渎村人。自幼颖悟，10岁能文，15岁补博士弟子。天顺六年（1462）乡试第一，为解元。成化二年（1466）会试第一，为会元，赐进士。选庶吉士，次年授翰林院编修。宪宗将以元夕张灯娱两宫太后，命词臣撰诗进御。章懋与同僚黄仲昭等上疏力止，建议"省此冗费，以活流离困苦之民"。宪宗怒，廷杖，贬临武知县。后改南京大理寺左评事。调福建按察司佥事，以饬纪尽职为任，倡经商以富百姓，许采矿以绝盗源，减造田税以轻民负。41岁辞官归里，奉亲读书。后开讲室于枫木山中，四方学者不远千里问道求学，门墙林立。学生中有4人列传《明史》。弘治十四年（1501），起为南京国子监祭酒，六馆之士人人憾得师之晚。正德元年（1506），屡疏乞致仕不允，以病弃官归里。五年，起为南京太常寺卿，次年改南京礼部左侍郎，皆辞不受。十六年夏，世宗即位，加进南京礼部尚书，是年除夕卒，享年86岁。诏赠太子少保，谥文懿，赐祭葬，敕祀乡邑，赐祠额"崇儒"。毕生清廉，三子皆务农。其学以濂洛关闽为宗，是明前期理学主要传人之一。于书无所不读，于天下事无不理会，精究力行，议论多切实精当。尝谓"法无古今，便民者为良法；论无当否，利民者为至论"，言必根志，志必先用，用必赴功。《明儒学案》谓："金华自何、王、金、许以后，先生承风而接之。"著有《枫山集》《枫山语录》，正德年间主纂首部《兰溪县志》。《明史》列传。

章品（1439—1526），字廷式，号慎斋，香溪人。幼与章懋齐名。弘治九年（1496）进士。授南武库主事，陈《治安十策》，多见采行。迁武选员外郎，在官与杨廉、邵宝、蔡清等相友善。仅两考，遂引退致仕。家居19年，以读书撰述为乐。晚丧明，仍盛沙画字，令子弟记录之。有《周易习义》《春秋经传辨疑》《礼记大旨》《辩疑孟子》《正蒙发微》《含章子集》《金华文献录》皆版行。祀乡贤。

章拯（1479—1548），字以道，号朴庵，渡渎村人。幼从叔父章懋学。登明弘治十五年（1502）进士，授工部主事，改刑部。以忤逆瑾谪梧州通判，单骑谕解马平土獠之乱。瑾诛，召为南京吏部主事，再迁兵部郎中，升广东提学副使。振孤寒，抑侥幸，标示正学，士习一变。升右布政使转广西左布政，擢右副都御史，抚治郧阳等地。嘉靖五年（1526），黄河溢。六年冬，授工部侍郎兼金都御史，命治河。时河决鲁桥，治议芜杂。拯议增卑培薄，塞溃疏壅，分杀其势。期为实干，乃为图说，请浚孙家渡至文家集200余里而通之。甫兴工，夏潦又至，河堤又决，未及底绩。乃为御史奏劾解职，受命改督显陵工程。此工程甚为浩大，世宗给计费17万两，章拯殚精竭虑，节省大半，解入工部以备河溢赈灾之用。时潘希曾进擢拯议，疏支河以杀其势，筑长堤以防其冲，挑通沛漕，河以无患。显陵竣工后升工部尚书。时夏言建请分祭四郊，拯上议合享，忤旨。赋闲归，家居20年，葛巾野服，乡人皆称之。嘉靖二十七年（1548），诏复其官，旋卒。隆庆初（1567）赠太子少保，谥恭惠。著有《章恭惠公集》《定性书》《克复解》等。《明史》有传。

章贽（1486—1530），字思敬，号素庵，女埠渡渎村人。从章懋学，生而颖异。其学驰骋上下数千载，捉笔能数千言，豪气雄情，高视阔步。正德时天下多事，作《铸剑赋》三千言，春容浩瀚。嘉靖元年（1522）发解未第而卒。其兄拯曾称其刚毅近仁，质直好义。守先生之格言，究暗翁之绪论，进取似狂，而有所不为又似狷。著有《素庵集》。

章侨（1488—1543），字处仁，号蓉峰，前阳村人。正德十二年（1517）进士，授行人。嘉靖元年（1522）擢礼科给事中，疏劾中官萧敬、芮景贤等。言三代以下正学莫如朱熹，近有聪明才智倡异学，好高务名者靡然宗之，请帝禁革。又请依祖宗旧例，早朝班退，许百官以次启事，经筵日讲赐清问密勿，大臣勤召对。选任儒臣十数人，轮流值殿，以备咨询。不久，言添设织造弊端良多，内臣贪横殊甚，至行户废产鬻子，唯急停革。历礼科左给事中，出任衡州知府。治衡政清，讼平费减，盗息都邑，乡闾咸怀其德，服其公。吏部考核全国第一。擢广西按察司副使、补河南按察司，除山东按察司使，莅政3月，出滞囚10多人。寻进山西右布政使。时鞑虏入寇，逼近太原。俦布设方略，悉力备御，虏旋遁去。抚院交章荐功，转福建布政使，夙夜勤瘁，不避炎瘴，以疾卒于官。《明史》列传。

章适（1511—1554），字景南，号道峰，女埠渡渎村人。赟之长子。博通经史，尤长诗词，有陶韦之风。嘉靖十六年（1537）领乡荐，二十六年（1547）进士。官至礼科给事中。时嘉靖帝讳言倦勤，无敢论及储君之事。适慨然进《东宫讲读疏》，忤旨。懔然引疾告归，家无积蓄。有《道峰集》6卷。祀乡贤。

章自炳（1580—1643），字美含，号岹梅，香溪人。事亲孝，父病剧，割股格天延寿逾12年。登天启五年（1625）进士，授行人，册封淮藩，馈遗一无所受。考选拟任山东道御史，改兵部职方司主事，怡然不以为意。疏陈严编造，定军额筹款，清月粮万余石。擢福建屯田参议，上屯田事宜十款，未尽事宜八款。又请蠲纳幞并复盐屯及清理盐弊，疏通积引，商人德之。官河淤塞，为豪右久据，清核而疏凿之，民受其利。晋升副使，时地方当刘香残破后，四民废业。自炳与民休息。廖监激变，人情汹汹，自炳为晓谕祸福，解散之，旋分首从定罪，境赖以安。不久晋左参政，禁贪墨，严诸谒，饬保甲，兴士类，除羡税，杜奸商，尤以修炼储备遍戒属邑。不久，徭人发难，监军两广，运策制胜，寇遂平。以久滞瘴乡成疾，又值龙南妖教煽众，自炳深入捣其巢，卒摘妖叛。病增剧，呕血数升而卒。祀江西名宦。康熙十四年（1675）崇祀乡贤及忠义等祠。

章有成（1584—1663），字无逸，懋曾孙，女埠渡渎村人。学博才深，工诗，尤善书，法钟、王。喜积古名画、法帖，达数千卷，日事校核。曾与义乌吴之器、斯一绪、龚士骧，兰溪徐应亨诸人结成"元畅楼"诗社。以孝名郡，《金华文献》有传。著有《诗薮稗篇》《上客轩片玉斋集》。

章瑗度（1610—1645），懋裔，有成之子。明季兵乱，有成为兵所缚，拷索藏金，痛不能忍，乃给。至井奋身投入，瑗度急甚，从之下，载父出首于水，等到邻人以绳引之，有成得不死，而瑗度气绝矣。人义之，为筑义井亭，黄阁学机撰有章孝子传。

章琚（1882—1959），女，游埠潦溪桥村人。父章霈，廪生，饱学善书法。琚幼承家教，熟读经史，颇有文才。嫁郑姓，居县城东门。受新文化运动影响，力主男女平等。先在云山小学任教。民国13年（1924）就任公立女子小学校长。是时风气未开，女子读书者甚少，乃四处奔走劝导，入学者渐多。至民国17年（1928）并于云山小学，前后5年，门墙女桃李达300余人。琚教学循循善诱，深受学生爱戴。

章飞仙（1891—1939），名不凡，号蜇庐，游埠下章村人。民国元年（1912）毕业于浙江第七中学，由邵飘萍荐入慧星报馆任编辑。未几，入天津陆军部军医学校学医。毕业后，入南苑中央陆军第五混成旅步兵一团二营任上尉军医长，踏上从军之路。直皖战事发，随军上前线救护。民国10年（1921）任第五混战旅旅部军医官长。自此追随旅长商震，戎马倥偬，直至没齿。民国21年（1932）春，晋级少将。次年，华北军第二军团总指挥商震在唐山设兵站医院，飞仙兼院长。编撰讲义，传授医技，造就一批医务人才。"七七"事变后，三十二军奉命与敌作战，飞仙负责救护伤员。民国27年（1938），在台儿庄、鲁西南等战役中，不避艰险，亲赴前线，与部属同安危。12月，商震升任第九战区副司令长官，三十二军归属十九集团军，商委其为总部少将参议，同往桃源任职。次年五月，因操劳过度，遇感冒暴发，救治无效，与世长辞。飞仙逝世后，商谓其"为国宣勤，积劳身故"。飞仙一生为人正直，热衷医务，关心民众疾苦。每归乡里省亲，求治者门庭若市，从不惮烦费。尝语人曰：余一生无他长处，唯一"恒"字可当之无愧矣！

章驹（1904—1941），字不羁，又名之鸿，游埠下章村人。民国14年（1925）在金华省立第七中学读书时，由千家驹介绍加入中国共产党，为金华县第一个党小组成员。民国21年（1932）毕业于南京中央政治学校行政系，民国22年至26年（1933—1937）历任兰溪实验县教育科长、浙江省第四区行政督察专员公署秘书、金华县长等职。民国27年（1938）1月调任慈溪县长。章驹组织战时工作队，抗日后援会，进行抗日活动。编印《慈溪县战时乡土常识》《县政三日刊》等书刊，号召全县人民团结抗日。民国30年（1941）4月，县城沦陷，章驹带领县府人员及部分武装移驻南山乡华盖山中，坚持游击战争。后形势日益恶劣，遂向东南撤退到奉化县之北溪。12月30日清晨，日军到达北溪，包围章驹所在之山头。章驹立即组织突围，亲率便衣队，尽力抗击，连中数枪，英勇牺牲，时年38岁。牺牲时身无长物，唯书籍、日记数箱而已。

章氏家训

《太傅仔钧公家训》

传家两字曰耕与读，兴家两字曰俭与勤，安家两字曰让与忍，防家两字曰盗与贼，亡家两字曰嫖与贱，败家两字曰暴与凶。休存猜忌之心，休听离间之语，休作生忿之事，休专公共之利。吃系在尽本求实，切要在潜消未形。子孙不患少而患不才，产业不患贫而患非正，门户不患衰而患无志，交游不患寡而患从邪。不肖子孙眼底无几句诗书，胸中无一段道理，神昏如醉，礼懈如痴，意纵如狂，行舁如丐，败祖宗之成业，辱父母之家声，乡党为之羞，妻妾为之泣，岂可立于世而名人类乎哉？格言具在，朝夕诵思。

金华赵氏名人与家训

赵良恭,字敬德,号天全子,城内隆里坊人。受业于吴师道,曾建聚星楼于城南,延接诸名士。所学日进,试不利,遂弃去,专事古文词,尤精于诗。晚年作蜗壳轩以终老。所著有《白云山房集》。

赵澶(1386—1452),字良渊。好贤礼士,尤轻财乐施。时括苍寇窃发,本府令属邑民兵应援。澶输粟800石,以佐军饷。上嘉之赐以冠带。后又出粟1100石,入官廪助赈济。有司以闻,朝廷遣人赍敕褒奖,劳以羊酒,旌曰:义门。时同旌义民六人:郭叔和、俞思璧、黄恺、黄大海、诸葛彦祥,澶居其一。

赵年(1442—1494),字有年,城内隆礼坊人。成化十一年(1475)进士。曾为行人,工部员外郎,都水司郎中。执法严正,人称"赵铁面"。后以中贵诬陷,除名。著有《一得稿》《碌碌集》。祀乡贤。

赵铁,字孔超。初受业于章懋,复从王守仁游。博综群籍,尤精天文。曾占星象,以预章虽有变不足虑,且谓帝星见江汉分野,后果如其言。以例贡选贵州按察司经历,政暇唯读书。未几,坚请致仕归,囊图书数卷而已。既归,抱膝长吟,怡然物外。同时有叶一清，字惟干，亦从王守仁游，得闻理学。著有《白崖便录》。

赵时齐（1515—1583），字子巽，号巽斋，城南隅人。嘉靖三十五年（1556）进士，授行人。皇宫九庙受灾，奉命颁诏谕江右诸藩。刚复命，再奉使葬祭蜀府，馈遗一无所受。时严嵩当国，诸荐绅有为先容者，正言谢之。升南京御史，黄侍郎懋官以月饷不给召变，南都鼎沸。时齐单骑出谕，条上便宜疏奏，悉报可。以谮谪赣州府推官，就转同知。恰遇丁巢赖清规聚众侵城，老幼扶携奔窜，时齐急下令开城接纳。抚军召他设计进剿，乃移师龙南，进讨下历，歼其魁首于峒鼓嶂。擢福建屯田佥事，搜剔奸蠹，民庆更生。以忤当道归。居家孝友，暇则读史。著有《纲鉴统宗》百数卷。

赵佑卿（1516—1593），字汝弼，城内人。耿介自持，乐交名士，不与俗浮沉。由嘉靖二十五年（1546）举人任高安教谕，奖进人才。擢建平知县，筑圩筑城著劳绩。以论马值忤上司，调保康，历龙溪、乳源，皆以恤民勤政称。升雷州同知，有讨贼功，旋乞致仕归。构碧霞宫，结方外之游，吟啸终老。

赵志皋（1524—1601），字汝迈，号瀺阳。城南隅人。从王阳明、钱德洪学。明隆庆二年（1568）进士第三及第，授翰林院编修。万历初，升侍读。因忤宰相张居正，出为广东按察副使，3年后谪解州同知。居正殁，言者交荐，旋改南京太仆寺丞，历南京国子监司业、祭酒，南京吏部右侍郎，不久召为吏部左侍郎。万历十九年（1591）秋，进礼部尚书兼东阁大学士，入阁参与机务。2年后为首辅，年已70余。

时万历皇帝晏处深宫，不理朝政，各地奏章束之高阁。志皋忧心如焚，一再上书请发滞留奏章饬各司办理。当时，矿税盐税过重，民变频生，各地奏报不绝。志皋再三上奏："非罢矿税而不能使民安。"万历二十二年（1594），辽东失事。朝廷只撤巡抚，不问总兵。志皋力主"封疆被寇，武臣罪也"，遂拿问总兵。当国10年，不植党，不怙权，临下宽和，朝臣疆吏获谴多尽力解救。累疏乞休，帝终不允。后病不能视事，4年上80余疏请退，皆未获准。身卧病榻，仍上章奏请"立太子，罢矿税，选阁臣，用言官"四件国本大事。写罢，卒于邸舍。赠太傅，谥文懿。著有《四游六虚堂稿》等行世。《明史》有传。

赵崇善（1536—1584），字伯兼，号石梁。万历五年（1577）进士，授婺源令，平心处置讼狱事。当时婺源、歙县为丝绢徭役负担争执最久，朝廷命向当地豪绅大户追索甚急。崇善毅然挺身而出，陈词痛诉，大吏不能屈而止。张居正当权时，议毁书院，福山紫阳书院也在议毁之列，而有势力者已将福山占为己有。崇善将其恢复为石林精舍。执行"履亩法"，不超出定额，抚军委他人复核，超出十分之一。诸役全部完成后，将此事率直报告于府台。税契例有盈余，全都记在特置簿册。做到催科杜绝借支、征解杜绝挪移、册籍杜绝飞洒，受到百姓爱戴。崇善生性廉洁，有将金夹在绢帽中送来，被斥之出者。除夕客至，无肉款待，客甚异，知其清廉。擢升御史，不久改任尚宝司丞。上疏请亟临御、图治安及用人驭兵之要。时倭寇窜犯，因而呈上备边要议，结果未被采用。晋升太常寺少卿，屡次告请退休。家居淡泊自安，足迹不入城市。再复起用时去世。居家常与徐用检、徐天民、叶良相等讲学于县东天真山庵，深入研究先天后天及克复敬恕之宗旨要义。汇有《证语》1编。

赵用熙（1676—1740），字斯敬，号平庵，蛟湖人。领康熙五十三年（1714）乡荐。雍正元年（1723）举孝廉方正。知博野县，精明强干。在任9年，以母老告归。好吟咏，工骈体。著有《博陵杂咏》。

赵锡礼（1696—1751），字叔叙，号容庵，板桥村人。清雍正八年（1730）进士。初任宜兴县令，值岁歉，捐俸设粥厂以赈饥民。城中有圣王庙，谣传所塑张士诚像会显灵，能移人祸福。锡礼将其投入河中，并焚其庙，自此，淫祀绝迹。后任武进县令，查捕盗贼，反复核究冤错之案，不使百姓蒙冤。疏浚澡港、通利二河，使沿河数十里百姓受益。升泰州和太仓知州，继任苏州、安庆知府。两府治分别为江苏、安徽省会。锡礼率吏以清，御繁以简，暇则与士论文。擢常州、镇江道，兼理关钞，商人称便。后调任淮、徐道。锡礼曾说："民富则难于整齐，当以威克爱；民穷则难于安辑，当以爱克威。"有守有为，时以为名言，政声称"江南第一"。因病归故里，殁。

赵书升，字鹿宾，号念斋，城南隅人。清乾隆三十年（1765）乡荐。植品端谨，足迹不入公庭，唯以教读为业。因县志年久未续，遂搜采遗文往事，著《兰溪文献录》藏于家。嘉庆四年（1799）修志，多取资焉。

赵庆华（1873—1952），字燧山，灵洞乡洞源村人。13岁离家，毕业于两广电报学堂。任清邮传部主事。北洋政府时期，曾任津浦、沪杭甬、广九等铁路局局长。梁士诒为总理时，任交通部次长。先居天津，终老北京。生6男4女。幼女媞，又名绮霞、一荻，人称赵四小姐。

赵鸿儒（1882—1943），字云青，号金龙，灵洞乡樟塘坞村人。在兰溪城关经营义隆南货店、义隆油行。经商之余，兴学办校，曾任赵氏着存小学校长。民国12年（1923）又创办旧金华府治内唯一的商业专科学校维勤初级商业职业学校，并亲任校长。对公益事业也甚热心，在城北塘湾巷建赵氏花园，栽种奇花异木，供人赏玩。悦济浮桥被毁期间，参与兴办朱家码头义渡，又在溪西内港建木桥以便交通，甚为人所称道。民国11年（1922）曾被选为县议会副议长，民国17年（1928）任商会主席。

民国31年（1942）5月，县城沦陷，返乡隐居。次年日伪维持会长梅金奎强挟其进城，诱其合流，赵当晚即回樟塘坞，至家门口跌地不起，翌日去世，终年62岁。

赵南（1888—1951），号伯飞，字步云，永昌镇人。民国元年（1912），保定陆军武备速成学堂第二期骑兵科、陆军大学第四期毕业。曾参加辛亥光复杭州战役。民国14年（1925）后，参加国民革命诸战役。先后任浙军第2师参谋、营长等职。民国16年（1927），任浙江省防军参谋处长。"一·二八"事变后，任上海右翼军团参谋长、福建第四路军总司令部参谋长。民国24年（1935），任福建省保安处处长，民国25年（1936）10月授少将衔。民国26年（1937），调任第二十五集团军参谋长，驻闽绥靖公署参谋长，投身抗日战争。

民国 27 年（1938）6 月晋中将衔。民国 33 年（1944），光复福州，军委会传令嘉奖。民国 35 年（1946），退为预备役。1951 年去世。

赵健（1894—1939），字捷先，乳名步芝，永昌镇人。民国 8 年（1919）在北京大学就读，受《新青年》杂志影响，与兰溪籍同学组织新兰溪学社，出版《新兰溪》半月刊，宣扬民主思想，对兰溪豪绅抨击甚力。毕业后在浙江一中、七中执教。旋至福建任永安县知事。因不善官场应酬，亏负公款，仅半年即挂冠回乡。其兄讪之："别人经商有亏本，你做官也亏本，真是书呆子。"抗日战争期间，邀集热心教育人士，创办私立担三中学，从事教育工作。著有《叛世之言》《论孔罪言》《庄子见》等稿，皆未刊行，已佚。

赵绮霞（1912—2000），女，字一荻，又名笙香，媞，因在姊妹中排行第四，故称赵四小姐，灵洞乡洞源村人。父庆华，民国初曾任津浦、沪宁、广九等铁路局局长、交通部次长、东三省外交顾问等职。童年随父就读天津浙江小学及中西女中。民国 15 年（1926），经大姐赵绛雪和姐夫冯武越（时为张学良的法文秘书）介绍，与张学良相识，并一见钟情。民国 18 年（1929）5 月，独赴沈阳，以秘书身份追随张学良将军。西安事变后，蒋介石将张学良判刑幽禁。张学良夫人于凤至因病无法陪伴。民国 29 年（1940）始，以秘书身份，尽夫人之职，陪伴张学良度过漫长的幽居岁月。1964 年 7 月，与张学良在台北举行婚礼。2000 年 6 月 22 日，在美国夏威夷去世。2001 年 10 月，张学良将军去世，与赵绮霞合葬于美国檀香山神殿谷。

赵氏家规家训

（一）"家规"二十条

家规者，原以振一族之利常，正人伦之大节也。一族之甲，事务多端，人丁繁衍。一切规章，焉能悉举，惟择其俗态之所营，为寻常之所习用者，采而录之，俾得家喻而户晓。凡此，皆人世持身之要道，尤今时之所最禁者也。后之人定宜着意防闲，严以谨诫，切勿视为具文。

1. 父母乃生身之本，为子者内尽其心，外竭其力，晨昏定省，奉养无违，方称孝子。如有忤逆之辈，该房长及亲支人，立即传族入祠，严加责惩。倘仍怙恶不悛，定行呈送究惩。

2. 尊卑之间，次幼宜重。长幼之节，规矩当循。尊长者固不可以大压小，卑幼者，尤当戒以下凌上。倘有恃逞强恶，侮慢不逊，凶殴尊长者，旋鸣族户房长，入祠公同责惩。

3. 婚姻之礼，大典攸关。凡属结姻，必择忠厚之家，贤淑之女。况族大丁多，而重亲叠戚甚众，尤须门户相当，层次不紊。倘或违例，或尊卑混乱，大小不分，不独称谓失宜，尤为大乖礼仪，尚其严慎之。

4. 同姓不婚，古有明训。纵今各宗各派，溯自受姓以来，何莫非同引一本。尚未明此义，一里任意联亲，无论乖伦背里，即身后之灵主碑碣，大不美于观瞻，凡我族人，定宜戒之。

5. 夫妇之间，人伦之始。娶妇贤良，家之幸也。或有不贤，为夫者自应多方教训，不可轻言出妻。凡妻于七出无应出之条，则于夫无义绝之状。且七出者，有之不去。若擅出者，例载追还完娶。诚以无人妇，则人类绝矣。定当凛遵。

6. 伦常之曲，关系非轻。世有无耻之徒，有兄亡收嫂作妇，有弟故收弟妇作妻者，名曰转房，实属有干条律。吾族倘有犯者，无论童婚，公同呈究。即族内之女，嫁与他姓，有犯此者，断不可任意曲徇。

7. 养女择婿，亦父母子女之愿。朱子云：嫁女择佳婿，毋索重聘。倘不计较，如何为人。或贪财卖为奴贱，或受贿与人为妾，陷女终身，玷辱门户。罪坐女父母。族内有犯此者，公同传祠责罚之，协禀究追。

8. 居丧嫁娶，例禁森严。若居父母之丧，而自完娶者，罪在十恶不赦之内。但世俗又有因父母身故，乘未成服之先，辄敢趁时完娶，名为孝内成亲，均属大干法纪。族内有犯者，房族长将本人严加责惩。该主婚父兄，公同处罚。

9. 长房长子，不得出继。长房无子，二三不得有其子，诚以大宗不可绝也。律载先尽同服周亲，次及功服缌麻，无非由亲及疏之意也。若亲支之子，不得于所，后者亦听其别立。凡择继者，须凭房族人按序审量。倘有乖名犯分，昭穆不顺者，断不可因徇。

10. 无妻禁继，例有明文。殁后有侄成服，亦犹子也。若任其承继，虽为其人，续一房支系，殁后有孝无妣矣。从前间有无妻过继者，虽既往莫能追，而将来断不可，此盖为原来娶配者言之，而从来有妻者不在此列。

11. 祀田公屋，乃后人报本报需。若有不肖子孙，或藉端分析，或侵公济私，或盗典盗卖，上馁祖宗血食，下废子孙孝思；该亲友人等，传集族副房长，入祠公处重罚，永不准干预公事。

12. 坟墓乃祖骸所藏，先灵靠为安居，子孙依为荫佑。崩塌急宜修补，惊犯立刻奠安。如有将祖骸掘起，私卖废穴，肥身利己，致将祖骸暴露，此天理王法所不容。该亲友人等，传族房长，立即惩究。

13. 公管祖山，无论有坟无坟，只有公同蓄禁修培，毋得恃强砍伐树木，开挖栽种；亦毋得侵占盗卖，及擅行构造，致起争端。况强砍丘木，计株问罪，侵盗祖山，罪犯军流。各宜禀遵，慎毋自罹于法网。

14. 各处祖山，原有大公小公之别，其合族公管者，不得蒙混进葬。至各小公祖山之处，原有承管房分，亦毋得借以祖山，罩占强葬。或有毗连界限，更须清查抵止，更不得越界侵占。违者速令迁改，公同处罚。

15. 祖山进葬，必须辨明昭穆，不得尖刻拦塞，壁冢强葬。常有无知之辈，听信时师，妄谈风水，遂起谋盗之心。不知地脉，只有一线生气。若心地不良，纵得吉地，必致两败俱伤。凡我族人，最宜严戒。

16. 盗贼窃抢，并强砍强牵，掘瞠及邪术、奸淫等类，计赃问罪。轻犯杖徒，重犯绞斩。吾族育蹈此者，无论赃之轻重，先罚本房房长，即将本人公同送究惩办。

17. 私宰、赌博、酗酒、行凶及游手好闲之徒，恃强欺压乡愚，油水索诈各项，尤为当世所严禁，为父兄者急宜时加训诫。倘怙恶不悛，一经有犯，合族公同送惩。

18. 族内口角事务，无论亲疏，均系一脉，必先经房族长公同照理调处，免伤和气。毋徒逞一时之气，不顾同宗之义，遽尔辄兴讼端，自相残害。凡我族之人，各宜遵守。

19. 子弟不法，非独族有条规，且历有示禁。法律綦严，责在家长，况今时世，谋反、谋叛、大逆纷争，倘流入为匪，不独家属莫保，且连累合族。均干重律，定当严力谨持，毋犯大律。

20. 族长、副族及各房长，任非等闲，族内大小事务，及前各项事宜，均要大彰公道，严治家法。切莫徇情碍面，姑从宽恕，致起族人刁风。若因怠惰，任其流荡，咎在族人，慎毋勿略为幸。

（二）"家训"十条

家训者，所以挈一族之人而尽归良善也。古圣贤垂教立言，班班典籍。即我朝圣祖仁皇帝御制广训十六条，凡所以准人情而后风俗者至明且切矣。人苟能以心体力行，范围不过，则在宗族为循良子弟，即在乡党为端品正人。无如世风不吉，习俗移人，名节稍乖，即身再扰贻口实，可不慎与。语云：子弟之率不谨，由父兄之教未先。倘不训而罚，不几与不教而杀者等耶！兹于族谱既成，特编家训数则，另镌谱首。词不必精深，惟切于日用身家以及关乎伦常风化者，俾人人易知而易行，凡我族人，各宜致意，女常力业，操勤谨于当躬，正己修身，树仪型于后裔。煮子弟于景行，维贤于焉，光辉族党矣。

1. 敦孝悌

孝悌者，百行之原也。孩提知爱本诸良能，稍长知敬原于善，何以狃于习俗，顿失初心。为子弟者不知孝，当体父母生我之恩情，不知悌，当思长上待我之友爱，诚能服劳竭力，奉养无违隅坐徐行，恭让而不懈，则一门之内，和顺雍容，孝悌敦，而人伦斯重矣。

2. 睦宗族

自古乡田同井，出入相友，守望相助，疾病相扶持。异姓尚敦亲睦，矧同族之人而漠不之顾耶。务使视如一体，疴痒相关，庆吊必互相往来，缓急必互为通义。鳏寡孤独，必为之哀矜；困苦颠连，必为之照顾。能与祖宗济一日子孙，即能与祖宗免一日忧虑。若乃各顾身家，视同宗如秦越，甚则每因小事，辄起纷争，则怨积日深，其不视如仇敌者几希矣。书曰："以亲九族。"尚其念之。

3. 力本业

士农工商，均有常业，所贵恒心自励而各勤乃业耳。盖人有一定之胜境，不拘所肆何业，即随在可自致，立收其效。若乃既居于此，又慕乎彼，则此心一纵，遂不免怠忽其业矣，无何身入他歧，依然故我。业精于勤，荒于嬉。事虽勤于始，尤贵励乎终。皇天不负苦心人，尚须自勉之。

4. 慎交游

交接之际，不可不慎。正人入室，所讲者好话，所行者画龙点睛事。则子弟之所见所闻，即不得引入邪僻。不然，习俗移人，贤者不免，况子弟之庸愚者众乎。语云：学好千日不足，学歹一时有余。丽泽求益，尚慎旃哉。

5. 和兄弟

兄弟之间，原称手足，言人之有兄弟，即一身之有手与足，断不得隔膜相视者也。何今之人见识浅狭，或因兄弟弱于我，或因食口多于我，加以妇言唆拨，遂日思析箸而各烟。甚至每因小事，入室操戈，同气参商。外人因而构害，拆篱放犬之弊可胜道哉。昔有张公艺九代同居，江州陈氏七百口共食，均是人也，何弗思之。

6. 训子弟

易曰：蒙以养正圣功也。凡子弟无论智愚贤否，均当以读书为上。即或赋质不齐，亦须为之谋成，立慎择术，以为久远计。断不可溺于姑息，听其放浪形骸。盖人惟年幼，每令人怜，偶有过失，恒以无知恕之。不知中人之性，成败无常，若不预加防微，则骄奢淫逸，鲜有不为俗所染者。其至寡廉没耻，无所不为，不大贻祖父羞哉。须知水随器为方圆，影视形为曲直。有父兄之责者，可不慎与？又，教子读书，须趁光阴，不可太迟。世人常谓，太幼则无知，俟其稍长读一年算一年。不知既长，则外旷多端，虽读而终难刻骨。无怪乎三四年庸师之教，念一转而尽归乌有矣。惟其幼则嗜俗未萌，心无旁骛，际引一片之灵机，加以严师之提命，启其颖悟，收其放心，则成童之年，自可判其优劣之性。曾思十二岁之庠，人岂一二年工课哉？顽子切勿诿以家道艰难，遂渐往荒误子弟而不教也。凡我族人，共体此意。

7. 尚勤俭

勤俭乃居家之本。勤者财之来，俭者财之蓄。常见好闲之辈，似乎惰气天成，稍盈余，即喜丰而好胜。不思一时侈欲转囊空，悔何及哉。故不勤不得以成家，即不俭亦不可以守家也。冠婚丧祭，称家有无，衣食人情，随分自适。与其奢惰而终嗟不足，何若勤俭而常欣有余。

8. 戒争讼

居家戒争讼。凡是非之来，退一步，让三分，自然少事。盖以汝既有包容之度，彼必生愧悔之心。若乃因微逞忿，忘身及亲不顾，竭家尽产与人斗讼，则是鹬蚌相争，渔翁获利。纵令侥幸得胜，而家资受累矣。于是，所用不足，势必称贷，宿债莫偿，势必鬻产。此讼之所以终凶也。圣语云：小不忍，则乱大谋。其试思之。

9. 遵法律

朝廷定律例，以惩愚顽。凡酗酒赌钱，奸淫强盗，及一切不法之事，示谕煌煌，极为严肃。倘自蹈非僻，不畏三尺之条，一经发觉，身陷囹圄。爰书不宥，乡论不齿，上辱父母，下累妻孥，终何益哉。纵不明法律之严，亦当知身命为重，与其追悔于事后，何若远虑于事前。

10. 禁非为

人生斯世须趋正道，始为正人。乃有一等丑类，学习法打，包抢包牵，外逞豪强，心怀狡诈，每每恃能挟制，藉径刁唆，坏名分而不辞，犯王章而不顾。此等败行，大辱宗亲。凡我族人，均宜惕戒，毋游手好闲，而失本业；毋博弈饮酒，以废居诸；毋身陷不法，以身罹于刑章；毋肆态胡行，而见憎于乡党。修其身，安其分，勤其业，不居然秩秩之佳子弟哉。

金华郑氏名人与家训

郑刚中

郑刚中（1088—1154），字亨仲，婺州金华人。生于宋哲宗元祐三年，卒于高宗绍兴二十四年，年67岁。登绍兴进士甲科。累官四川宣抚副使，治蜀颇有方略，威震境内。初刚中尝为秦桧所荐；后桧怒其在蜀专擅，罢责桂阳军居住。再责濠州团练副使，复州安置；再徙封州卒。桧死，追谥忠愍。刚中著有《北山集》（一名《腹笑编》）30卷，《四库总目》又有《周易窥余》《经史专音》等，并传于世。

郑迪（1388—1436），字宗吉，城内人。永乐六年（1408）乡荐，历官祁门、嘉定、郓城训导，皆著有成绩。升鲁府纪善，严毅方正，辅导有方，王尊礼之，奏升鲁府长史。生平取受不苟，以清白称。工诗赋，著有《诚乐诗集》。

郑锜（1428—1516），初字湘之，又字威甫，号听庵，城区人。9龄失怙，幼年家贫而能厉学。闻丰城丁秉英以理学提倡后进，即鬻田备装而往受业。3年归，乃与章懋更相师友，讨论经史，精讲易学。四方之士，皆来问业。成化十一年（1475）中进士，授靖江令。政务平易，以德化民，发廪济饥，昭雪冤狱。适逢监司行县，不喜其宽政，欲加非礼。即封印绶还，曰："予自兹隐矣。"监司愧谢。未几因丁母忧而归里，百姓惋惜，立像尸祝。此后不复出仕，筑室于兰溪城内庆成桥北，枕冈临流，为传授学问之所，从学者赵年、董遵等后起萃集其间。正德十一年（1516）卒于家。祀乡贤。锜博通经史，理学造诣深奥。为文温粹冲淡，不事雕饰，教人亦以崇尚浅显通俗为旨，而痛疾艰深之文。著有《听庵稿》。正德年间，与章懋同撰首部《兰溪县志》。

郑赐，兴贤坊人。母金氏，年83岁病疯卧床数年，赐每早具饮食，扶母起坐相暖，寒而衣之，无不迎志承欢。夜则扶母足而卧，虽溲溺洟唾，皆亲之。

郑瑾（1453—1534），字温卿，号北园，城内人。成化二年（1466）试南宫中乙榜，授闽学训导。弘治三年（1490）进士，授邹平知县。值岁饥，乞得官银万余，阅丁计地，至者即给，民赖以活。旱甚，光脚裤雨，雨随注。改长州，刚洁自励，执法不阿。任楚州通判，致仕归。心犹关切民间疾苦，遇良有司就告以兴革之方，多见裨益，拯危济急，见称于时。著有《道德经阴符经正解》《礼义纂通》《蛙鸣集》。祀乡贤。

郑本立（1515—1573），字充道，号东泉，城东隅人。少从凌瀚学，不妄与人交。明嘉靖丁未（1547）进士。授苏州府推官，有廉明声。擢御史，巡按陕西，正当地震后百姓失所，讹言煽动，本立悉意抚绥，祛蠹拯乏，饬有司宣布宽条，以安民心。朝议开矿，抗疏止之。再按江西，海寇未尽，兵多招募，帅无纪律。本立预督州县备赍储船只，督饬将领，至即起行，无敢犯者。邑人陆凤仪为人正直，为时宰忌，本立力荐之朝，于是积忤。不久，拜南京通政司参议，迁太仆寺少卿。性刚正，不趋附。年未50即乞致仕归。构"逸老堂"，以著述终。有《有斐亭集》行世。祀乡贤。

郑国宾（1519—1573），字汝嘉，号越渠，城内人，郑锜曾孙。嘉靖二十九年（1550）进士。官婺源知县，条章明信，遇事刃解，奸宄悚息，兴学崇贤，士习丕振。征补兵科给事中，改礼科。以非罪罢职，时论惋惜。既归，筑室东山，怡情吟咏。有《卧云堂集》。

郑宏道（1558—1612），字克修，号澹中，城东隅人。性至孝，7岁遇亲疾，治汤药衣不解带。万历三十二年（1604）进士，授徽州府推官。有士人投谒门墙，贽以一砚，试之则紫金也，立召至，却而谢之。俸入不足以供日用，室人叹曰："为廉吏妇自甘淡泊，亚旅不能宿饱，奈何？"宏道恭顺言语慰之。摄郡篆，多余数千金，不入私囊。造紫阳桥，利涉者感之，号郑公桥。又摄休、歙二邑，余赎所积几万金，悉以修泮宫，资贫士。调南雄，去时，行李萧然。士民攀号数百里。南雄为赣粤巨商榷税重地，宏道兴廉除弊，正赋取盈，尽革浮耗，欢声载道。2年卒，徽人祀名宦。

郑昌龄（1681—1747），字星彩，号望西，城东隅人。雍正四年（1726）举人。初署乐平、新昌知县。民安其政。调繁宁都，历11年，植弱化强，邑无积蠹。新学宫，修邑志，浚濠池，清石灰山税以为士子膏火（读书用的油灯费）。民有谣："莫作恶，郑公眼霍霍；莫言情，郑公面如冰。"擢吴城同知，未满2年，中丞以昌龄公平正直，清介俭约，为政刚柔并济荐，升抚州知府。卒于官。

郑钺（1878—1943），字伯英，谱名柏荫。兰溪城内人。光绪三十二年（1906），官费留学日本，进岩仓铁道学校学习。后获日本大学法学士学位。娶妻日本人木村氏。抱救国之志加入同盟会，积极参加讨袁、反帝制运动。旋转入私立法政大学，专攻法律。归国后，执教于上海复旦大学。后历任国民政府司法行政部法官惩戒委员会机要科科长、山西省高等法院第一分院院长、福建省高等法院第一分院首席检察官、最高法院上海特区分庭检察官、江苏高等法院第二分院首席检察官等职。民国26年（1937）"八一三"事变后，上海沦陷，钺筹划和组织抗日锄奸，威震敌胆。民国32年（1943）

4月8日于上海病殁。《忠烈传》赞其"严于执法,勇于报国,一曲兰溪,光气永爚"。钺女萍如,民国4年(1915)生于日本。随父归国后,曾入上海法政学院就学。民国29年(1940)2月,在锄奸行动中被日伪76号"特工总部"枪杀。钺子海澄,民国5年(1916)生,长成后任中尉飞行官,民国27年(1938)参加"二一八"武汉空战。民国33年(1944)1月14日,在重庆驾机失事殉职,时年28岁。

郑秾(1894—1933),原名桂山,又名木星,青田县仁庄乡罗溪村人。民国11年(1922)随堂叔去苏联,跟胞兄郑桂南做皮革生意。在莫斯科期间结识谢文锦等留苏学生,受到革命影响。回国后,于民国19年(1930)5月在青田阜山参加红十三军。9月红军攻打乌岩镇后,敌组织大规模围剿,部分红军战士迫于形势,暂回家隐蔽,郑秾也回到家乡。民国20年(1931)初,郑秾来兰溪孟湖乡马蹄山后包郎殿落脚,以行医、教拳术作掩护,秘密发展红军,成立"中国红军第十三军第二师",自任师长,筹划武装暴动。后因内奸告密,于民国22年(1933)10月被捕,12月15日在龙游西门外英勇就义。

郑重(1919—2002),原名金明,兰溪城中人。民国25年(1936)毕业于浙江省立金华农业实验职业学校。民国28年(1939)入陕北安吴青训班学习,后在陕甘宁边区政府工作。民国31年(1942)加入中国共产党。抗日战争胜利后,任沈阳北陵区科长、陈相屯区区长。民国36—38年(1947—1949),历任沈抚联合县委宣传部部长、新突县县长、辽东省农业厅副厅长。1954年春,调中共中央农村工作部任一处副处长、处长。1962年，调国务院农林办公室。1970年底以后，先后任农林部农业组组长、农业局局长，农业部副部长、党组成员，国务院农村发展研究中心副主任、顾问。1995年离休后，任中国农村社区发展促进会会长、中国农业历史研究会会长和中国农业政策研究会副会长。郑重读书期间即接触进步思想。参加革命后在农村基层宣传、发动、组织群众同国民党反动派展开英勇斗争。在解放区参加土改，开展农业生产运动。担任农业部门领导后，坚持深入农村、深入基层，坚持实事求是，参与制定国家一系列有关农村工作的方针政策，长期从事农业、农村政策及农业发展战略研究。著有《对中国农业问题的管见》《农业的商品化与现代化、组织化》等论文；主持编纂《中国农业通史》。1989年，又就农村劳动力问题、农村现代化、工业化、城市化问题撰写多篇论文，在全国率先研究农村发展的根本性问题，为中央决策提供有价值的参考。先后出访德、法、意、日等国，积极推动中国农业国际交流。是一位革命者出身的中国农业、农村问题的知名专家和学者，是新中国农业事业的开拓者之一，也是党在农村战线的一名优秀的指挥员。

以下摘抄江南第一家《郑氏规范》里经典的几条，以飨读者。

善治家

【第十五条】

为家长者当以诚待下，一言不可妄发，一行不可妄为，庶合古人以身教之意。

【第二十五条】

择端严公明、可以服众者一人,监视诸事。四十以上方可,然必二年一轮。有善公言之,有不善亦公言之。如或知而不言,与言而非实,众告祠堂,鸣鼓声罪,而易置之。

【第二十九条】

造二牌,一刻"劝"字,一刻"惩"字,下空一截,用纸写贴。何人有功,何人有过,既上《劝惩簿》,更上牌中,挂会揖处,三日方收,以示赏罚。

【第三十八条】

新旧管皆置《日簿》,每日计其所入几何,所出几何,总结于后,十日一呈监视。果无私滥,则监视书其下,曰:"体验无私"。后若显露,先责监视,次及新旧管。

尚节俭

【第一百二十八条】

子孙不得与人眩奇斗胜两不相下。彼以其奢,我以吾俭,吾何害哉!

【第一百三十条】

家业之成，难如升天，当以俭素是绳是准。唯酒器用银外，子孙不得别造，以败我家。

【第一百三十六条】

子孙不得无故设席，以致滥支。唯酒食是议，君子不取。

【第一百三十九条】

寿辰既不设筵，所有袜履，亦不可受，徒蠹女工，无益于事。

重教育

【第一百一十六条】

延迎礼法之士，庶几有所观感，有所兴起。其于问学，资益非小。若咙词幼学之流，当稍款之，复逊辞以谢绝之。

【第一百一十八条】

子孙自八岁入小学，十二岁出就外傅，十六岁入大学，聘致明师训饬。必以孝悌忠信为主，期抵于道。若年至二十一岁，其业无所就者，令习治家理财。向学有进者弗拘。

【第一百二十七条】

子孙处事接物，当务诚朴，不可置纤巧之物，务以悦人，以长华丽之习。

睦乡邻

【第九十二条】

立义冢一所。乡邻死亡委无子孙者,与给槥椟埋之;其鳏寡孤独果无自存者,时赒给之。

【第九十七条】

里党或有缺食,裁量出谷借之。后催元谷归还,勿收其息。其产子之家,给助粥谷二斗五升。

【第九十八条】

展药市一区,收贮药材。邻族疾病,其症彰彰可验,如疟痢痈疖之类,施药与之。更须诊察寒热虚实,不可慢易。此外不可妄与,恐致误人。

【第九十九条】

桥圮路淖,子孙倘有余资,当助修治,以便行客。或遇隆暑,又当于通衢设汤茗一二处,以济渴者。自六月朔至八月朔止。

崇清廉

【第八十六条】

子孙器识可以出仕者,颇资勉之。既仕,须奉公勤政,毋蹈贪黩,以忝家法。任满交代，不可过于留恋；亦不宜恃贵自尊，以骄宗族。仍用一遵家范，违者以不孝论。

【第八十七条】

子孙倘有出仕者，当夙夜切切以报国为务。抚恤下民，实如慈母之保赤子；有申理者，哀矜恳恻，务得其情，毋行苛虐。又不可一毫妄取于民。若在任衣食不能给者，公堂资而勉之；其或廪禄有余，亦当纳之公堂，不可私于妻孥，竞为华丽之饰，以起不平之心。违者天实临之。

【第八十八条】

子孙出仕，有以赃墨闻者，生则于《谱图》上削去其名，死则不许入祠堂。如被诬指者则不拘此。

金华周氏名人与家训

周三畏，字正仲，原籍开封府。宋金南迁时，扈帝南下任婺州知府，有政绩，升为大理寺少卿，受命勘治岳飞冤狱。宰相秦桧要其加害岳飞，公不从，怒曰："违背国法，陷害忠良，必遭千载唾骂，吾不为也。"遂挂冠弃职逃来吾邑，隐居红岩。即今白露山后垾坦建居，即今垾坦村周姓之始祖。嘉定元年（1208年）钦赐其居地为"忠隐庵"匾额一块。以彰其德，公之忠贞不渝、威武不屈精神，人人敬佩。

家训

处世之道首在律己，尊老爱幼德人之本。待人要谦虚和气，不可盛气凌人，处事要公平合理，最忌悖理徇情。不可无防人之心，不可存害人之意，举止要大方，言谈要审慎，面认者必非善类，怒目者未必歹人。常以德高望重为人师，莫与蛮横无理人为伍。纯厚不是愚蠢，狡猾并非聪明，真诚感动金石，怀疑满眼仇人。学会与性格不同的人共事，习惯于在逆境中生存，忍耐不是屈顺，谨慎并非胆怯。安不忘危免遭意外之变，治不忘乱疑消不测之灾，遇事镇定自若能转危为安，临难惊慌失措易罹不实之祸。以德处邻守望可以相助，以文会友能收取补短之力，莫因小事疏挚友，莫为新怨忘蓓恩，见富贵而作谄媚之态者最可耻，见标志人而生淫欲之念者顶下流。男女共事言语要有分寸，行为要有尺度，需防人言可畏。恤孤怜贫必有厚福，仗势讹人后患无穷，富贵不可癫狂，贫穷不可失志，须知富贵无种贫穷无根。喜怒不形于色胸有城府，忧戚不见于而度量宽宏，有事与人商量，不能固执己见偏听只黯，普听之明与人相争，应反躬自问理短是否在我，人言不可亲信需防别有用意，鸡肠鼠肚不能办大事，蛮横粗野终必乱大谋。人至察则无徒，水至清则无鱼，以谅己之心谅人，以责人之心责己，谦虚者常思己过，骄傲者常论人非，乘危攻人者不仁，乘难讹人者不义，修身有道齐家有方，和睦乃家庭至宝，勤俭是致富窍门，赌博乃倾家之媒介，淫乱为破家之象征。

父母年老应竭力奉养，不可找借口虐待老人，鸦有反哺之报，羊有跪乳之恩，人乃万物之灵自当高于禽兽，王祥卧冰，黄香温席，德扬千古。

兄弟分居应相互关顾，不可为小利争吵不休。花萼相辉唐明皇美誉百世，煮豆燃萁魏文帝臭遗万年。子女年轻应精心教导，轻佻者教之以持重，浮躁者导之以实诚，齐之以礼，晓之以法，动之以情，并督促其扫洒应对之事，以柔其性，养其心，长其智。夫妻共处相见如宾，不可见异思迁，不可有始无终，人无完人，金无足赤，要相互谅解，相互体贴，意见不投多对话少批评，最忌争吵殴斗伤害感情，家和万事兴，黄土变金银。父慈子孝兄友弟恭，媳敬婆仁姑嫂和睦，妯娌之间姊妹相共团结一致家道自丰。务农者精耕细作因地制宜适时播种。为官者心存国家志在人民，廉洁奉公不徇私情，办事要有忍性，说话要留余地，措辞幽默委婉，态度要不亢不卑，办实事要少讲绍词，逆境不馁，顺境不骄，忠言逆耳利于行，良药苦口利于病，风之劲草事过见真情，办事胆要大，推理心要细，优柔寡断事倍功半，事有疑问三思而定，多设客观可能少做主观决定。对待同志宽宏大量多鼓励少批评，多磋商少命令，顺耳话要听逆耳话要忖，脸要厚心要诚为民兴利，受批评挨板子并不可耻，为国去弊心狠手辣，以流氓手段对待流氓，势在必行，以关心体贴看待同志。义不容辞，人过留名雁过留声。社会是高等学校，生活是学不完的课题，生命之途有坦途也有坎坷，一言一行务必谨慎小心。

二十世裔增尧

金华朱氏名人与家训

朱震亨

朱震亨（1281—1358），字彦修，婺州义乌（今浙江义乌市）人。金元四大家中，朱震亨所出最晚。他先习儒学，后改医道，在研习《素问》《难经》等经典著作的基础上，访求名医，受业于刘完素的再传弟子罗知悌，成为融诸家之长为一体的一代名医。朱震亨以为三家所论，于泻火、攻邪、补中益气诸法之外，尚嫌未备滋阴大法。力倡"阳常有余，阴常不足"之说，申明人体阴气、元精之重要，故被后世称为"滋阴派"的创始人。临证治疗，效如桴鼓，多有服药即愈不必复诊之例，故时人誉之为"朱一贴"。弟子众多，方书广传，是元代最著名的医学家。

朱子家训

君之所贵者，仁也。臣之所贵者，忠也。父之所贵者，慈也。子之所贵者，孝也。兄之所贵者，友也。弟之所贵者，恭也。夫之所贵者，和也。妇之所贵者，柔也。事师长贵乎礼也，交朋友贵乎信也。

见老者，敬之；见幼者，爱之。有德者，年虽下于我，我必尊之；不肖者，年虽高于我，我必远之。慎勿谈人之短，切莫矜己之长。仇者以义解之，怨者以直报之，随所遇而安之。人有小过，含容而忍之；人有大过，以理而谕之。勿以善小而不为，勿以恶小而为之。人有恶，则掩之；人有善，则扬之。

处世无私仇，治家无私法。勿损人而利己，勿妒贤而嫉能。勿称忿而报横逆，勿非礼而害物命。见不义之财勿取，遇合理之事则从。诗书不可不读，礼义不可不知。子孙不可不教，童仆不可不恤。斯文不可不敬，患难不可不扶。守我之分者，礼也；听我之命者，天也。人能如是，天必相之。此乃日用常行之道，若衣服之于身体，饮食之于口腹，不可一日无也，可不慎哉！

摘录自《紫阳朱氏宗谱》

金华诸葛氏名人与家训

诸葛伯衡（1328—1391），名阡，以字行。诸葛村人。性清介，持名节。少从吴师道习理学，获前辈绪论，精求实践，乡里咸推重之。洪武初，授北平杂造局大使，不以家累自随，出入无车马，遇雨辄草履行走泥途中。迁赵州吏目，闻此地建峰庙中有青蛇，进家必有祸。伯衡杀青蛇，严惩蛊惑人心者，民以不惑。以左春坊大学士董伦荐，召问治道，伯衡回曰："圣明之世，纪纲正而法度修，民皆安业，但廉耻之道轻耳。"皇上大悦，擢陕西参议。以道途远近定转输之法，民甚便。后改任广东参议，卒于官。《明太祖实录》卷228载："擢肇州吏目诸葛伯衡为陕西布政使司右参议。伯衡金华兰溪人，洪武初以秀才举擢北平宝泉局大使，改杂造局大使，迁福建盐运司广盈库大使。凡典钱币十余年，守法奉职，人称其廉。后改云南大理府肇州使目，操持益励。时左春坊大学士董伦知其贤。会伦出为河南参议，乃上书荐伯衡于朝，即召至京师擢陕西布政使司右参议。甫数月，丁母忧，服除，改广东参议。以疾卒。"

诸葛宝（1484—1503），字珍之，诸葛村人。20岁随父行商山东，途遇强盗绑架其父，并且要杀死他。宝抱住父，并用手架住强盗的刀具，对强盗说："我父亲有资本若干金，收贮在某所。请拘我为人质,让我父亲去取回。如果有假,就杀了我。"强盗同意。其父因为无金而徘徊未行。宝耳语说:"去则尚全一生,不然父子俱死,无益也!"父由是得免。及期不至,宝为盗所杀。

诸葛鲸(1501—1568),字腾甫,文瑀,诸葛村人。工诗,遨游南北,穷奇探幽,多发于诗而工于言情,最得力于六朝乐府。嘉靖年间,寄籍蜀中,偃蹇以老。著有《漫游杂稿》《黔中集》《问华子集》。

诸葛岘(1508—1547),字静之,号紫崖,诸葛村人。器宇宏远,研究经传而精析易义,为文一洗浮华语。嘉靖十三年(1534)举人,十七年(1538)进士。授潮州府推官,丁内艰服阕。改凤阳府,府治为中都陵寝重地,留守多恃权挠政,百姓苦之。岘至执正不阿,豪贵都自敛抑。蒙城有冤狱,积年不白,一讯立雪之。擢刑科给事中。疏荐总兵何卿有将才,使其提兵四川松潘,边境得以安宁。又疏劾兵部尚书陈经阻挠军计,卒罢其官。为当世所信服。

诸葛諟(1751—1808),字鉴堂,诸葛村人。乾隆五十三年(1788)举于乡。授山西怀仁县知县,兴利除弊,多惠政。有陈诉者,随即讯结,有神明之称。在任期间,兴书院,重教化。殁于任。百姓思其德,建祠祀之。

诸葛槐(1797—1856),字苏铭,号少眉,诸葛村人。幼承严训,读书刻励,弱冠食饩邑庠。道光五年(1825)选贡赴考,留都20余年。多与贤士大夫游,学识益赡。凡当代舆图、阨塞、钱法、兵刑之要,悉了如也。以教习镶黄旗，期满授知县，铨省江西，历任率不携家眷。故所至有声。初署安远县，邻邑有妖民煽众，谋不轨，官兵由县进剿，民大惶恐。槐备犒饷厚款兵弁，嘱无扰民。旋调署永新，未期，委署饶州。分防府防署在景德镇，至则除供磁陋规，为众所感。已而知武宁县事，宁民悍，好社斗，动多杀伤。槐至，轻惩重劝，斗风即革。咸丰五年（1855）九月调槐任建昌府新城县，次年四月太平军陷建昌，踞之。攻县城，槐率团勇击退之。力守数日，寡不敌多，城陷。槐具衣冠，北面叩首说："臣无能为役矣！"槐遂投灵山寺井以殉。时盖七月二十三日。

诸葛锵（1844—1900），字凤鸣，号棠斋，诸葛村人。10岁失怙辍学，幼而习商。甫游都市，于物产信息、生计盈虚了然于心。咸丰十一年（1861），太平军陷兰溪，锵时年18，挈眷避诸宁绍江淮。安顿完毕，旋纠众间行归里。复集兄弟戚属20余人，驰突风魂血瀑，日贸易数十里外。兵近则避，兵去则贾，攸往无困。籍资周济，全活甚众。同治二年（1863），太平军败走兰溪。锵以敏锐目光在劫后狼藉的兰溪县城开设天一堂药号。时港禁初开，洋商航集东南。锵高掌远跖，纠众由浙赴江，由赣趋粤，创起中药业。设祥源庄于上海，并以之为基地，力绾中外贸易之枢纽，南届广州、香港，北到津沽、牛庄，设祥源庄分号，经营中成药和中药材。信义交结，华彝无间，运输贸易半中国，直至南洋，成国内中药业最大代理商。光绪初，锵首出巨资，于广州修葺金衢会馆，使南下金衢客商宾至如归，隐隐然金衢中药业界领袖人物。因其引领推动，兰溪涌现超5000人的药商大军，时占全县男丁的7.4%。光绪二十二年（1896），积劳成疾，养病故里3年，仍时手书千言，指示沪粤商情。二十六年（1900），于上海病逝。锵子韵笙，留学日本，弃官从商，继承父业。锵囊有余资，不营良田美宅。返里倡建宗祠，设立义塾，购图书万卷贮其中，延师以教里中子弟，备受赞誉。

诸葛韵笙（1871—1942），名泰，字源生，诸葛村人。父棠斋（本志有传），为晚清浙中药商巨子。初习举子业，22岁中秀才，27岁赴日本留学。三年后学成回国，弃儒经商，继承父业，开拓创新。先在兰溪城区扩充天一堂为药行，增设同庆药行，经营中药批发业务。又在上海设祥泰参药号，同时在上海、广州、香港3地经营祥源庄药号，在杭州设同丰泰运输行，分支联号，互相呼应，在浙中西部和皖南赣北形成经营网络，使其在兰溪集散的山货药材及土特产直达上海、广州、香港。天一堂所制丸散膏丹，以"修合虽无人见，诚心自有天知"为旨，选料地道，制作精细，畅销国内及南洋各地。百补全鹿丸尤有特色，远销杭州、上海、台湾；据传盲人手摸鼻闻，便知是否天一堂所出。韵笙经商有道，曾任香港浙江商会会长。热心地方公益，兴办诸葛宗高小学，捐巨资担三中学、高隆小学。民国9年（1920），又兴办兰溪中医专门学校，任校长，直至民国26年（1937）停办。父子两代，先后济美，致力发展中药业凡80年，对兰溪经济社会发展颇有贡献。民国31年（1942）卒，终年72岁。

诸葛鲁（1890—1968），字凤巢，号东垣，别号若愚，原名增淇，诸葛村人。清宣统二年（1910）赴日本政法大学留学，民国2年（1913）毕业，回国从事政法事业。民国31年（1942）9月2日任国民政府最高法院推事。后去台湾。1958年9月15日任"司法院"第二届大法官，1967年8月14日免职。1968年1月31日在台北逝世。

泉麓诸葛氏积庆堂家训

泉麓诸葛氏积庆堂家训序

经曰：平天下先治国，治国先治家。古之求者，不欲一蹴而就，以王道无近功，诚谓笃近可举远也。故天下不自平，平于国。国不自治，治于家。吾族素称仁里，比来生齿日繁，好尚不一，自人伦日用以至事物细微。其理虽为人所与知，然求之人人皆知，或未必然也。余尝慨支派易暧，本始靡溯，乃窃周官以九两，系民义自九两，而后族属渐联。犹曰：尊祖敬宗之心未之达也。创祠堂以修祀事，本宗百世不迁。昭穆以世递降，子孙兄弟望松楸而焄蒿有寄，履霜露而怵惕可神。礼曰：尊祖故敬宗，敬宗故收族，收族故序谱。夫有祠以报本追远，有谱以聚涣合离，倘人心不齐者不训之使齐，则祠成虚器，谱亦弥文，将何以一道德而同风俗哉？余暇日稽诸儒之典，酌风土之宜，取近礼就俗，便于常行者。凡十八条，题目《家训》，俾吾族人人行之，世世守之，期臻比屋可封之俗，将见亲其亲以及人之亲，长其长以及人之长，而家齐矣。国治与天下平之，礼义又岂外是耶？

积庆堂家训

敦孝悌

常见人家子弟在于父母之前有因分财产而怨父母不均者，有听妒妻言而怨父母不慈者，有遮饰己过而怨父母不道者，有放肆奢侈而怨父母拘管者，有饮酒嫖赌而怨父母钤束者，有私其妻子而不顾父母之养者，而厚于外戚而薄于父母用度者，有兄弟执定轮养而致父母饥寒者，有父劳于耕耨母忙于井臼夫妻偷闲而还说父母安逸者，有父母患病不请医药而借言老疾难治者，有父母衰老不能任劳而辄言该力者。若此之类，难以备述，呜呼！父母在日不行孝敬，视如路人，及至殁后却乃披麻戴孝扬声号哭、请僧供佛、修斋追祭、盛张鼓乐、唱戏暖伴；置备佳肴美馔、异果醇浆，侍奉宾客恐不尽情；扎造楼碑做纸人马等物，炫目壮观，空废千金之费，全无一毫之益。书云：生事之以礼，死葬之以礼，祭之以礼。不遵大圣之遗言，且悖文公之家礼，不惟贻讥于识者，仰且博笑于大方，特书于谱，谨告后嗣。有则改之，无则加勉。暗室亏心，神明照鉴，祸福报应，不差半点。言虽不文，意则深远。世病可革，占风可迁，慎之戒之，愚言可觇。

戒放肆

常见世人负少年豪气，胸襟高傲，言语刚强，将谓无人，惟知有己，眼空四海，欺负一方，好议人之丑态，不责己之过失，口胜鱼肠利剑，舌赛吹毛快刀，尤善于拒谏饰非，难逃乎乡评舆论。一日时衰运去，祸起萧墙，常抱造次之惊，恒怀颠沛之厄，陷入重典，掩禁缧绁，浪费万贯，难求一生。盖非人之所累，实己为之召也。呜呼！岂若遵礼俱法，屈己敬人，存心恭谨，安分修德，使乡党称为端人乎？

息斗讼

窃见今人偶因一言之忿不忍，或锱铢之利不均，辄然斗殴构讼。夫我欲求胜于彼，则彼必求胜于我，仇之相结，怨之相报，遭官刑拷讯，身惟重罪，又禁囹圄，苦不堪言。以致父母忧泣、兄弟愁悲、妻子惊哭、朋友叹息，损千金而身命不保，尽百计而罪案难逃。破家荡产、贻害儿孙，尚未已也。呜呼！岂若含忍一时，后退一步，饶让一着，庶几安居乐业，得享太平，使乡里称为善人乎？

肃伦常

五伦大道之大者，不可不知。君臣贵乎有义，为忠者忠信，重禄以养士；为臣者竭忠效职以报君，如孔明之事昭烈称鱼水君臣，斯谓之有义矣。父子贵乎有亲，养育之恩等于天地；为父母亦须慈爱其子，为子者必当竭力尽孝，以事父母，斯谓之有亲矣。夫妇贵乎有别，倡随自若古人执雁升堂，盖取其终身之节义，所以夫外妇内，相敬如宾不相亵也，斯谓之有别矣。长幼贵乎有序，凡于长者之前，侍立应酬之间，必当谦敬。王制曰：父齿随行，兄齿雁行，不相僭逾，斯谓之有序矣。朋友贵乎有信，凡言当近于义庶可复也，且有责善之道，如范张之徒，斯谓之有信矣。

正名分

家族原系一体，本当和睦，尊卑之系即名分之所在也。于礼必不可干犯，有等强梁子弟，每恃血气或因争夺财产，或因谑浪忿狠，或有倚酒撒泼者，动辄殴骂尊长，横恶恣甚，莫敢谁何。似此礼法坏乱极矣。除既往不咎，自后合族子孙当恪守家训，共遵礼法，毋犯前愆。如有仍怙恶不悛者，轻则治以家法，乃微示其罪，听其改过；重则送官如律，以戒凶暴。其五服虽尽而尊卑名分犹存，亦不可以疏远，故犯罪亦如之。

重手足

兄弟乃分形连气之人，为人伦至重者，不可不笃。世人多不知兄弟之爱，方其幼也。父母左提右挈、前襟后裾，食则同案，学则连业，游则同方，无有不相爱也，及其壮也。各妻其妻，各子其子，无有不牵情也。噫！人家兄弟有不义者，皆因偏听妇言，溺爱私藏，以致背戾，遂使分门割户。患若寇仇，似此不可不慎也。凡我族人，当体父母之心。所难得者，兄弟如手如足，缺乏不可再续，务宜亲厚，兄友弟恭。诗云：兄及弟矣，式相好矣，无相犹矣，各尽其礼而已。

立教养

教养乃国家之首务，凡我族人有子弟者，务宜择师取友，极力教养。达则致用于朝廷，裙布亦可嫁也。其娶妇之家，亦须随人厚薄资送，当信妻财子禄，自有分定，不宜过索，以伤两家之好。

慎继续

立嗣所以继祀也，自有昭穆伦序，先察同父次及周亲，大功小功，缌麻以上，俱无应继之人，方许择立远房同姓者。不可从寡母所欲，致使紊乱，以起争端。如昭房无嗣，穆房尚幼，必须待穆房子长成立继。其穆房年至五十，无立继之人，方许次房立继，不可乘年幼并图财钻继及乞养异性之子，以乱宗之。如有此弊，许族众攻之。

严丧祭

丧礼先悉依文公家礼而行，族中富者固有，而贫者尤多。然风俗之坏，专以佛事为尚，使古礼不能举。殊不知佛始于汉明帝时，方有十王受罪之说，惑乱中国。岂汉明帝之前几千百世无生死轮回者乎？此浮屠诳诱之言，不足信者明矣。昔人有言曰：天堂无则已，有则君子登；地狱无则已，有则小人入。世人亲死则祷浮屠，是不以君子视其亲，何待亲之不厚哉？使其亲实积恶有罪，岂赂浮屠所能免乎？凡我同族子孙，务宜恪遵家训，共守成规，毋习流俗之弊，枉为无益之费。近来有等家本寒微，一遇丧事竟不揣度，妄自揭僭，况兄弟数人，贫富多有不同，而所费悉要均出，富者固不足惜，贫者牵强，未免借贷于人，甚至伤产，若此于死者何安？古人云：贫而厚葬非礼也，富而薄葬亦非礼也。今后务在合宜，随其贫富，称家有无，各尽其心而已。如衣衾棺木、圹记砖灰之类，此不可缺者，其余一切妄费，慎勿效前，令蹈于俗弊也，戒之。

输国税
租税乃国家重务，迟速必不可免者。吾族子孙须当早办完，毋得延捱，自取罪辱，此亦处畎亩之忠也。

守法度
法度乃朝廷设立，律令森严，信乎如炉，势不可犯，犯之则身无主，小则破家，大则丧生，可不畏哉？吾族子孙务宜谨守，慎勿轻为。倘犯之即，父母兄弟莫能顾也。戒之戒之！

申教训
男女训各一条，每遇祭祀，族人环聚之时，令未冠者子弟朗诵。
男训云：为父者必教其子，为子者必孝其亲，为兄者必爱其弟，为弟者必敬其兄。必克勤克俭，必克宽克仁，毋恃强凌弱，毋倚富吞贫，毋计利以伤大义，毋徇私以妨至公，毋纵酒以放心性，毋淫狎以辱门庭，毋用妇言以间和气，毋逞血气以犯官刑。

女训云：事舅姑以孝敬，奉丈夫以顺从，待妯娌以和睦，有子孙以慈仁，惟酒食是议，惟机杼是勤，毋淫狎以坏家法，毋妒忌以乱仪刑，毋奢侈以殄天物，毋长舌以离懿亲。

诵时须当肃听，毋得喧哗，违者罚之。

议吊奠

本族贫富不等，世态炎凉，多趋富远贫，此人之常。凡遇富家丧，虽不计而莫不往吊奠者；贫家虽知而亦不往吊，况于奠乎？一脉亲亲之义，至以荡然尽矣，良可慨夫！今议定不拘贫富，年过三四十以上病故者，本族俱该吊奠而勿谓家贫无力答谢。凡人生固可喜，死必可哀，一旦永别，其情有不可遏者。然为世俗之坏，竟不得一泄其哀衷，况亲友尚知吊奠，而族人乃系一体，反视之不如亲友乎？今设此奠，使生者得尽其情而死者亦有光矣。如有不得其死者，则不必祭也。

存天理

凡子孙不肖不廉，遭灭门横祸者，良由祖宗素不积德，利己损人，灭天害理之所致也。吾族子孙务心存天理，志效忠良，慎勿阴恶阳善，昧己瞒心，暗害他人，以种子孙之祸。

扬善类

尚义疏财，乃有关于风化，为硕德之士大夫也，在朝廷亦命有司旌奖，以优礼待之。吾族子孙有能周人之急，扶人之危，果有实迹，自当呈明郡邑以褒崇之，且以微末俗励人心也。

奖贤能

凡有子孙能读书，游泮登科第，是有光于门第，宜加优奖，以励其贤；有德寿膺冠带者，乃系朝廷恩典，亦当优奖，以彰其盛。

励节孝

族中有孝子顺孙，义夫节妇，理当表扬。如果有实行，尊长须同子孙。在学者呈闻本县，奏请竖坊旌奖，毋泯其迹。

惩奸恶

本族族众人繁，贤否不一，有等不肖子孙，游手好闲、不务生理、结党成群、饮酒赌博、夜聚晓散，致使衣食不给，遂起盗心，其危害也可胜言哉！是以族之君子，须当遏其欲于将萌，防其患于未著，使其悔过日新，改恶迁善，去其旧染之污，以充至于礼义之域，岂不有光于宗祖乎？

摘于 原兰溪县（大慈岩）双泉村《泉麓诸葛氏宗谱》

金华祝氏名人与家训

祝戒(1366—1445),字存礼,太平祝旧宅人。洪武二十八年(1395)以《诗经》贡入太学,授刑部主事。详谳平允,升河南按察司佥事。历监察御史,升福建副使。凡赋役、贡税之重者,悉为民请命。以老乞归。

祝谏(1877—1955),字果忱,原名寿彭,字丽生。永昌太平祝新宅村人。初为廪生,后入京师政法学堂。民国元年(1912)曾任省临时议会议员,光复会会员,其后历任东北特区、江西省高等法院推事、福建省高等检察厅瓯海分厅首席检察官、金华师范学校教员。抗日战争初期,任浙闽监察使署秘书长。谏勇于任事,视地方公益如家事,为私立担三中学创始人之一,先后任董事长、校长。民国36年(1947)倡议重修《兰溪县志》,任修志馆馆长,惜未成稿。1953年被聘为省文史馆馆员,曾为兰溪人代会特邀代表。谏性耿直,出身寒士而视金钱如粪土。每岁终,辄寄款分赠村里的贫困者。宦游数十年,旧宅萧然,未曾营一瓦之覆。擅诗,遗稿散落,未成集。

太平祝氏祖训

一、总则

先贤格言,盖祖积誉,则有余庆。盖祖积恶,则有余殃。为子孙者,行善驱恶,其家必昌。

二、尊长爱幼

家为长者,言行端方,待人处事,宽宏大量,严以责己,宽以处人,爱护幼辈,合家欢乐。

为子孙者,长幼有序,伦理分明,温良谦让,尊重长辈,孝敬爹娘,礼节周全,家道兴旺。

三、劝读书

读书好,读书好,读得书多无价宝。
读书莫恨无良田,书中自有千钟粟。
读书不用架高堂,书中自有黄金屋。
读书莫恨无人随,书中车马多如族。
读书莫恨无良媒,书中自有颜如玉。
读书莫恨无知识,书中自有新谋略。

四、劝勤俭

昔大舜称禹不过勤俭二字,况下于禹者可以不勤俭乎。一夫不耕必受其饥,一妇不蚕必受其寒,是勤俭可以免饥寒也。凡人贪淫之过，未有不生于奢侈者，俭则不贪不淫，是俭可以免贪淫也。为家长者，怎可不以勤俭二字作为家训呢。

五、劝农桑励工副

今夫稼穑为风化之源，衣食为礼义之本。凡我族众，务趋农业，早作晏息，勿为偷惰之夫。耕种敛时毋效侈淫之俗。男耕女织，桑麻遍于四野；能工巧匠，广厦遍于山庄；养禽饲豕，六畜遍于园场。壮者乐，老者安，礼乐可兴于一方。将见公家之赋税，于是乎给无卖丝鬻谷之诮。父母无旨甘，于是乎供有斑衣菽水之需。妻孥之日用，于是乎资免啼饥号寒之苦。小学之供应，于是乎出为雪案萤窗之助。以给燕会之欢，则旨酒设而佳肴具足，以充献酬矣。以储义仓之粟，则积多而预备至，足以俟旱潦矣。农末相赀，耕织一事，申训农桑，所以谆本实崇化源也。有家者，尚期尽力于事乎。

六、家长

凡为家长，循先遵纪守法，量家有无，必须立法，均一分给，无有偏向。给子弟及家众分之以职，授之以事，而责其成功。制财用之节，凡理财先输贡赋，后及家事，量入为出。称家之有无，以给上下之衣食及吉凶之费，皆有品节，而莫不均一。裁省冗费，禁止奢华，常须稍存赢余，以备不虞。

七、治家四本

读书是起家之本，勤俭是治家之本，和睦是齐家之本，循理是保家之本。

八、禁赌端风

今夫士农工商,各有正业。游戏浪荡,安克成家,知游食非弟所宜,而逐赌更风俗所忌。盖尝见世之人,往往私设赌局,诱骗良家子弟,有识者,罕入其途,无知者鲜不为惑。荡人之产,破人良家,贻害乡间,良非浅鲜,然皆由不务正业故也。正业一务,赌风自除,赌风一除,风俗斯正矣。为子孙者戒之勉之。

倘男若女,不思国法家规,以良为贱,男盗女娼,伤风败俗,乃为国法家规所不容,为子孙者切戒。